Willy Bierter

Pilgerfahrt ins Morgen

Gespräche abseits ausgetretener Pfade

© 2020 Willy Bierter

Verlag und Druck:
tredition GmbH, Halenreie 40-44, 22359 Hamburg

ISBN
Paperback: 978-3-347-18422-0
Hardcover: 978-3-347-18423-7
e-Book: 978-3-347-18424-4

Inhaltsverzeichnis

Vorwort 6

1. Ein Baum, eine Frau und ein Mann 9

2. Wo nur anfangen? 24

3. Ein transklassischer Blick auf den Schöpfungsprozess 46

4. Geist der Landschaft 64

5. Das Du und die Wirklichkeit 101

6. Wege ins Unbegangene 138

Vorwort

Nichts hält ihn auf, im Spätherbst des Lebens die Pilgerfahrt ins Morgen fortzusetzen. Das betrifft auch die Notizen und Berichte, die er in sein Schreibheft kritzelt. Daraus hat er irgendwann einen ersten Bericht verfasst. Hier folgt der nächste, nicht als Aufgabe, die es zu erfüllen gilt, weil sie noch nicht vollendet ist, nicht als ein Werk im originären Sinne, sondern als eine Art Graphik fremder und eigener Kräfte mit ihren untrennbaren verschlungenen Wechselbeziehungen, als ein fortlaufender Prozess ohne Anfang und Ende, der eine lange und intensive Auseinandersetzung mit Gewesenem erfordert hat, um aus diesem schöpfen zu können.

Nach wie vor ist sein Schreiben darauf fokussiert, herauszufinden, ob sich an den binären Mustern und Gesetzen des Denkens, Handelns, Fühlens und Lebens, die seit bald 2'500 Jahren den Anspruch auf Rationalität erheben und sich wie eine unabweisbare Vorschrift tief in das Unbewusste eingegraben haben, der sich scheinbar niemand entziehen kann oder will, nach der die Leute ihr Leben ablaufen lassen, auch wenn sie fühlen und ahnen, dass sie darin gefangen sind, etwas ändern lässt und das Leben aus dem Kerker der allzu engen Logik befreit werden kann, von der sie meinen, dass es die epochale, ewig schicksalhafte und unabänderliche Logik und Grammatik des Denkens, Handelns und Lebens sei.

Aus den Erfahrungen und Beobachtungen beim Zusammenspiel von Denken und Fühlen, von Wahr-nehmen, Wollen und Handeln, die er mit und von sich, mit und von anderen und anderem gemacht hat und immer wieder macht, werden Thesen formuliert. Thesen zu Leben, Alltag, zur Welt mitten in der Welt, nicht von ausserhalb, sondern von innerhalb. Thesen also, die Brücken bauen und die Verwunderung darüber wecken, dass noch so viel Licht in der Welt ist, wenn am Morgen der Vorhang aufgeht. Kurz: Es geht ihm darum, neue Möglichkeitsräume für denkerische, seelische und spirituelle Spielfähigkeit zu erkunden und aufzuzeigen. Und so skizziert auch dieser Bericht die Entwicklung hin zu mehrwertigen Formen des Denkens, Fühlens und Wahr-nehmens in einer Art, die die Vielgestaltigkeit des gelebten Lebens widerspiegeln soll.

Dieses zu bewerkstelligen, erfordert beim Schreiben Distanz zu sich selbst, Offenheit für Du, Welt und Sein und der Grosszügigkeit, die teilen und mitteilen kann, andere mitspielen und selbst entscheiden lässt. Es erfordert auch, Zwang und Zwingung von Wunsch, Begehren und egomanischem Verlangen aufzulösen und so zum Spiel zu befreien, einem Spiel, das kein Ziel und kein Ende hat, nichts Ganzes, Absolutes, weder Bestätigung noch Befürwortung noch Rechtfertigung sucht. Ein Spiel, das sich abseits von Taktik und Überredung einrichtet, in seinem Fortgang immer wieder Neues erzeugt, wenn die *Differenz* in die Identität und ihre Selbstwiederholung eingearbeitet wird. Und es erfordert Geduld: Wenn etwas nicht stimmig ist, dann ist der nächste Tag nichts anderes als die Möglichkeit für einen neuen Anlauf. Denn nur wer das Alte beerdigt, wird Neues gebären können.

Im Verlaufe unseres Lebens werden wir uns selbst oft zur Frage, und zwar deshalb, weil wir selbst eine einzige beständige Frage sind, ein fortwährender Versuch, den Ort unseres Selbst innerhalb der Weltkonstellation und den Ort der Dinge im Verhältnis zu unseren existentiellen Dimensionen zu bestimmen. Es war Gotthard Günther, der im 20. Jahrhundert den neuen Kontinent des transklassischen, mehrwertigen Denkens entdeckt und uns den Schlüssel in die Hand gegeben hat, der dazu dienen kann, aus dem Gitterwerk der das Leben zwanghaft überformenden zweiwertig-logischen Grammatik und damit aus dem Identitätszwang auszubrechen und das Tor zu neuen Sphären des Lebens und des Seelischen aufzustossen, wo wir neue Modelle des In-der-Weltseins entwickeln, unser Selbst- und Weltverständnis von anderen Fragestellungen und aus anderen Perspektiven her in den Blick nehmen können. Mit Blick auf das zukünftige Verhältnis von Selbst, Welt und Leben sagt er: „Wenn es wahr ist, dass wir uns in einem Transformations- und qualitativen Umbruchprozess befinden, dann schliesst das auch einen umfassenden Identitätswechsel des bisherigen Menschseins, einen Wandel im metaphysisch-kulturellen Verständnis von ‚Menschsein‘, unsere ‚Selbstdefinition‘ von ‚Mensch‘ mit ein. Denn es geht im Übergang in eine ‚transklassische Welt‘ um nichts weniger als eine ‚Selbstentthronung des Menschen (...). Sie impliziert, dass der Mensch keineswegs die spirituelle Krone der Schöpfung ist und dass jenseits seiner Existenz noch ungeahnte Entwicklungsmöglichkeiten jenes rätselhaften Phänomens liegen, das wir *Leben* nennen. Die bisherige Tradition hat sie in dem Mythos vom ‚Ewigen Leben‘ zusammengefasst und dadurch aus der wissenschaftlichen Entwicklung ausgeschlossen. Schärfer gefasst, besteht die Dethronisierung des menschlichen Bewusstseins darin zu begreifen, dass das System der menschlichen Rationalität keineswegs das System der Rationalität des Universums ist. Es liefert nur einen infinitesimalen Bruchteil des letzteren. (...) Es ist trivial und selbstverständlich, dass jener Reflexionsprozess, den wir Geschichte nennen, uns allein durch das menschliche Bewusstsein zur Erkenntnis kommt. Aber daraus zu schliessen, dass die Geschichte schon in ihren elementarsten Grundlagen menschliche

Züge trägt und eben Geschichte des Menschen und nichts weiter ist, zeugt von einem *Lokalpatriotismus des menschlichen Gehirns*, der nicht mehr zu übertreffen ist. (...) Kurz gesagt: eine transklassische Logik ist eine *Logik des geschichtlichen Prozesses*, in dem das Subjekt der Geschichte *Leben überhaupt* ist und nicht die ephemere und zufällige Gestalt, die dasselbe im Menschen angenommen hat.' [1] Von daher kann der Übergang in eine „transklassische Welt" mit der Frage beginnen: Was ist mein Status als menschliches Wesen auf dem Planeten Erde?

---

[1] Günther, Gotthard: „Beiträge zur Grundlegung einer operationsfähigen Dialektik", Vorwort zu Bd. 1, Hamburg 1976, S. XII - XIV

1. Ein Baum, eine Frau und ein Mann

Heinz von Foerster hat ein kurzes Theaterstück geschrieben. [2] Vorhang auf. Auf der Bühne sieht man: einen Baum, eine Frau und einen Mann. Der Mann zeigt auf den Baum und sagt laut und theatralisch: „Dort steht ein Baum!" – Darauf die Frau: „Woher weisst Du, dass dort ein Baum steht?" – Der Mann: „Weil ich ihn sehe!" – Darauf die Frau mit einem kleinen Lächeln: „Aha." Der Vorhang fällt. Was können wir aus diesem Dialog lernen?

Zu jedem Anfang gehört zunächst untrennbar eine Beobachtung bzw. ein Beobachter, und: Jeder Anfang basiert auf dem Treffen einer Unterscheidung, damit der Beobachter sehen kann, was er sieht – hier mit dem Ausruf „Dort steht ein Baum!". Bildlich gesprochen: Der Mann schneidet ein „Etwas" aus der Welt heraus, betrachtet es und bringt dieses „Etwas" in Zusammenhang mit dem Begriff „Baum". Damit haben wir eine klassische Situation mit ihrem einzigen Identitätsprinzip: Auf der einen Seite die irreflexive Identität des Objekts „Baum" und auf der anderen Seite die „lebendige", in sich selbst reflektierte Identität eines sich vom Objekt „Baum" ausdrücklich absetzenden Ichs, dem Mann. Mit seiner etwas abrupten Antwort auf die Frage der Frau „Woher weisst Du, dass dort ein Baum steht?" bekräftigt der Mann seine Weltanschauung: Es gibt für ihn nur eine Realität und eine Rationalität, d.h. ein Original und ein Spiegelbild davon (in seinem Geist). Anders gesagt: Der Mann geht davon aus, dass es eine allgemeingültige Sichtweise auf die Realität gibt, und dass er ohne jegliche Anstrengung einer empirischen Präzisierung und Verifikation beanspruchen kann, dass seine Aussage immer wahr ist, egal, was da draussen in der Welt los ist und was andere Subjekte dazu äussern mögen. Dem Mann bleibt allerdings verborgen, dass erstens Wahrheit nur als isolierter subjektiver Prozess widerspruchsfrei ist, also im Monolog, während sie sich im Dialog zwischen einem Ich und einem Du, d.h. beim Durchgang durch ein objektives Medium, zu einem Umtauschverhältnis möglicher Bewusstseinsstandpunkte entwickelt. Und zweitens, dass er nicht gleichzeitig seine Unterscheidung – den Wahrnehmungsprozess – und den Inhalt der Wahrnehmung – den „Baum" – beobachten kann, weswegen er nicht wissen kann, dass er nicht sieht, was er nicht sieht. Mit anderen Worten: Ein Auge kann zwar Gegenstände erblicken, es kann aber den eigenen Sehprozess optisch nicht wahrnehmen.

---

[2]   Foerster, Heinz von, und Pörksen, Bernhard: „Wahrheit ist die Erfindung eines Lügners. Gespräche für Skeptiker", Heidelberg 2016, S. 24

Was ist eigentlich eine Unterscheidung? Gregory Batesons bekannte Antwort auf diese Frage lautet: Eine Unterscheidung ist etwas, das einen Unterschied macht. [3] Und George Spencer-Brown beginnt mit den schlichten Worten „Triff eine Unterscheidung" [WB: „Draw a distinction"] [4] einen Kalkül der Logik mit dem Anspruch, nichts weniger als eine allgemeine Theorie der Unterscheidung zu sein. Er deutet die Unterscheidung zugleich als Unterscheidung von allem anderen und Bezeichnung des Unterschieds. Doch da stossen wir auf ein Paradox, denn die *eine* Operation der Unterscheidung kann nicht zugleich Unterscheidung *und* Bezeichnung sein. Dieses Paradox löst sich dann auf, wenn wir anerkennen, dass wir es bei Unterscheidungen mit selbstreferentiellen Operationen zu tun haben. „Leben, Bewusstsein und Kommunikation reproduzieren sich, in dem sie sich anhand selbstgesetzter und, wenn man so sagen darf, selbstverwalteter Unterscheidungen aus allem anderen ausgrenzen und von allem anderen unterscheiden." [5] Das Problem mit den Unterscheidungen hat Heinz von Foerster auf einen kurzen Nenner gebracht: Jede Unterscheidung hat einen blinden Fleck, und dieser blinde Fleck ist sie selbst. Die Unterscheidung kann sich nicht selbst beobachten, daher sieht sie nicht, was sie nicht sieht, und sieht auch nicht, dass sie nicht sieht, was sie nicht sieht. [6] Was damit deutlich wird: Der Umgang mit Unterscheidungen verweist methodisch auf den Umgang mit Paradoxien. Ob man damit sehr weit kommt?

Nun bringt die Frau als zweiter Beobachter von einem anderen Standort aus mit ihrer Frage „Woher weisst Du, dass dort ein Baum steht?" – zumindest indirekt – eine andere mögliche Unterscheidung ins Spiel. Mit ihrem ironischen „Aha" auf die Wiederholung der ursprünglichen Aussage des Mannes – mit der dieser lediglich zum Ausdruck bringt, dass er nach wie vor in seinem System „Eine Welt – eine Logik" [7] verblieben ist –, macht sie ihn darauf aufmerksam, dass er von dem Baum

---

[3] Bateson, Gregory: „Ökologie des Geistes: Anthropologische, psychologische, biologische und epistemologische Perspektiven", Frankfurt am Main 1981

[4] Spencer-Brown, George: „Laws of Form", Toronto et al. 1973, S. 3

[5] Baecker, Dirk: „Die Kunst der Unterscheidungen", in: „Im Netz der Systeme", hrsg. von Ars Electronica (Linz), Berlin 1990, S. 17

[6] von Foerster, Heinz: „Sicht und Einsicht", Wiesbaden 1985, S. 26 und verstreut

[7] Kaehr, Rudolf: „Weltentwurf durch Sprache – Diamond-Strategien – Buch des Wandels", in: www.vordenker.de (Edition Sommer 2017, J. Paul, Hrsg.) – URL: http://www.vordenker.de/rk/rk_Diamond-Strategies_Weltentwurf-durch-Sprache_1997.pdf, S. 137 f.

nur weiss, weil *er* ihn sieht und deutet damit gleichzeitig an, dass er etwas anderes sehen würde, wenn er eine andere Unterscheidung treffen würde. Insgeheim denkt sie, welch einem „Trug" sich der Mann doch hingibt, wenn er sich immer nur mit dem aufhält, was sich ihm als „wirklich und wahrhaftig" aufdrängt, wo es doch vielmehr darum gehen müsste, alle Ungleichartigkeiten und Ungleichzeitigkeiten in sich zu vereinen, und er so das Spiel der Unterschiede für sich gewinnen würde. Ob der Mann wohl glaubt, das Universum drehe sich um ihn als dem einzigen festen Punkt im All? Jedenfalls scheint bei ihm die Einsicht in die Gleich-Gültigkeit der Koordinatensysteme im zwischenmenschlichen Bereich noch nicht angekommen zu sein. Dass es verschiedene Modelle gibt, wie die Dinge und Lebewesen dieser Welt sich darbieten, ist ihm offensichtlich ebenfalls völlig fremd. Eine eigentliche Befreiung aus seiner starken Verklammerung von Ich und Modell würde ihm wohl erst dann gelingen, wenn er ein Bewusstsein dafür entwickeln würde, dass man nicht kein Modell haben kann, weder von der Welt noch des Selbst. Die insgeheime Frage der Frau: Ob ich ihn dazu ermuntern kann, anzuerkennen, dass jede Welt ein Modell der Welt ist, in dem der Konstrukteur des Modells selbst sitzt? Würde ihr dies gelingen, könnte es ihn dafür sensibilisieren, im Umgang mit dem eigenen Modell der Welt als einer neuen Form der Selbst- und Welterkundung eine ihm bislang offenbar unbekannte Leichtigkeit zu erreichen, ihm vielleicht erlauben, das eigene Modell überhaupt *als Modell* zu erkennen, und – falls er den Mut aufbringt – sogar über das eigene Modell hinauszusehen und ganz allmählich schwebend den Tanz über dem Abgrund zu wagen. [8]

*

Zwar endet das Theaterstück hier und wir vernehmen nicht, wie der Mann auf das „Aha" der Frau reagiert. Wir können jedoch das Stück weiterspinnen und sagen: Er wird durch diese Ironie überrascht, weil er bei all seinem Wissen noch nicht weiss, dass er gar nicht anders als mit kontingenten Unterscheidungen starten kann, aus dem einfachen Grund, weil es keine notwendigen Unterscheidungen gibt. Wie könnte der Mann denn auf den leisen Zwang des ironischen „Aha" der Frau reagieren? Erstens könnte er ihn ignorieren, weiterhin selbstgefällig auf sich selbst bezogen bleiben und in sich verharren – entweder nach den Mottos „Ich weiss es einfach" oder „Halte das Alte, scheue das Neue". Zweitens könnte er ihm

---

[8] Grochowiak, Klaus & Castella, Joachim: „Der leichte Tanz. Das neue Spiel der Selbst- und Weltmodelle", Paderborn 1998, S. 170

nachgeben und beginnen, seine Wahrnehmung zu überprüfen – z.B. durch einen Wechsel seiner Standorte, was ihm neue Perspektiven eröffnen und ihm erlauben würde, Entscheidungen zu treffen, die andere Umgebungen schaffen. Es wäre ein erstes Anzeichen dafür, dass sein Geist aus seiner „einfachen Beziehung auf sich" ausbricht und er allmählich aufmerkt, dass im Übermass an Positivität keine Erfahrung möglich ist, dass der Geist erst angesichts des *Anderen* erwacht. Drittens könnte er seine bisherige Denkposition – das dyadische Ich-Es-Modell – verlassen, sein Denken nicht ausschliesslich auf sich selbst beziehen, sondern in einen Dialog mit der Frau, d.h. in das triadische Modell von Ich (Mann) – Du (Frau) – Es (Baum, Landschaft, ...) eintreten („Was siehst du, was ich nicht sehe" usw.), Ich und Du endlich als gleich-gültige Reflexionszentren anerkennen. [9] Dies setzt einen Willensakt voraus, also wiederum eine Entscheidung, die einen Unterschied und damit eine neue Umgebung schafft, darin sich „Nachbarschaften" ergeben können, bei denen beide sich verwundert an Ähnlichem wie an Neuem erfreuen können. Denn immer ist es Verwunderung, wenn eintritt, wovon man nicht wissen kann, weil es keinem Bedürfnis entspricht, ausser jenem, das es selbst erst erschaffen soll. Wenn die beiden nicht auf Anhieb verstehen, was der jeweils andere zu sehen, hören, fühlen, riechen oder zu schmecken behauptet, so müssen sie wiederholen, um beharrlich und auf Umwegen doch zu verstehen versuchen, nämlich „dass die Wiederholung *gleich einem Mittel und nicht für sich selbst* anzieht und *im Unterschied zwischen dem Selben und dem Gleichen* eine Änderung der Ansichten und des Verfahrens bewirkt." [10] Erst dann können beide allmählich verstehen, dass „ergriffen" werden erst in der Absetzung vom Ich eine andere Form des Verstehens findet. Diese Form des wechselseitigen Verstehens und Verstanden-werdens „löst sich in der Klarheit auf; sie hat gewirkt; sie hat ihre Aufgabe erfüllt; sie hat gelebt" wie Valéry sagt. [11] Jetzt verstehen die beiden auch, dass man sich verstehen kann, indem man sich auf *die Wiederholung* versteht. Jede Wiederholung bedeutet eine Verschiebung in der Zeit, so dass ein Unterschied geltend gemacht

---

[9]   Bierter, Willy: „Wege eines Wanderers im Morgengrauen. Auf den Spuren Gotthard Günthers in transklassischen Denk-Landschaften", Books on Demand, Norderstedt 2018, insbes. Kap 6: „Die Triade Ich – Du – Es", S. 91 f.; vgl. auch ders.: „Denk-Wege – Gotthard Günthers Geburtsarbeit an einem neuen Format von Menschsein", in: http://www.vordenker.de/wbierter/wb_Denk-Wege.pdf

[10] Meyer, Eva: „Der Unterschied, der eine Umgebung schafft: Kybernetik, Psychoanalyse, Feminismus", Wien 1990, S. 9

[11] Valéry, Paul: „Zur Theorie der Dichtkunst", Frankfurt 1962

werden kann, der nicht im „Ich" und „Jetzt" aufgehoben ist, weil er der Augenblick der Wiederholung ist. „Das wäre eine Wiederholung, die – nach Günther – den Weg der Kybernetik einschlägt, wenn sie damit beginnt, ‚sich selbst als Prozess' und nicht mehr ‚als Ausdruck einer ich-haft privaten, aber überall gleichen Subjektivität zu interpretieren'. Wenn sie im Unterschied von Ich und Du ein ‚objektives, allen individuellen Ichs sowohl in gleicher Weise bekanntes als auch in gleicher Weise fremdes Modell der Subjektivität' annimmt. Objektiv nicht im Allgemeinen, was nur auf dasselbe hinausliefe, sondern einzeln und auch gemeinsam, wie es nur eine *in gleicher Weise bekannte und fremde Umgebung sein kann*." [12]

*

Noch eine Anmerkung zu der laut und theatralisch vorgetragenen Aussage des Mannes „Dort steht ein Baum!": Das kommt davon, wenn alles überindividuell zu Phänomenen des menschlichen Bewusstseins, der Subjektivität erklärt, aber doch auf eine innere Einheit zusammengefasst wird – im Mittelalter war diese Einheit Gott und garantierte den einheitlichen Ursprung der vielfältigen und sich widersprechenden Erscheinungen. „In der Welt wird der Ort dieses Ursprungs vom Subjekt eingenommen. Innenwelt und Aussenwelt geben die faktisch vorhandene Differenz zwischen dem Ich und den Objekten wieder und neutralisieren sie aber auch zugleich, wenn dieses ‚Ich' nach Kant Gedanken in genau derselben Weise ‚hat', wie die Körperwelt der toten Dinge prädikative Eigenschaften aufweist und – demselben Gegenstandsbegriff verhaftet – sich logischerweise nicht unterschiedlich betätigen kann. So kommt es, dass dieses Subjekt (...) sich also nicht in Raum und Zeit verteilt, sondern immer schon das Ganze der Einteilung ist und also in die Nähe seines gottähnlichen Ursprungs gerät, wo es allgemeingültige Urteile fällen kann, die jede Verteilung des Subjekts in Raum und Zeit nur als Sekundäres, Abgeleitetes und im letzten Grunde Unwahres erscheinen lassen." [13] Doch der subjektiven Perspektive sind immer nur Teile, Ausschnitte zugänglich und nicht das Ganze. In der ego- und logozentrischen Perspektive des Subjekts wird die Repräsentation des Ausschnitts immer zur Einheit des imaginären Ganzen abgebildet, darunter alles immer schon inbegriffen ist.

Sobald aber das Subjekt selbst als ein solches Teil erscheint, sprengt es die Einheit der Perspektive und ist es fortan nicht mehr möglich, Teile als definite Einheiten

---

[12] Meyer, Eva: a.a.O., S. 12
[13] Meyer, Eva: „Die Autobiographie der Schrift", Frankfurt am Main 1989, S. 32

zu betrachten. Es können nicht alle Betrachtungen gleichzeitig in eine Gesamt-schau zusammengebracht werden. Das ist nur innerhalb einer *Monokontextur* [14] – einem zentralperspektivischen, geschlossenen, zweiwertigen logischen System – möglich, eben durch die Konstruktion der imaginären Totalität, in der das Teil in einem komplementären Verhältnis zu seinem Kontext steht und damit in einer statischen Opposition zu allen anderen Teilen dieser Totalität. Die Gleichzeitigkeit der Orte und Perspektiven ist nicht erreichbar, denn der je betretene Ort ist im Moment seines Betretenseins zusammen mit der gewählten Perspektive immer absoluter Ort bzw. absolute Perspektive. Notwendig wird die Gleichzeitigkeit mehrfacher Beschreibungen, also die äquivalente, nicht-perspektivische Stand-punktpluralität, die die Beschreibungen gleichwertig auf die Orte und deren Bezie-hungen – auch zum Subjekt als Betrachter – verteilt, bezieht und vermittelt. Wahr-nehmen des Subjekts erschliesst die Dinge und sich selbst nur mehr durch Bewe-gung und Ortswechsel.

> „Wenn es also der Fall ist, dass ich die Bestimmung meines Seins nicht vorgegeben in der Welt finde, sondern sie erst im vielfältigen Wechselspiel entsteht, wenn das ‚ich bin' für sich allein nur die Fiktion eines angebbaren Sinnes ist, wenn also das ‚ich bin' mir nur erwächst in der Gleichzeitigkeit des *ich bin auch, ich bin zugleich, du bist, du bist auch, du bist zugleich,* dann ist die Welt nur soweit das, was der Fall ist, wenn ich mit dir von Fall zu Fall durch die Vielheit der Orte springe. Hier ist das Springen und der Sprung im Sinne des Wortes Ursprung der Welt, und das In-der-Welt-sein eines Menschen wird ungleich sein zu dem, was es davor sein konnte. Es ist eine andere Welt, in der er sich bewegt, und er bewegt sich in der Welt nur, wenn er sich bewegt – wenn er springt." [15] Ein Standpunktwechsel bedeutet nicht nur das Entwerfen neuer Beziehungen, sondern immer auch einen Sprung in einen anderen Bereich, „ein rigoroser Kontextwechsel, der keine Brücke, wohl aber ein Sprung ist. Für ihn gilt, was Heidegger vom Sprung ‚von den Wissenschaften her zum Denken' sagt: ‚Wohin es uns bringt, dort ist nicht nur die andere Seite, sondern ein völlig anderer Bereich'." [16] Mit dem Sprung, dem Ortswechsel, ist logische Sub-jektivität Dynamik, was darin zum Ausdruck kommt, dass jetzt Subjektivität nicht

---

[14] Die Aussagenlogik mit ihren zwei Wahrheitswerten (ja – nein, wahr – falsch, 0 – 1) ist das logische Modell einer isolierten Monokontextur ohne Umgebung. Monokontextu-rales Denken kann, da egologisch fundiert, immer nur je eine Denkweise leben.

[15] Grochowiak, Klaus, Castella Joachim: „Der Chiasmus von Täter und Opfer", in: Multi-Mind 12/1996

[16] Meyer, Eva: a.a.O., S. 28

mehr bloss passive Kontemplation einer übermächtigen Objektwelt ist, sondern sich als Praxis, als Handlung erkennt und behauptet.

*

Wagen wir mit dem kurzen Theaterstück noch einen Ortswechsel, einen Sprung in das alte China. Dabei geht es nicht darum, den Orient dem Okzident vorzuziehen, zwei Blöcke einander gegenüberzustellen oder sie gar zu vergleichen – das würde ohnehin nur bedeuten, sich nicht von der Stelle zu bewegen, folglich sich nicht auf Neues einzulassen –, sondern darum, das altchinesische Denken als Hintergrundfolie zu nutzen, um einige unserer eigenen Denkweisen und Praktiken in einem etwas anderen Licht zu betrachten und – zumindest – eine dritte Fähigkeit zu entwickeln, nämlich auf polylogische Art und Weise Zusammenhänge anders zu erfassen: „Zum Beispiel eine Wahrheitslogik mit einer Kohärenzlogik konfrontieren, die eine durch die andere und dank der anderen überprüfen und dem Spiel ihrer Divergenz eine Bedeutung geben. Man kann durchaus sagen, dass das chinesische Denken auf diese Weise ‚instrumentalisiert' wird, aber zu heuristischen Zwecken, zur ‚Neubeschreibung'. Im Grunde sind die Wahrheiten, die der Osten uns ‚lehrt', im Westen nicht völlig ignoriert worden, aber dieser hat sie anders angeordnet und *dramatisiert*. (...) Mir kommt es praktisch so vor, dass das chinesische Denken vor allem eine Methode zur Neuentdeckung und *Entdramatisierung* liefern kann, wenn wir unsere Fixierungen-Begriffe aufgeben und auf einen bestimmten Narzissmus (auf der Ebene der Zivilisation) verzichten." [17]

Wiederholen wir zunächst nochmals: Der Mann mit seinem Ausspruch „Dort steht ein Baum!" widerspiegelt geradezu sinnbildlich die Grundlage des griechisch-europäischen Denkens: Es hat sich dafür entschieden, abgrenzbare-identifizierbare Gegenstände zu denken, die sich klar „vor" dem Geist abzeichnen. Dieses „vor" bildet die Bühne: Auf der einen Seite der „Beobachter" (der Mann), auf der anderen Seite die „Natur" (der Baum), die tatsächlich ausserhalb des Subjekts als Entgegen-Stehendes „Bestand hat". Beide – der Mann und der Baum – sind radikal voneinander getrennt, als Gegenüber „gesetzt – kein Raum also für Ungeschiedenes oder Undifferenziertes. Demgegenüber hat sich das vorwiegend taoistische China dafür entschieden, das Ungeschiedene, das *tao*, ungeschieden zu denken. [18]

---

[17] Jousset, Philippe: „Wie man dem Subjekt aus dem Weg geht oder sich von ihm befreit", in: „Kontroverse über China", Berlin 2008, S. 62 f.
[18] Jullien, François: „Das grosse Bild hat keine Form", München 2005, S. 58

Dadurch, dass der Mann ein Objekt, den Baum, und damit auch einen Horizont fixiert, entreisst er sich selbst dem ständigen Wandel der Dinge und ihrer Umgebungen, verschliesst sich den Möglichkeiten, anders und andere Aspekte aus verschiedenen Perspektiven wahrzunehmen. Ein so (fest)gewordener Geist unterscheidet nur mehr zwischen „es ist dieses" oder „es ist nicht dieses", es ist „so" oder es ist „nicht so". Die Koexistenz der verschiedenen Sichtweisen und Perspektiven geht dabei verloren, während doch auf eben dieser Koexistenz die Kohärenz des Wirklichen beruht. Denn solange er nur das nackte Dasein des Baumes sieht, kann ihn das Wunder seiner Aktualität, das unaufhörliche Zusammenspiel all der zahllosen Elemente – sei es im Wasserkreislauf, im Wachstum oder in der Atmung des Baumes –, die diese konkrete Form entstehen lässt, nicht ergreifen. Verschlossen bleibt ihm die Einsicht, dass in diesem aktuellen Baum eine milliardenfach erprobte Form entstanden ist, in ihm sich die Serie manifestiert, zu der er gehört, und die den erzeugenden Lauf fühlbar macht, der in die ältesten Voraussetzungen der Entstehungen zurückverweist. Verschlossen bleibt ihm auch der „Zugang zu einer ontologischen Solidarität, die jedes Ding als eine Versammlung erscheinen lässt und jeden Beobachter als einen versammelten Sammler von Versammlungen." [19]

Wie könnte denn das Theaterstück in China beginnen? Vielleicht so: Der Mann ruft etwas ins Sein und gibt diesem „Etwas" gleichzeitig einen Namen, nämlich „Baum". Bereits hier blitzt eine erste Ahnung auf, wie die klassisch-zweiwertige Subjekt-Objekt-Beziehung mit ihrer Herrschaft des Objekts sich verwandelt, nämlich zu „Empfangendes – Empfangenes", zu einem Verhältnis der Gastfreundschaft (des „Empfangs") und nicht zu einem der Neutralität. Mit anderen Worten: der Begriff „Subjekt" kann als „Gastgeber" übersetzt werden, wobei das „Objekt" das „Aufgenommene" ist. „‚Aufnehmend'/‚aufgenommen': Man sieht (...), wie sich das chinesische Sprechen-Denken nur ungern dazu hergegeben hat, die prinzipielle Trennung zwischen dem ‚Subjekt' und dem ‚Objekt', die Grundlage der Neutralität der Erkenntnis, wiederzugeben." [20] Dazu passend ein Zitat von Zhuangzi: „Unparteiisch und nicht Parteigänger, / vermögend und ohne etwas Besonderes, / auf entschiedene Weise ohne [etwas] Anleitendes / streben zu den Dingen ohne

[19] Sloterdijk, Peter: „Zeilen und Tage - Notizen 2008 – 2011", Berlin 2014, S. 86
[20] Jullien, François: „Vom Sein zum Leben", Berlin 2018, S. 265

Zwiespalt, / nicht daran festhalten zu grübeln, / sich nicht bemühen zu erkennen, / von den Dingen nichts auswählen, / stets mit ihnen gehen ...“ [21]

Das ironisch-schmunzelnde „Aha" der Frau drückt jetzt ihre Freude darüber aus, dass der Mann beginnt, seinen Geist zu verflüssigen. Sie hatte ihm vom ältesten Buch Chinas erzählt, dem *Buch der Wandlungen*, und ihm erläutert, dass es sich nicht um ein Buch im eigentlichen Sinne handle, denn es baue nicht auf dem *Wort* auf, sondern auf zwei *Strichen* – je nachdem einem durchzogenen Strich (–) oder einem unterbrochenen Strich (- -), die yin (- -) und yang (–) symbolisieren. [22] Diese beiden polaren Faktoren, sich zugleich ergänzend und einander entgegenstehend, würden jedwede Realität umfassen. Spannend und aufschlussreich für ihre gemeinsame Situation seien die ersten beiden Hexagramme: *Qian*, das Schöpferische/das initiatorische Vermögen, das nur aus yang-Strichen gebildet das Vermögen des *Himmels*, und *Kun*, das Empfangende/das rezeptive Vermögen, das nur aus yin-Strichen gebildet das Vermögen der *Erde* heraufrufe. In China sei der „Himmel" nicht das blosse Gewölbe des Firmaments, weder vergöttlicht noch abgetrennt, sondern begründe das Vertrauen in die Herausbildung und Erneuerung jeglichen Prozesses, in den das initiatorische Vermögen des „Himmels" investiere und sich in einer Polarität mit der „Erde" entwickle und seinen Weg gehe. Dies sei die essentielle Bedingung für die Erneuerung des Prozesses und nicht irgendein erstes Subjekt, ein Gott, ein Schöpfer oder ein Autor. Einander gegenüberstehend würden diese beiden Hexagramme so etwas wie ein zweiflügeliges Tor bilden, durch das der Prozess der Dinge unablässig hindurchgehe. Sie würden zudem die übrigen 62 Hexagramme repräsentieren, die in ihrer Folge variiert werden und das *Funktionieren* der Realität darstellen. Wie auch im *tao* würde die Dualität von *yin* und *yang* im Modus der *Korrelation* und nicht in dem der Differenzierung ausgedrückt, also kein Gegensatz von Subjektivem und Objektivem, vielmehr Kooperation. Für

---

[21] Zhuangzi: hrsg. v. Guo Qingfan: „Xiaozheng Zhuangzi jushi", Taipei 1962, 2 Bde., Kap. 33

[22] Im späten 17. Jahrhundert erfand der Mathematiker und Naturphilosoph Gottfried Wilhelm Leibniz den binären Code von 0 und 1, auf dessen Grundlage heute digitale Computer operieren. In seinem Buch „Explication de l'Arithmétique Binaire" wies er darauf hin, dass die Chinesen bereits vor tausenden von Jahren einen Code verwendet haben, der auf demselben binären Prinzip beruht: statt 0 und 1 hätten sie gebrochene und ungebrochene Linien verwendet, aber das Prinzip sei dasselbe.

die chinesische Art des Denkens von zentraler Bedeutung sei, dass es sich einerseits nicht auf ein zu identifizierendes Objekt versteife, sondern auf einen zu verfolgenden Ablauf. Andererseits finde sich die Quelle der Erkenntnis nicht in einem *Subjekt*, das über bestimmte Fähigkeiten verfügt, sondern in dem *Vermögen*, einen *Prozess fortzusetzen*. Das Ideal dieser Logik des Prozesshaften sei folglich, sich niemals blockieren zu lassen. So würden sich die praktischen wie theoretischen Konsequenzen dieser beiden ersten Hexagramme eben darin zeigen, dass alle Gegensatzpaare sich auflösen oder auf andere Weise arbeiten: Anwesenheit *und* Abwesenheit, Leben *und* Tod, Subjekt *und* Objekt. [23] Resümierend meinte sie, es sei keine grosse Überraschung, dass das *Buch der Wandlungen* keine Botschaft lehre, keine endgültigen Wahrheiten verkünde und keinen Sinn freilege, weder über das Rätsel der Welt noch das Mysterium des Lebens.

> „*Ich* ist wandelbar-erfinderisch (*prozesshaft*), (...) es hütet sich vor der Erreichung und Festlegung. Es ist das, wodurch *Leben* (Begehren, Verstand, Unruhe ...) sich immer wieder befördert und wandelt, sich sammelt, ohne zu erlahmen." [24]

Jetzt kann der Mann endlich seine Position räumen, alles und jedes, was ihm begegnet, in die Gegenüberstellung von binären Begriffspaaren – wie Subjekt/Objekt („*an sich*" und „*für sich*"), Geist/Materie, Gott/Welt – einzuordnen, Dualismen, von denen seine analytische „Vernunft" sich in geradezu überschwänglicher Begeisterung derart hat mitreissen lassen, dass er die *Komplexität des Zusammenhangs* der Dinge dauernd verfehlte, die Gelegenheit eines Moments nicht mehr zu denken vermochte. Er kann deren Joch abschütteln und sich von ihnen befreien – und vor allem: Identität nicht als Spitze der Hierarchie von Ich und Welt, sondern als temporäre Identifikation innerhalb einer Konstellation, Identität als Verhalten und Prozess und nicht als Einheit(spol) begreifen. Mehr noch: Er ist jetzt in der Lage, sich selbst aktiv in seine Beobachtungen miteinzubeziehen, seine Beobachtungsgabe zu schärfen und dabei alle seine Sinne zu benutzen, kurz: anderes anders wahrzunehmen. Er steht nicht länger als bloss externer, unbeteiligter Beobachter in der Landschaft, sondern hat sich zu einem mitfühlenden Beteiligten gewandelt, kann sein Wahrnehmen im Sinne eines Bezüge-herstellens erkennen

---

[23] Jullien, François: „Das grosse Bild hat keine Form", München 2005, S. 46

[24] Jullien, François: „Schattenseiten: Vom Bösen oder Negativen", Zürich – Berlin 2005, S. 190

---

und nicht mehr als blosse Abbildung, diese reduktionistische Auffassung eines stützenden Rückgrats der Objektivität („es ist dies und nicht jenes", „es ist so und nicht anders"), wo der Beobachter und seine Eigenschaften nicht in die Beschreibung seiner Beobachtungen eingehen. Jetzt denkt er nicht mehr nur über die Dinge selbst nach, sondern ebenso über seine Gedanken, in denen sich die angeblich denkunabhängigen echten Gegenstände spiegeln. Ihm ist zudem allmählich bewusst geworden, dass er immer dann Zuflucht zur Objektivität nahm, wenn ihm eine Sache zu komplex erschien, um auf Anhieb verstanden zu werden, und dass er in dieser Position nur passiver Registrator eines Abbildungsprozesses war, was ihn im Übrigen auch jeglicher Verantwortung entband.

Sein Blick ruht jetzt nicht länger *auf* etwas, sondern kommt und geht von einem zum anderen, besser noch: er ist *zwischen* ihnen. Landschaft taucht für ihn nur auf, wenn er sich in Bewegung setzt und umherschweift: Wahr-nehmen erschliesst ihm die Dinge und sich selbst nur durch Bewegung und Ortswechsel. In sich hineinlächelnd sagt er zu sich: „Ich sehe mit meinen Beinen; es sind die durch Bewegung hervorgebrachten *Veränderungen* des Wahrgenommen, die ich wahrnehme". Allerdings kann er nicht alle Betrachtungen gleichzeitig in eine Gesamtschau zusammenbringen, denn die je betretenen Orte bleiben im Moment ihres Betreten-seins und der dort gewählten Perspektiven immer momentan absoluter Ort bzw. absolute Perspektive. Seine heraufdämmernde Einsicht: Notwendig wird die Gleichzeitigkeit mehrfacher Beschreibungen, also die äquivalente, nicht-perspektivische Standpunktpluralität, die die Beschreibungen gleichwertig auf die Orte und deren Beziehungen verteilt, bezieht und vermittelt. Dass die heterogene Gleich-Gültigkeit der vielen Orte und Perspektiven Identitäten brüchig werden lässt, kann er jetzt gelassen zur Kenntnis nehmen und vorbehaltlos akzeptieren. Wie er so die Umgebung und seine Frau betrachtet, sich an die anfängliche Debatte mit ihr erinnert, denkt er, dass sein ursprüngliches Beharren auf „Identität" doch nur die Selbst-Illusion eines Schauspielers gewesen ist. Doch sind wir nicht alle Schauspieler, die sich der Selbst-Illusion hingeben, auf allen Bühnen der Welt sich so darzustellen, wie wir gerne sein und gesehen werden möchten?

*

Phantasieren wir noch etwas weiter: Im Mann beginnt sich eine Resonanz auszubreiten. Sie ist kein Echo des Selbst, denn ihr wohnt die Dimension des Anderen inne und bedeutet Zusammenklang. Der Mann bewegt sich jetzt nicht nur, er beginnt zu tanzen, anfänglich noch etwas unbeholfen, dann nimmt er die Hand der

Frau und sie tanzen gemeinsam, erst in langsamen Walzerschritten, doch alsbald staccatoartig in einen argentinischen Tango wechselnd. Nicht dass sie sich programmatisch entschieden hätten, jetzt zu tanzen, nein, sie tun es einfach. Sie führen sich gegenseitig, erspüren den nächsten Schritt und verschmelzen mit den Bewegungen des anderen zu einer Wesenheit, die mit vier Augen sieht. Wirklichkeit wird zur Gemeinsamkeit – und zur Gemeinschaft. Sie drehen sich immer weiter und entfalten von jedem Ort aus nach allen Richtungen hin so etwas wie eine Circumperspektive [25] – und sehen wieder etwas Neues, gänzlich Unerwartetes. Was sich darbietet, sind Bilder von Landschaften mit ihren Dingen und Wesen, ihrem manchmal kaum wahrnehmbaren Werden, mannigfaltige Sichten – doch auch dann bleibt noch so manches verborgen. So kann ihr Sehen, aber auch ihr fragendes Denken, zurückkehren in das anfängliche „Haus der Welt", in dem alle Dinge und Wesen werden und entwerden in einer Art gleitender Übergänge diesseits von Bejahung und Verneinung. [26] Und das Endliche kann sich in den jeweiligen Ausdruck des Unendlichen zu verwandeln beginnen, was beide veranlasst, im Einfachen und Unscheinbaren das Scheinen des Unendlichen und/oder Grenzenlosen zu sehen, zu bestaunen und zu denken.

In seinen Gesprächen mit der Frau gewann der Mann noch eine weitere Einsicht, die ihm bisher verborgen geblieben war. Er entdeckte etwas über das Wort „Erfahrung", zwar nicht über die Erfahrungen, die er sich durch die Ausübung seines Berufs oder im Laufe des Lebens angeeignet hat oder besonderen Erlebnissen verdankt, sondern über jene Erfahrungen, die das Substrat seiner bewussten Handlungen bilden, denen er in der Regel keine Aufmerksamkeit schenkt bzw. kaum je zur Kenntnis nimmt; dies nicht allein deshalb, weil sie ihm zu nahe und zu vertraut sind, sondern weil sie sprachlich kaum auszudrücken sind.

> „In zwei Weisen sträubt sich Sprache verstanden zu werden. Zunächst als bezweifelbarer Zeuge, denn Sprache spricht in Sprache über sich selbst. Dann aber Sprache als ihr eigener Widersacher, denn ihre Erscheinung widerspricht ihrer Funktion. In ihrer Erscheinung ist Sprache monologisch, denotativ, beschreibend. Sie sagt, wie

---

25 Tsujimura, Koichi: „Über Yü-chiens Landschaftsbild ,In die ferne Bucht kommen Segelboote zurück'", in: Ohashi, Ryosuke (Hrsg.): „Die Philosophie der Kyoto-Schule", Freiburg/München 1990, S. 455 f.

26 Merleau-Ponty, Maurice: „Das Sichtbare und das Unsichtbare", München 1986, S. 138

es ist oder wie es war. Aber in ihrer Funktion umgreift der Sprecher mit ihr dialogisch den Anderen und lädt ihn ein, das Gesagte zu deuten: es ist so, wie du's *sagst*. Denn, wie es *war*, ist für immer verschwunden." [27]

Für Zhuangzi ist es blosse Einbildung, wenn die Menschen glauben, dass die Sprache ihnen erlaubt, die Wirklichkeit der Dinge zu erfassen. Er sieht den Grund dieses Irrtums darin: „So ist das, was man beim Anschauen sieht, nur Form und Farbe, was man beim Hören vernimmt, nur Name und Schall. Ach, dass die Weltmenschen Form und Farbe, Name und Schall für ausreichend erachten, das Ding an sich zu erkennen! Darum: ‚Der Erkennende redet nicht; der Redende erkennt nicht.' Die Welt aber, wie sollte die es wissen?" [28] Die Welt vielleicht nicht, aber wir können jederzeit beobachten, wie das Vermögen des sprachlichen Ausdrückens in unserem Bewusstsein peripher wird, wenn unsere Aufmerksamkeit auf eine sinnliche Realität – sei es ausserhalb von uns oder in uns – fokussiert ist, wie auch umgekehrt wir uns nicht mehr auf unsere Wahrnehmung konzentrieren können, wenn wir über etwas sprechen. Das ist übrigens auch Wittgenstein aufgefallen: „Während ich einen Gegenstand sehe, kann ich ihn mir nicht vorstellen", [29] und umgekehrt: „Wenn wir uns etwas vorstellen, beobachten wir nicht." [30] Ebenso schreibt Valéry in seinen *Cahiers*: „Was ich denke, stört das, was ich sehe – und umgekehrt." [31] Wenn wir also sprechen oder denken, ist die Wahrnehmung eingeschränkt oder gar aufgehoben, so dass wir den Unterschied zwischen der Wirklichkeit und dem, was wir sprachlich zum Ausdruck bringen, übersehen und blindlings die Sprache für den adäquaten Ausdruck der Wirklichkeit halten. Richten wir umgekehrt unsere Aufmerksamkeit beispielsweise auf die sinnliche Realität einer Landschaft, vergessen wir die Sprache, so dass der Unterschied zwischen beiden ebenfalls unbemerkt bleibt. Wir können eben nicht gleichzeitig das Wahrnehmen von etwas und das Sprechen bzw. das Denken darüber, d.h. einen Bewusstseinsinhalt und den Bewusstseinsprozess beobachten. Mehr Klarheit über die Sprünge

---

[27] von Foerster, Heinz: „Wahrnehmen wahrnehmen", in: Ars Electronica (Hrsg.): „Philosophien der neuen Technologie", Berlin 1989, S. 39

[28] Dschuang Dsi: „Das wahre Buch vom südlichen Blütenland", Köln 1986, Kapitel XIII, Abschnitt 10, S. 153

[29] Wittgenstein, Ludwig: „Werkausgabe", Frankfurt a.M. 1984, Band 8, Zettel, S. 420, § 621

[30] Wittgenstein, Ludwig: a.a.O., S. 423, § 632

[31] Valéry, Paul: „Cahiers", Paris 1973, Bd. 1, S. 795

zwischen diesen Bereichen ist nur zu gewinnen, wenn wir deutlich zwischen Bewusstseinsinhalten und Bewusstseinsprozessen unterscheiden. Man kann zwar seine Bewusstseins*inhalte* (in Grenzen) positiv-sprachlich darstellen und ausdrücken, aber eben nicht den Bewusstseins*prozess*. Damit stecken wir in einem Dilemma: zum einen lässt sich der Bewusstseinsprozess positiv-sprachlich nicht definieren – Sprache ist ein sequentieller Prozess und damit auch das sprachlich-inhaltliche Denken –, zum anderen können wir unsere innere Gewissheit, dass wir wahrnehmen und denken, nicht einfach negieren. Der Ausweg: Wir müssen den prinzipiell selbstreflexiven Charakter des Bewusstseins und des Denkens zur Kenntnis nehmen!

*

Im Dialog mit seiner Frau hat der Mann zum einen gelernt, dass in einer auf sich selbst bezogenen Reflexion, das persönliche Ich lediglich als passives Objekt erscheint, auf das er seine aktive Aufmerksamkeit richtet. Lenkt sich aber der Blick seines Ichs auf ein Du, so findet er nicht bloss ein Ding vor, sondern begegnet erneut einer Form von Subjektivität, die ihm jedoch *ausschliesslich als Willensereignis beobacht- und begreifbar* bleibt. Zum anderen hat er von ihr eine grundlegende Lektion gelernt: er muss in sich selbst seinen Ort im Geschehen des Wahrnehmens und Erkennens finden. Erst mit der Einbeziehung seines Ortes im Prozess des Erkennens kann er auch einen Standpunkt eines „Ausserhalb-in-sich" einnehmen, was ihm ermöglicht, sowohl sein Wahrnehmen und Denken gleichsam in einem inneren „Spiegel" zu reflektieren, zu überprüfen und zu beurteilen, als auch die Aussagen seiner Frau aufzunehmen, zu würdigen und dabei seine Situation mitzubedenken (z.B. „Ich kann jetzt aufgreifen, was Du mir mitteilst, was Du siehst, was ich vorher nicht gesehen habe"; „Was ich verdecke, ent-deckst Du und was Du verdeckst, entdecke ich – in diesem Zusammenspiel entgründen wir unsere Welt und ihr Spiel"; „Als Ich bin ich Du und versetze mich modal in deine Situation ohne mich meiner Existenz als Ich entheben zu müssen. Wer garantiert mir sonst meinen Weg zurück zu mir, wenn ich mich voll und ganz mit dir vermische? Auch wenn ich ganz bei dir bin, verliere ich mich nicht in dir. Die Orte bleiben geschieden, ihre Verschiedenheit ermöglicht überhaupt erst unser Wechselspiel"; ... usw.). Diese Lektion hat ihm eine bewegliche Intelligenz beschert. Sie besitzt die inhärente Eigenschaft, aus einer Tätigkeit, der sie sich widmet, gewissermassen „hinausspringen" und Standpunktwechsel vornehmen zu können. Sprünge bzw. Standpunktwechsel bedeuten Änderungen der Denkabsichten. Jetzt kann nicht mehr nur das objektiv gegebene Sein eines Gegenstandes reflektiert, sondern – allerdings zeitlich verschoben – ebenso der Prozess der Reflexion selbst zum Thema gemacht werden. Dass selbstreflexives Denken anderes Denken als Du-Subjektivität anerkennt, ist ihm selbstverständlich geworden – wenn auch um den Preis, dass man das vermeintlich sichere Terrain der klassisch-zweiwertigen Seinslehre mit ihrem gnadenlosen Western-Duell des Ja-oder-Nein, des Entweder-Oder verlassen muss, weil sich das zweiwertige Verhältnis von Subjekt und Objekt in einer Vielzahl von die Grundstrukturen des Seins betreffenden Orten abspielt, die nicht miteinander zur Deckung gebracht werden können. Spätestens jetzt ist er bei der Selbst(rück)bezüglichkeit angekommen, nämlich einer Bewegung zwischen dem Gegenstand der Beschreibung und dem Beschreibungsverfahren, einer Bewegung, die aber nicht im Muster des Kreises zu verstehen ist, der bekanntlich Anfang und Ende in sich selbst ist, sondern Selbst(rück)bezüglichkeit als chiastische Figur [32], die nicht in sich selbst, sondern auf Umwegen zu ihrem Anfang zurückkehrt.

---

[32] Der *Chiasmus* ist die ikonisch nach dem griechischen Buchstaben „Chi" benannte parallele Überkreuzstellung antithetischer Wörter oder Satzglieder, und vereinigt die Gleichzeitigkeit von Gegenläufigkeit und wechselseitiger Bedingtheit. Durch Vermittlung von Öffnen und Schliessen, Bewahren und Austauschen, ständiges Wenden und Umkehren wird so etwas wie Werden und Bewegung aufrechterhalten. Ein Beispiel: „Der Anfang wird zum Ende (A) – das Ende wird zum Anfang (B)". Man kann leicht einsehen, dass jede Rückkehr zum „echten" Ausgangspunkt unmöglich ist. Denn durch die Verschiebung von „A" nach „B" und anschliessend die Umkehrung von „B" nach „A" entsteht ein „Vorher" und ein „Nachher", also sowohl eine Verzeitlichung als auch eine Verräumlichung des Aussage-Schemas, und lässt das Zusammenwirken von Anfang und Ende in einem neuen Licht erscheinen.

2. Wo nur anfangen?

> „Der Wind bläst, wo er will, und du hörst sein Sausen wohl; aber du weisst nicht, woher er kommt und wohin er fährt." [33]

Wo soll man anfangen? Frühmorgens beim zögernden Erwachen aus dem Halbschlaf, wenn man mit noch steifen Gliedern und schlaftrunkenen Augen sich aus den Laken herauswindet – vielleicht noch der vagen Erinnerung nachhängend, ob und was von den gestrigen Träumen noch übrig geblieben ist – und ganz allmählich in den Lauf der Dinge dieser Immer-schon-gewesen-Welt wieder eintaucht, vorwärts zum Anfang einer neuen Tageswirklichkeit mit ihren gewohnten Abläufen, Illusionen, Kümmernissen und – so die leise Hoffnung – einigen unerwarteten Lichtblicken, als Wesen mit inzwischen wachen Augen, das neu entscheidet und entscheiden muss statt weiter vor sich hinzudösen? Heinz von Foerster meint jedenfalls [34]: Jeder Moment in unserem wachen Leben ist immer ein Anfang. Das Jetzt und Hier ist der Anfang jeden Anfangs, es ist immer eine Neuschöpfung, eine Art „Genesis".

> „Werden wir nicht nachlassen in unserm Kundschaften
> Und das Ende unseres Kundschaftens
> Wird es sein, am Ausgangspunkt anzukommen
> Und den Ort zum erstenmal zu erkennen.
> Durch das unbekannte, erinnerte Tor,
> Wenn der letzte Fleck Erde, der zu entdecken bleibt,
> Jenes ist, das den Anfang gebildet;
> An dem Quellengrund des längsten Stromes

---

[33] Johannes 3, Vers 8, in: „Die Bibel" (nach der Übersetzung Martin Luthers), Stuttgart 1990

[34] von Foerster, Heinz: „Der Anfang von Himmel und Erde hat keinen Namen – Eine Selbsterschaffung in sieben Tagen", Berlin 2002, S. 1

> Die Stimme des verborgenen Wasserfalls,
> Und die Kinder im Apfelbaum,
> Unerkannt, weil nicht erwartet,
> Aber gehört, halb-gehört, in der Stille
> Zwischen zwei Wellen der See.
> Rasch nun, hier, jetzt, immer –
> Ein Zustand vollendeter Einfalt
> (Der nichts weniger kostet als alles)
> Und alles wird gut sein,
> Jederlei Ding wird gut sein und
> Wenn die Feuerzungen sich nach innen falten
> Zum Schifferknoten aus Feuer
> Und eins werden Feuer und Rose." [35]

Tatsächlich? Treffen wir nach dem Aufwachen nicht oft die Entscheidung, das zu tun, was wir jeden Morgen und jeden ganzen Tag tun und schon immer getan haben? Sortieren wir sorgfältig, was uns dabei so passiert – unsere Bewegungen, Tätigkeiten, Gedanken, Gefühle und Erinnerungen –, so fällt uns alsbald auf: Wir sind Gewohnheitstiere, geben vor, lediglich der Notwendigkeit zu gehorchen, auch wenn wir insgeheim wissen, dass wir auch anders könnten. Sehr viele Tätigkeiten führen wir gewohnheitsmässig aus, ohne nachzudenken, mechanisch, gleichsam „bewusstlos" – in der stillen Hoffnung auf eine reibungslose Litanei der Lebensfunktionen. Die Gewohnheit, der unhörbar befehlende Zwang – sei dieser innerer, äusserer, affektiver oder sozialer Natur – ist seit jeher eine der wohl mächtigsten Triebfedern. Beispielsweise frühmorgens: waschen, aufknöpfen, zuknöpfen, frühstücken, dabei auf dem Smartphone herumfingern und sich der selbstverordneten Zwangsfütterung mit Kurzmeldungen unterziehen, von Medien, die nicht müde werden, jeden Tag neue Schreckensnachrichten in die Welt zu setzen, die wir häppchenweise konsumieren und dabei entweder erschauern oder gleichgültig

---

[35] Eliot, Thomas Stearns: „Gesammelte Gedichte. Englisch und Deutsch", übersetzt von Christian Enzensberger, u.a. Frankfurt/M. 1972; das Gedicht „Little Gidding" übersetzte Nora Wydenbruck.

wegklicken. Und unbedingt nicht vergessen die Pflege unseres Ich-Denkmals: obsessiv-hedonistisch unter all den beliebig vielen Optionen [36] – die von einer unaufhaltsam expandierenden Konsum- und Unterhaltungsindustrie mit den sozialen Medien als wichtigstem Treiber in verführerischer Marketing-Pose angepriesen werden – noch der einen oder anderen hinterherhecheln. Was gibt es Schlimmeres, als nicht begehrt zu werden, in den Augen anderer banal und gewöhnlich zu erscheinen? Deshalb noch rasch zwei oder drei Twitter-Nachrichten absondern, unbedingt unser neuestes Selfie hochladen, alles in der vagen Hoffnung, der tief in uns wuchernden Angst, spurlos von dieser Welt verschwinden zu müssen, wenigstens etwas entgegenzusetzen. Also Spuren hinterlassen, was uns mit unserer Sterblichkeit etwas versöhnen mag, die wir als angeblich selbstbestimmte und selbstbestimmende Wesen als Skandal par excellence empfinden.

Manch einer wird darauf erwidern: nein, bei mir ist nichts Zwanghaftes, ich bin einfach spontan. Wenn die Situation dieses oder jenes erfordert, so tue ich es einfach. Was immer ich tue, tue ich selten mit bewusster Absicht oder von langer Hand vorbereitet. Es kommt einfach, und dann handle ich so gut ich eben kann, sonst könnte ich meinen Alltag kaum bewältigen. Das sei intelligentes Verhalten, denn Intelligenz bedeute, wissen was zu tun ist, wenn man nicht wisse was tun! Es ist zu vermuten, dass hier der Betreffende Intelligenz mit Chaos verwechselt, weil er vergessen hat, dass man ja nirgendwo anders als im Chaos, in einem durch Ordnung kompensierten Chaos leben kann – was oft Situationen sind, in denen wir endgültig den Durchblick verloren haben. Oft verstehen wir ja ohnehin nicht allzu viel von dem, was um uns herum so alles geschieht – ganz zu schweigen von dem, was sich in uns selber abspielt. Chaos ist eben die Regel und Ordnung die ziemlich unwahrscheinlichste Ausnahme. Zutreffender könnte also sein, dass wir nur selten Herr unserer Handlungen sind, weil wir im Alltag immer wieder zufällige und zerstreute Personen sind, nie ganz uns selbst gehören, sondern durch die Umstände „regiert" werden – vielleicht auch, weil wir nie so verrückt sind, die Ereignisse in unser mentales System zu zwingen, sondern es im Gegenteil den Ereignissen anpassen.

> „Die ‚Gewohnheit', als Wort wie als Sache, steht für die faktische Besessenheit der Psyche durch einen Block von schon erworbenen und mehr oder weniger irreversi-

---

[36] Gross, Peter: „Die Multioptionsgesellschaft", Frankfurt a. M. 1994

bel verkörperten Eigenschaften, zu denen überdies die zähe Masse der mitgeschleppten Meinungen gerechnet werden muss. Solange der Block unbeweglich verharrt, kann die neue Belehrung nicht beginnen. Dass Beobachtungen dieser Art auch in der asiatischen Welt gesammelt und festgehalten wurden, zeigt die bekannte Anekdote von dem Zen-Meister, der beim Eingiessen von Tee in eine Tasse zum Erstaunen seines Schülers nicht haltmachte, als die Tasse voll war, sondern fortfuhr einzugiessen. Damit sollte gezeigt werden, man könne einen vollen Geist nichts lehren. Das Studium besteht dann im Nachdenken über die Frage, was zu tun sei, um die Tasse zu leeren. Ob die neu gefüllt werden soll oder ob die Leere, einmal erreicht, als Eigenwert gepflegt wird, ist ein anderes Thema." [37] Doch wenn wir uns der Gewohnheitsnatur menschlichen Verhaltens allmählich bewusst werden, „ist die Schwelle erreicht, die, sobald sie sichtbar wird, auch schon überschritten werden muss. Man kann die Gewohnheiten nicht entdecken, ohne zu ihnen auf Distanz zu gehen – anders gesagt, ohne mit ihnen in einen Zweikampf zu geraten, in dem ermittelt wird, wer Herr im Ring sei." [38]

Bereits wenn ein Akteur „Ich" sagt, wird der Tatbestand „Subjektivität" eingefordert, d.h. seine Mitbestimmung bei der Aufrichtung der Instanz, die ihm mit innerer Stimme befehlen darf, die Brücke zur Tat – die er selbst baut oder sich errichten lässt – zu überschreiten und ihm selbstbegriffene gute Gründe und sinnvolle Interessen mit auf den Weg gibt und nicht mitreissende Leidenschaften oder unausweichliche Zwänge unterstellt. Der Akteur wird von sich behaupten, dass er selbstredend in der Lage ist, seine Interessen richtig zu deuten, niemand anderem als seiner eigenen inneren „Stimme der Vernunft" Folge zu leisten – und damit jeglichen Verdacht der Fremdbestimmung von sich weisen. Doch wie oft unterschieben wir unserem alltäglichen Tun gute Gründe, auch wenn wir bei allfälligen Rückfragen keine guten oder hinreichenden Gründe angeben können? Es ist zu vermuten, dass wir über weite Strecken in einer Art schlafwandlerischer Halbwachheit durch die Welt stolpern, ohne uns auch nur im Geringsten um bescheidene Verstehenszusammenhänge zu bemühen, unser Bewusstsein immer nur auf kleine Ausschnitte der Wirklichkeit lenken. Oder könnte es einfach sein, dass das, was wir verstehen oder zu verstehen glauben, bald einmal seinen Reiz oder seine Dringlichkeit verliert, weil es oft nicht das ist, was uns wirklich interessiert? Vielleicht ist alles aber auch ganz anders. Nämlich, dass wir das Verstehen masslos

---

[37] Sloterdijk, Peter: „Du musst dein Leben ändern", Frankfurt a. M. 2009, S. 295
[38] Sloterdijk, Peter: a.a.O., S. 300

überschätzen, selbst wenn wir keine Erklärung dafür haben, was wir meinen, wenn wir von etwas sagen: Ich verstehe es. Das Geheimnis des Lebens – sofern es ein solches denn geben sollte – könnte ja darin liegen, die Welt nicht verstehen zu wollen, sondern sich ihr zu überlassen. Abzuwarten, was sie bereithält, zuzugreifen, wenn etwas dabei ist, was uns gefällt, und im Übrigen nicht zu viel zu denken.

*

Lassen wir kurz Hannah Arendt zu Wort kommen: Für sie heisst handeln, einen neuen Anfang, etwas Neues, etwas ganz Anderes, eine neue Welt beginnen zu lassen. Für sie gleicht das Handeln einem Wunder. [39] Angesichts der automatischen Prozesse, die in der Welt in wachsendem Masse ablaufen, darf man sich allerdings mit Fug und Recht fragen, ob heutzutage das Handeln allmählich nicht nur zu einem eher seltenen Phänomen verkommt, sondern im emphatischen Sinn von Hannah Arendt überhaupt noch möglich ist? Sind wir uns bewusst, wie sehr wir – neben unseren eigenen alltäglichen gewohnheitsmässigen Routinen und konditionierten Denkmustern – unser Tun immer stärker von digital konditionierten Algorithmen leiten lassen, was nur automatische Entscheidungs- und Handlungsketten auslöst, in denen wir nicht mehr Subjekt unserer Entscheidungen sind und dies durch kein Wunder eines radikalen Neubeginns unterbrochen wird? [40] Wer sein Denken mechanisch und ausschliesslich an digital erzeugtem Informationsinput ausrichtet und dies wenn möglich noch als „intelligent" bezeichnet, hat eigenverantwortliches Denken und Handeln ab- und aufgegeben. Es mag sich bemühend anhören, wenn immer wieder daran erinnert werden muss, dass Handeln die Übernahme persönlicher Verantwortlichkeit und ein beständiges Engagement erfordert, dass man nur mit auf Nachdenken, Besinnen und Abwägen beruhenden Entscheidungen das Ruder einigermassen in Händen halten kann.

Ein Anfang geschieht immer dann, wenn ein Akteur das Motiv gefunden hat, das ihn vom Zögern befreit und zur Tat schreiten lässt. Vom Motiv, von der Absicht zur Tat, von der Theorie zur Praxis überzugehen macht das Wesen der Subjektivität aus. Doch woher bezieht der Wille die Motive, die Absichten, die seine Handlungen leiten sollen? Denn ohne Erwartungen, Absichten, Wünsche und Vorstellungen gibt es kein Handeln.

---

[39] Arendt, Hannah: „Vita activa oder vom tätigen Leben", München 1981, S. 18
[40] Han, Byung-Chul: „Im Schwarm. Angesichts des Digitalen", Berlin 2017, S. 46

> „Wüsste der Handelnde, was er erreichen will, so wäre er ein blosser Exekutant; die Ausführung könnte er ebenso gut Gehilfen, am Ende Maschinen überlassen. Weiss er es nicht, so hilft allerdings auch keine Wiedererinnerung, sondern nur das Tun selbst, ein versuchendes Tun, das buchstäblich kein Ziel hat." [41]

In manchen Lebenslagen sind wir im Netz der Motive und Wünsche gefangen. Wir möchten dieses und jenes, möglicherweise auch noch ein Drittes oder Viertes erreichen. Vielleicht wissen wir nicht so genau, was wir eigentlich wollen – und bleiben oft dem Alltagstrott verhaftet. Aus Erfahrung wissen wir zudem, dass die Motive, Absichten und Wünsche für uns nicht immer ganz durchsichtig und vor allem nicht immer eindeutig sind. Wünschen wir uns beispielsweise etwas, so schauen wir nicht immer so genau hin. Nichts ist mysteriöser, ungreifbarer oder abwegiger als das menschliche Verlangen. Zwar glauben wir, dass sich im Wunsch unser innerstes Verlangen ausdrückt und übersehen oder wollen nicht sehen, dass es oft andere sind, die unser Begehren entweder unverhohlen oder auch ganz ohne Absicht lenken; René Girard nennt dies das „mimetische Begehren". [42] Deshalb wird unsere Wahl oft nicht so sehr durch ein gewünschtes Objekt bestimmt, sondern vielmehr durch eine andere Person, die ein solches Objekt ebenfalls begehrt und der wir so gerne ähneln möchten. Eitelkeit, Neid und Snobismus sind die dafür treibenden Kräfte. Ein beredtes Zeugnis für diesen Sachverhalt ist die Werbung, will sie doch täglich beweisen, dass das von ihr angepriesene Produkt von den Menschen begehrt und gekauft wird, denen wir gerne gleichen würden.

> Der französische Literaturwissenschaftler und Religionsphilosoph René Girard hat sich wohl am intensivsten mit dem menschlichen Konfliktpotenzial befasst hat. [43] Der Mensch scheint das Tier zu sein, das sich ständig mit anderen vergleicht. Seit die Ständegesellschaft abgeschafft worden ist, in der eine vertikale Ordnung herrschte, hat sich das Sich-Vergleichen in unerhörter Weise intensiviert. Man

---

[41] Waldenfels, Bernhard: "Der Stachel des Fremden", Frankfurt/M. 1991, S. 97
[42] Girard, René: „Figuren des Begehrens. Das Selbst und der Andere in der fiktionalen Realität", Berlin 2012
[43] Girard, René: „Das Heilige und die Gewalt", Zürich 1987

könte durchaus sagen, und wir erleben es jeden Tag: je horizontaler die Gesellschaft, desto stärker die *Mimesis*. [44] Eine egalitäre Gesellschaft ist aus Sicht der mimetischen Theorie absolut toxisch. Girard präsentiert eine brisante Pointe für all jene, die sich den totalen Egalitarismus auf die Fahnen geschrieben haben: Die egalitäre Gesellschaft beseitigt die Konflikte nicht, sondern intensiviert sie sogar. Denn wenn sich jeder mit jedem vergleicht, nimmt die Rivalität zu, folglich auch der Neid und damit das gesamtgesellschaftliche Konfliktpotenzial. Zugleich haben wir uns jedoch moralisch weiterentwickelt. Wir leben die Rivalität nicht offen aus, sondern haben Spielregeln definiert, um die Energien zu kanalisieren. Neid und Moral halten sich irgendwie die Waage – denn täten sie es nicht, würden wir uns längst die Köpfe einschlagen. Gleichzeitig ist es äusserst schwierig, gegen mehr Gleichheit zu argumentieren – sollte dies ein Politiker je offen tun, wäre das politischer Selbstmord. Hier begegnen wir einer grossen Illusion der späten Moderne: Mehr Gleichheit würde uns friedlicher machen. Girard hält den Finger in die Wunde, er hat in allen Details beschrieben und analysiert, dass durch das Sich-Vergleichen eine gesellschaftliche Dynamik in Gang gesetzt wird, die genau das Gegenteil bewirkt. Ein zweiter Punkt kommt hinzu: die Sündenbock-Komponente. Wer sich ständig zurückgesetzt und schlecht behandelt fühlt – und das sind ja mittlerweile eigentlich fast alle –, macht stets eine Drittinstanz für sein Unglück verantwortlich – die Eltern, die Politik, das System. Schliesslich ist noch ein dritter Punkt anzusprechen, nämlich die Identitätspolitik, die es darauf abgesehen hat, die gesellschaftlichen Unterschiede perfekt zu bewirtschaften. Sie hat ihre Wurzeln im Stammesdenken, ist aber zugleich ein Produkt unserer späten Moderne: Es werden ständig kollektive Unterschiede wie Hautfarbe, Gender, Ethnie und sexuelle Orientierung geltend gemacht, nur um darauf hinzuweisen, dass Gleichbehandlung unter Menschen noch nicht erreicht ist. Dadurch werden die Unterschiede unter den Menschen laufend vertieft. Wir scheinen zu einer Art Stammes- oder Ständegesellschaft in einer de facto egalitären Gesellschaft zurückzukehren, in der alle gleichberechtigt nebeneinander leben. Allerdings beruht der Fokus dieser Art einer kollektiven Identität auf einem Grundwiderspruch: Die Gruppenidentität ist einerseits das, was mich einzigartig machen soll und also von allen anderen unterscheidet; zugleich ist sie das, was

---

[44] René Girard verwendet den Begriff der Mimesis in einem psychologisch und soziologisch äusserst weit gefassten Sinne. Er spricht vom „triangulären mimetischen Begehren", das darin besteht, dass A etwas (B) begehrt, weil C es bereits begehrt. Dieses grundsätzliche mimetische Begehren offenbart sich darin, dass für uns ein anderer Mensch oder ein Gegenstand vor allem dann an Anziehungskraft gewinnt, wenn er bereits von anderen begehrt wird. Demzufolge orientiert sich jedes Begehren an einem Begehren, das wir an anderen bemerken und das unser eigenes Begehren anstachelt. Dieser Mechanismus prägt in Girards Augen unsere gesamte Kultur von Anfang an.

mich mit anderen verbindet, die über dieselbe Ethnie oder Hautfarbe verfügen. Somit ist sie zugleich A und Nicht-A. Diese kognitive Dissonanz lässt sich nicht ewig aufrechterhalten: Irgendwann wird die Einsicht heraufdämmern, dass beides nicht geht. Jedenfalls scheint eher die Frage matchentscheidend zu sein, wovon der ganze Hype um die Identitätspolitik ablenken will und die Vermutung ist: vor der Angst, wie die wirtschaftliche Zukunft aussieht.

Beim Nachdenken über solche Lebenslagen schwanken wir oft unschlüssig zwischen zwei oder mehreren Wünschen und Absichten hin und her, zögern, ringen mit uns: kein Wille und keine Entscheidungskraft werden geboren. Ratlosigkeit macht sich breit. Diese tritt häufig dann ein, wenn das Denken sich in narzisstischer Manier ausschliesslich mit seinen eigenen Bewusstseins- und Erlebnisinhalten identifiziert. So widerspiegelt Ratlosigkeit immer auch die seelisch-spirituelle Situation des Einzelnen, aber auch der Zivilisation. Da ist nichts zu finden von „Erkenne dich selbst", was vor allem bedeuten würde, die eigenen Wünsche zu kennen, die unsere Begehrlichkeiten regieren, keine Einsicht in die Dummheit mimetischen Begehrens, nämlich dass die Dinge einander am Ende gleich sind, nichts von der tiefen Einsicht Goethes einer „Antizipation" eines anderen geistig-spirituellen Lebens. Wie soll da die Vernunft ihre Steuerungs- und Kontrollfunktion ausüben, wenn unklar ist, in welchem Masse sie am Ruder ist?

Nun will man ja nicht nur etwas tun, man will bekanntlich etwas Sinnvolles machen, was das auch immer sein mag. Was einem als sinnvoll erscheint, dem kann sich das Denken allenfalls asymptotisch nähern, denn das als sinnvoll Anvisierte liegt in der Zukunft. Wiederum muss man zwischen verschiedenen als sinnvoll erachteten Absichten wählen und das heisst eine Entscheidung treffen, was einen Willensakt bzw. eine Handlung darstellt. Das trifft auch dann zu, wenn wir uns für das Hamsterrad, d.h. die blosse Abwicklung des Alltagspensums entscheiden.

Will man ernsthaft die gewohnheitsmässigen Spuren verlassen, die sich in den Alltag eingegraben haben, so muss man seine Gewohnheiten als solche überhaupt erst einmal unvoreingenommen in den Blick nehmen und erkennen. Dies setzt gleichzeitig den Willen (Volition), die Motivation voraus, das Reflektieren auf das gewohnheitsmässige Tun in Gang zu setzen, sich der eigenen Grenzen, der eigenen Befangenheiten und Irrationalitäten bewusst zu werden – alles andere als eine leichte Aufgabe. Wir müssen in den halbdunklen Keller hinabsteigen und dort den Knäuel unserer festgezurrten Überzeugungen, Meinungen und Vorurteilen aufdröseln. Haben wir uns in unserem Kokon aber wohlig eingerichtet, wollen wir dies alles gar nicht so genau wissen. Dabei wäre es bereits hilfreich, sich an den Ausspruch von Mark Twain zu erinnern: „Den ganzen Ärger macht nicht das, was wir nicht wissen, sondern das, was wir sicher zu wissen glauben, obwohl es gar nicht zutrifft." So belügen wir uns oft selbst, sind vielleicht bereit, gerade so viel zu verändern, dass wir nichts verändern müssen – wohlfeile Ausreden für ein solches Verhalten haben wir ohnehin immer schnell zur Hand. Selbst in Krisen denken viele Menschen nicht darüber nach, wer sie sein könnten, sondern halten im Gegenteil an dem fest, was sie zu sein scheinen.

> „Der Mensch ist nicht so sehr von Dämonen besessen als von Automatismen beherrscht. Nicht böse Geister setzen ihm zu, es sind Routinen und Trägheiten, die ihn zu Boden drücken und deformieren. Was seine Vernunft trübt, sind nicht zufällige Irrtümer und okkasionelle Wahrnehmungsfehler – es ist die ewige Wiederkehr der Klischees, die wahres Denken und freies Wahrnehmen verunmöglichen. (...) Die alltägliche Meinung ist eine Pest, an der man zwar nicht stirbt und die doch von Zeit zu Zeit ganze Gemeinwesen vergiftet. Phrasen, die in den Körper abgesunken sind, erzeugen ‚Charaktere'. Sie formen Menschen zu lebenden Karikaturen der Durchschnittlichkeit, sie machen aus ihnen fleischgewordene Plattitüden. ... " [45] Pochen wir nicht trotzdem vollmundig auf unserer Autonomie und Souveränität? Eine etwas provokante Frage dazu: Haben wir den „kleinen" Souveränitätstest bereits schon einmal durchgeführt? Definieren wir Souveränität als Fähigkeit, sich von kollektiven Erregungsfeldern – in denen wir als soziale Wesen immer leben – distanzieren zu können, so kann die Testfrage lauten: Falls meine Souveränität existiert – und wer würde das schon verneinen wollen –, kann sie sich darin zeigen, dass ich all die auf mich hereinstürzenden Erregungsimpulse in mir absterben lasse, und falls ich sie doch weitergeben will, dies nur tue, wenn ich sie vorgängig geprüft, gefiltert und verwandelt habe? Erst wenn ich diese Frage uneingeschränkt bejahen kann, darf ich – jedenfalls für diesen Moment – von mir behaupten, dass ich wenigstens in dem Masse frei bin, dass ich Eskalationen von thematischen Epidemien, Erregungswellen und Aufreizungsimpulsen unterbreche und mich so, aber auch andere, gegen Meinungsinfektionen immunisiere. Bricht sich so die bleibende Einsicht Bahn, dass Empörung und klares, kritisches Denken höchst selten Hand in Hand gehen, wäre dies ein bemerkenswerter Schritt zur Selbstaufklärung aus selbstverschuldeter Unmündigkeit. Gelingt es, sich von fortlaufender Meinungsäußerung, immerwährender Einmischung und konfusen Engagements zu distanzieren, so kann man – wenigstens gelegentlich – mit Perros sogar die Auffassung teilen, dass „die

---

[45] Sloterdijk, Peter: „Du musst dein Leben ändern", Suhrkamp 2009, S. 640

beste Art, seine Freiheit zu gebrauchen, sei, keinen Gebrauch von ihr zu machen. Diese Freiheit in sich zu erhalten, setzt eine stetige Anstrengung und reinigende Aufmerksamkeit voraus, denn die Versuchung loszulassen ist gross." [46]

Jedes Nachdenken, auch jenes über das gewohnheitsmässige Tun, gleicht oft einem Wandern durch unerforschtes Land. Es bedeutet sich dort hineinzuwagen, wo die Wege nicht markiert sind – also Abschied nehmen von den ausgetretenen Pfaden, die bereits gebahnten Wege verlassen –, wo das Terrain unsicher ist und wo das gleichmässig ausgebreitete, wohlbekannte Licht nicht mehr so wie gewohnt alles ausleuchtet. Um etwas anderes wahrzunehmen oder wenigsten anders wahrzunehmen, gilt es Abstand zu nehmen von dem, was man bereits gedacht hat und als Bodensatz abgelagert ist, von dem, was bereits so gut assimiliert, integriert und beglaubigt ist, dass es die vergrabenen Vorausentscheidungen und die zugeschütteten Voreingenommenheiten als erwiesen durchgehen und vergessen lässt – also von alledem, was man nicht mehr denkt, was man glaubt, nicht mehr bedenken zu müssen.

Damit die Aufgabe bewältigt werden und gelingen kann, muss im Wanderer immer wieder etwas sterben oder aufgegeben werden; das erfordert Mut und das Übernehmen von Verantwortung, zumindest für das eigene Leben. Mit dem Nachdenken ist es allerdings so eine Sache. Wenn wir wollen, können wir zwar über alles nachdenken, doch worüber wir auch immer nachdenken, so tun wir doch immer auch und gerade eines: denken. Allerdings kann man für das Denken nicht sein Ich reklamieren – das war bekanntlich Descartes' Fehlschluss. Das Denken bestimmt das Ich und nicht umgekehrt. Das Denken spielt sich im Grunde ohne ein Ich ab, das denkt. Das Ich ist nichts anderes als der Ort, wo „es in mir denkt". Wir können aber auch sagen: „Doch, es *gibt* das Ich, *es* gibt das Ich, es – das Denken – gibt das Ich." Das Ich ist das Ergebnis des Denkens und nicht umgekehrt. [47]

Wir können auch über das Denken nachdenken. Doch wenn wir dies tun, so legt sich über das, was wir so bedenken, eine zweite Ebene darüber, die unser Denken auf der ersten Ebene nach dem Motto „Wenn du denkst du denkst, dann denkste

---

[46] Perros, Georges: „Klebebilder", Berlin 2020, S. 12

[47] Bierter, Willy: „Wege eines Wanderers im Morgengrauen. Auf den Spuren Gotthard Günthers in transklassischen Denk-Landschaften", Books on Demand, Norderstedt 2018, S. 88

nur du denkst"[48] in einen Strudel zieht: das Denken des Denkens. Sobald das Denken sich selbst zuwendet, erleben wir die Geburtsstunde der Selbstbezüglichkeit und der Selbstreflexion. Selbstbezüglichkeit vollzieht sich als Selbstbegegnung, als sich fortsetzende Begegnung mit dem Selbst, mit sich selbst. In der Selbstbegegnung begegnen sich zwei oder mehr „Teil-Iche" als virtuelle Stellvertreter einer Person. Sie sind identisch und eins, daher *Selbst*begegnung, aber in der Selbst*begegnung* sind es auch zwei oder mehr, also verschieden, sonst könnten sie sich nicht begegnen. Dasselbe und zugleich das andere, Identität und zugleich Differenz. In der Selbstbegegnung begegnet sich das Identische nur auf der Basis der Differenz. Eine Differenz wird durch Identität nicht aufgehoben, sondern eine Identität wird durch Differenz begründet.

> Sobald man über das Denken nachdenkt, kommt das Bewusstsein in den Fokus. Das Denken des Denkens ist also immer auch ein Nachdenken über das Bewusstsein; es ist eine Selbstbegegnung des Bewusstseins. Doch dabei gerät man in das glitschige Gelände paradoxaler Probleme: Das Bewusstsein ist kein denkendes Ding. In einer kryptischen Formulierung könnte man sagen: Weder ist das Bewusstsein noch ist es nicht. Jedenfalls hat und ist es kein *Sein*. Diesem Trilemma entkommt man nur, wenn die These gewagt wird: Das Bewusstsein ist oder bedient eine Funktion. Diese Funktion ist in einem sehr allgemeinen Sinne die Zerlegung oder Digitalisierung eines analogen Stromes von diffusen Wahrnehmungen in aufeinander beziehbare Ereignisse. Während Fichte in seiner *Wissenschaftslehre* das Bewusstsein bzw. das Selbstbewusstsein als „Kraft, der ein Auge eingesetzt ist" metaphorisiert und demzufolge das Ich als Auge, „das sich selbst sieht"[49] beschreibt, kontert Merleau-Ponty diese transzendentale Utopie – in Anlehnung an diese Augenmetapher – mit der Formel: „Was es [das Bewusstsein] nicht sieht, sieht es aus prinzipiellen Gründen nicht, weil es das Bewusstsein ist".[50] Erweitern wir diese Metapher etwas und sagen: Das Auge sieht alles, nur sich selbst nicht, und eben deswegen sieht es überhaupt. Die Folgerung daraus: Die Selbstblindheit des Bewusstseins ist konstitutiv für Bewusstsein überhaupt. Was unserer Aufmerksamkeit somit immer zu entgehen scheint: Kein Bewusstsein kann sich als anfangend erleben, kein Augenblick ist der

---

[48] Bierter, Willy: a.a.O., insbes. Kap 5: „Das Denken denken – oder: Wenn Du denkst Du denkst, dann denkste nur Du denkst!?", S. 65 f.

[49] Fichte, Johann Gottlieb: Nachgelassene Werke, hrsg. von I. H. Fichte, Bd. III, S. 18, zitiert nach Pothast, Ulrich: „Über einige Fragen der Selbstbeziehung", Frankfurt a.M. 1971, S. 45 & 44

[50] Merleau-Ponty, Maurice: „Das Sichtbare und das Unsichtbare", München 1986, S. 313

erste, denn unsere Sinneswahrnehmungen laufen simultan-parallel ab. Wir können sie deshalb nicht zugleich wahrnehmen. Jeder noch so hartnäckige Versuch einer Annäherung ans Erlebbare eines solchen Moments bleibt somit unerfüllt – was übrigens erst recht für den Anfang des Lebens, der Geburt, und damit den Eintritt in die Welt zutrifft. Zwar *wissen* wir, dass wir angefangen worden sind, *denken* können wir es aber nicht. Anfang wie Ende des Bewusstseins gehören nicht zu den physischen Realitäten wie unsere alltägliche Objektwelt und bleiben uns verschlossen. Bleiben wir also bei der alten sympathischen Idee, der zufolge die Welt im Bewusstsein ihre Augen öffnet, oder trösten uns mit dem bemerkenswerten Satz von Julian Jaynes in seinem Werk „Der Ursprung des Bewusstseins durch den Zusammenbruch der bikameralen Psyche": „Das Bewusstsein vom Problem des Bewusstseins ist fast so alt wie das Bewusstsein selbst." [51]

Um wahrhaftig zu denken, muss man also nicht nur mindestens zwei „Teil-Iche" gleichzeitig sein, sondern diese „Teil-Iche" dazu bringen, ihre jeweils unterschiedlichen Standpunkte und Ansichten – von der Welt, über das Selbst usw. – möglichst sorgfältig zu artikulieren, darzulegen und zu begründen – und dabei den anderen aufmerksam zuhören. Sie müssen in einen internen Dialog treten und miteinander debattieren über die jeweiligen eigenen Bilder von Vergangenheit, Gegenwart und Zukunft sowie die Vorstellungen davon, wie man handeln soll. Erst in der offenen Begegnung aller inneren „Teil-Iche" kann Denken überhaupt stattfinden, nämlich Denken als der Prozess des Imaginierens der jeweiligen simulierten Welten und ihres sich gegenseitigen Darstellens durch diese inneren „Teil-Iche". Soll das Denken einigermassen gelingen, dürfen keine inneren Scheingefechte geführt, keine fadenscheinigen Rationalisierungen und propagandistische Parolen vorgebracht, muss das Feld der wenig vertrauenswürdigen „Meinungen" verlassen werden, sonst denkt man nicht, sondern ergeht sich in hohler Rhetorik, begnügt sich mit einem mantrahaften Wiederholen alter und verstaubter Phrasen oder pflegt weiterhin seine Vorurteile und Illusionen. Auch ist von jedem zwanghaften Versuch abzusehen, Komplexität vorschnell zu reduzieren; dies zieht meistens nur autoritäres Gehabe nach sich. Präzises Denken, das diesen Namen verdient, ist eher selten, denn es ist komplex und anspruchsvoll – und in emotionaler Hinsicht oft schmerzhaft –, aber es stiftet neue Realitäten. Beim Denken ist nicht zu vermeiden, dass zwischen den „Teil-Ichen" Konflikte auftreten, die durchaus heftig sein

---

[51] Jaynes, Julian: „Der Ursprung des Bewusstseins durch den Zusammenbruch der bikameralen Psyche", Reinbek 1988, S. 10

können, kann es doch sogar um das Überleben des einen oder anderen „Teil-Ichs" gehen; dieses wird sich in den Auseinandersetzungen wahrscheinlich nicht so leicht geschlagen geben und somit kämpfen. Solche Konflikte gilt es nicht nur auszuhalten, sondern in Massen sogar zu fördern. Erforderlich hierbei sind Verhandlungsfähigkeit und Kompromissbereitschaft, das Modifizieren seiner Ausgangspositionen, das Korrigieren seiner Gedanken und seiner Wahrnehmung der Welt, ja vielleicht sogar der Mut, sich seiner bisherigen Ansichten uneingeschränkt zu entledigen. Am Ende eines solchen Denkprozesses kann vielleicht die Einsicht Einzug halten, dass es zukunftsträchtiger wäre, den alten Trott hinter sich zu lassen, einen neuen Anfang zu wagen und sich etwas Neuem zuzuwenden, aber auch, dass wenn ein Problem wieder und wieder auftaucht und keine Lösung gefunden werden kann, man nicht danach fragen sollte, was die Vertreter gegensätzlicher Standpunkte – die „Teil-Iche" – voneinander unterscheidet, sondern was sie gemeinsam haben. Das könnte vielleicht der Punkt sein, wo die Quelle des Missverständnisses liegen muss – und von wo aus ein neuer Anfang gewagt werden kann!?
[52] Phantasieren wir hier etwas: Der Akteur mit seinen Teil-Ichen ist an einem Punkt angelangt, wo er sein bisher in Schubladen gestecktes Leben daraus herausspringen lässt, dessen möglichen Aspekte sich wieder aneignet, mit ihnen spielt, ringt und dabei auftretende Gegensätze anerkennt und nicht versucht, sie von einem einmal eingenommenen Standpunkt aus durch blosse Abstraktion aufheben zu wollen, was ohnehin nur zur Selbsttäuschung führen würde. Zwischen ihnen entwirft und knüpft er neue Beziehungen, was nicht nur Standpunktwechsel, sondern immer auch Sprünge in andere Lebensbereiche erfordert. Er lässt sich auf Dialoge mit der Umwelt und mit anderen ein anstatt nur auf seine engen Vorteile zu schielen, ja er denkt vielleicht sogar sein Leben vom Ende her und entdeckt dabei, was ihm wichtig ist und er nicht versäumen möchte. Aus der Komplexität seiner Innenwelt gewinnt er jetzt neue Erkenntnisse, Perspektiven und Entdeckungen auf sein Tun, sein Leben, was dazu führen kann, dass jetzt die eine oder andere Idee zur Tat das Licht der Welt erblickt.

*

Jeder Anfang ist das Treffen einer Unterscheidung. Jedes Treffen einer Unterscheidung ist eine Entscheidung, eine Entscheidung ins Nichts, denn wir wissen nicht,

---

[52] Vgl. den etwas ausführlicheren Bericht zu dieser Thematik in: Bierter, Willy: a.a.O., Kap 4., S. 62 f.

was da so alles auf uns zukommen kann. Jede Handlung hat eine offene Zukunft vor sich, in die hinein sie schöpferisch wirken kann. Im Rahmen einer heraklitischen Weltbetrachtung ist die Uranfänglichkeit im Unentschiedenen zu suchen: „panta rhei", alles fliesst, sagte Heraklit, und auch, dass man nicht zweimal in denselben Fluss steigen kann. Man kann nicht einmal am festen Ufer stehen und sich Gedanken darüber machen, dass alles fliesst, denn auch das Ufer bleibt sich nicht gleich, sondern ist in steter Veränderung. Es gibt keine festen Grenzen, auch nicht zwischen Sein und Nichts. Damit kommt die Zeit ins Spiel. Denn sucht man das Wesen der Welt nicht im schon entschiedenen Zustand all der Dinge, die um mich herum sind, also eines definitiven Seins, sondern im flüssigen Schweben eines noch unentschiedenen Werdens, ist eine Eliminierung der Zeit ganz und gar unmöglich. Sie ist als wesentliche Realitätskomponente in das Denken einzuführen, damit wir verstehen können, wie aus ihrem Schoss die Welt der Dinge geboren wird. Schöpfung ist Handlung. Um die „Mechanik" des Schöpfungsprozesses zu verstehen, darf der Fokus weder auf das Nachträgliche, das Geschaffene, noch auf das Vorträgliche, das noch zu Schaffende, gerichtet werden. Vielmehr liegt der logische Ort in der Mitte, in der uns wohl vertrauten „Gegenwart". Da die heraklitische Weltbetrachtung nicht auf bereits Entschiedenes (das Sein), sondern auf Unentschiedenes hin tendiert, so können wir nochmals sagen: Handeln bedeutet im Unentschiedenen Entscheidungen herbeizuführen, was zu einem vom zielbewussten Willen gelenkten Ereignis führen soll – sofern alles so abläuft, wie man es sich vorgestellt oder erhofft hat. Es soll also nicht nur etwas geschehen, sondern es soll etwas getan werden.

Ein handelndes Subjekt ist Teil der Welt. Es kann seine Umweltbedingungen in Grenzen ändern, die Einflüsse, die die Welt auf es ausüben, teilweise negieren, sie in Teilen seinen Bedürfnissen anpassen, indem es Entscheidungen trifft und so seine Wahrheit selbst schafft. Erkenntnismässig wird dabei das ganze Spektrum des Möglichen bedeutsam, nämlich das, was nicht ist, aber werden könnte. Die Alltagserfahrung zeigt nun, dass die Umwelt normalerweise genügend objektive Kriterien zur Verfügung stellt, die uns ein angemessenes Verhalten nahelegen und uns Entscheidungen vorgeben bzw. abnehmen. Die Umwelt konfrontiert uns zumeist mit Fragen, die entscheidbar sind, und die wir daher nicht entscheiden müssen. Wenn die Umwelt objektive Alternativen zur Verfügung stellt, wäre es falsch, von der Möglichkeit einer willentlichen Entscheidung zu sprechen, da die Kriterien bei der getroffenen Wahl bereits in den gegebenen Alternativen selbst liegen. Das heisst, die Wahl ist bereits entschieden, bevor sie getroffen wird. Hingegen kommt

„Wollen" bzw. der Wille dort ins Spiel, wo die Umwelt keine objektiven Kriterien liefert.

Erkennen und Wollen sind nicht voneinander unabhängig; sie sind immer miteinander verwoben. [53] Somit besteht die Frage nicht darin, ob das Ich (Subjekt) erkennend der Welt – dem objektiven Sein – gegenübersteht *oder* aktiv in die Welt eingreift und sie gestaltet, es tut immer schon beides. Von daher reicht es auch nicht aus, das klassische Hierarchieverhältnis – das Sein bestimmt das Bewusstsein – umzukehren und stattdessen idealistisch die Welt als Produkt des menschlichen Gehirns zu begreifen. Um aus dem Aristotelischen klassisch-zweiwertigen Schema herauszukommen, wird daher ein Drittes benötigt. Günther führt als volitiven Aspekt der Subjektivität das „Wollen" ein, und bereichert so das lebendige System um Willensfreiheit. Man kann es noch schärfer formulieren: Willensfreiheit als dritter Aspekt definiert lebendige Systeme gegenüber nicht-lebendigen. [54]

Der Gegenbegriff zu Wollen ist Erkennen. Erkennen beschreibt die kontemplative, passiv reflektierende Haltung des Subjekts der Welt gegenüber. Gäbe es als Gegensatz zur Welt, zum Objektiven, Reflexivität allein in Form des Erkennens, so würden beide Bereiche sich gewissermassen in stiller Kontemplation allenfalls ineinander spiegeln. Denn das Subjektive als Prozess, als Handlung kann in der klassisch-zweiwertigen Logik nicht dargestellt werden, das Subjekt erscheint stets als Pseudo-Objekt. Sichtbar ist nur das Produkt des Denkens und Entscheidens, das Ergebnis einer konkreten Handlung. An dieser Stelle lassen wir in Bezug auf den vermeintlichen Gegensatz von Erkennen und Wollen bzw. von Vernunft und Wille Gotthard Günther zu Wort kommen. Seine These lautet: „Wille und Vernunft sind Ausdruck ein und derselben Tätigkeit des Geistes, jedoch von zwei verschiedenen Gesichtspunkten aus betrachtet. Mit anderen Worten: Vernunft und Wille oder

---

[53] Vgl. auch Kap. 7 „Erkennen und Wollen oder wie Neues in die Welt kommt", in: Bierter, Willy: „Wege eines Wanderers im Morgengrauen. Auf den Spuren Gotthard Günthers in transklassischen Denk-Landschaften", Books on Demand, Norderstedt 2018, S. 111 f.

[54] Mit dem Begriff des Willens geht es Günther um die Möglichkeit, in einer völlig kontingenten Situation, Entscheidungen zu treffen. Der Willensbegriff bei Günther ist nicht als psychische Disposition interpretiert und wird auch nicht als etwas Metaphysisches in das Modell eingeführt. Ebenso wenig hat der Willensbegriff bei Günther etwas mit dem idealistischen „freien Willen" zu tun. Es handelt sich eher um einen pragmatischen, Günther würde sagen, um einen technischen Willensbegriff.

einerseits theoretische Reflexion und andererseits kontingente Entscheidung sind nur reziproke Manifestationen ein und derselben ontologischen Konfiguration, die durch die Tatsache erzeugt werden, dass ein lebendes System sich durch dauernd wechselnde Einstellungen auf seine Umgebung bezieht. Es gibt keinen Gedanken, der nicht stetig vom Willen zum Denken getragen wird, und es gibt keinen Willensakt ohne theoretische Vorstellung von etwas, das dem Willen als Motivation dient. Ein Wille der nichts als sich selbst will, hätte nichts Konkretes, das ihn in Bewegung bringen könnte; und ein Denken, das bloss mentales Bild ist ohne einen Willensprozess, der es erzeugt und festhält, ist gleichermassen unvorstellbar." [55]

*

Nochmals: Wo soll man anfangen? Kann man überhaupt anders anfangen als mit dem „Anfang"? Doch wo fängt der Anfang an? Oder gibt es vor dem „Anfang" noch etwas anderes, einen anderen Anfang? Kann die Frage nach dem Anfang immer erst mit Verspätung, im Nachhinein und rückblickend angegangen werden? Solche Fragen und Gedanken sind alles andere als müssig, zumal in einer Zeit, wo getrieben von einer rastlosen Neugier fortlaufend angefangen, von Anfang zu Anfang geklickt, aber kaum etwas zu Ende gebracht wird. Hegel hat in seiner „Wissenschaft der Logik" darauf hingewiesen, dass ein Anfang nur dann ein Anfang ist, wenn daraus etwas entsteht, was mit diesem Anfang begonnen hat, aber über den Anfang hinaus weitergeführt werden konnte.

Wer sich mit Ereignissen und Geschichten aus der fernen Vergangenheit – auch seinen ganz persönlichen –, dem Anfang des Universums und wie unsere Welt begonnen hat, oder der konsistenten Wiedergabe irgendeines Textes, eines Systems oder irgendeiner Theorie beschäftigt, stösst auf derartige Fragen. Mit der Frage nach den Anfängen der Anfänge stösst man allerdings auf Paradoxien und gerät unversehens in logische Wirbel. Es scheint, dass die Frage nach dem Anfang zu den prinzipiell unbeantwortbaren, unentscheidbaren Fragen gehört. Doch welches Paradox: „Nur *die* Fragen, die prinzipiell unentscheidbar sind, können wir entscheiden." [56] Weshalb? Heinz von Foersters Antwort: „Ganz einfach: die entscheidbaren Fragen sind ja schon entschieden, und zwar durch Spielregeln, in denen Fragen

---

[55] Günther, Gotthard: „Cognition and Volition – Erkennen und Wollen. Ein Beitrag zu einer kybernetischen Theorie der Subjektivität", in: http://www.vordenker.de, S. 7

[56] Foerster, Heinz von: „Wahrnehmen wahrnehmen", in: Ars Electronica (Hrsg.): „Philosophien der neuen Technologie", Berlin 1989, S. 30

und die Regeln der Beantwortung, bestimmt sind. Es mag manchmal schnell ge-hen, manchmal sehr lange dauern, bis sich das ‚Ja' oder das ‚Nein' der Antwort unweigerlich – oder, wie es so schön heisst, ‚mit zwingender Logik' – ergibt. Bei prinzipiell unentscheidbaren Fragen haben wir jeden Zwang – sogar der Logik – abgeschüttelt, und haben mit der gewonnenen Freiheit auch die Verantwortung der Entscheidung übernommen." [57]

Doch weshalb sich überhaupt auf einen Anfang fixieren? Vielleicht können wir gar keinen Anfang ausfindig machen und sind dennoch nicht imstande auf ihn zu ver-zichten? Ist es nicht ursprungsmythisches Denken, eine einzelne Positivität auszu-zeichnen und von da aus den Faden des Denkens fortzuspinnen, z.B. mit einem inauguralen Ereignis, von dem aus man den Lauf der Zeit nach vorn verfolgt, ohne dass sich das Ereignis selbst zu rechtfertigen gedenkt, oder indem man von der Gegenwart bis zur fernsten, rätselhaft erscheinenden Vergangenheit zurückgeht, wobei die Suche dann zur hypothetischen Suche nach dem Ursprung und folglich nach dem Grundlegenden wird? Wenn aber am Anfang weder das Sein noch das Nichts ist, so gibt es auch keinen Anfang, mit dem anzufangen wäre. Somit gibt es auch keinen Ursprung als Anfang. „Ob nun eine metaphysische Idee oder das Le-ben selbst vorausgesetzt wird, es bleibt eine einzelne Einheit, die als Anfang ge-setzt wird. Die Einheit des Anfangs ist die Einheit des Grundes alles Seienden und Nicht-Seienden. Ob der Grund als Grund des Grundes, als Ur-Grund oder Ab-Grund bezeichnet wird, ändert nichts daran, dass hier eine mono-kontexturale Metaphy-sik am Werke ist." [58] Der Ausweg: Es gibt nur Vielheiten des Anfang(en)s und An-fänge als Vielheiten. Und weder das eine noch das andere, aber auch sowohl das eine als auch das andere.

Diese Vielheiten jeweils zu verknüpfen, erfordert ein anderes Denken *und* ein an-deres Schreiben, ein Schreiben, das sich nicht in einer geschlossenen Weise prä-sentiert, indem es zwischen einem Anfang und einem Ende sein System aufbaut, einen Text unilinear von *einem* Ursprung aus entfaltet, sondern vielmehr von ver-schiedenen Orten her sich dezentral seinen Weg bahnt, sich parallel, reziprok, zyk-lisch und dezentriert entfaltet, das dem Aufbegehren des Diagonalen und Ortho-gonalen folgt (keine Linie, sondern Fläche und Raum), das Eine von wechselnden

---

[57] von Foerster, Heinz: a.a.O., S. 30
[58] Kaehr, Rudolf: „Disseminatorik. Zur Dekonstruktion der Techno-Logik.(1995)", in: www.vordenker.de (Sommer Edition, 2017) J. Paul (Ed.), URL: http://www.vorden-ker.de/rk/rk_Zur-Dekonstruktion-der-Techno-Logik_1995.pdf, S. 69

Seiten als das Andere beleuchtet, Vernetzungen und vielschichtige Interdependenzen sichtbar macht, die Eines und Anderes mit jedem Wechsel transformieren. Ein derartiges Schreiben – nennen wir es *polylinear* – bricht ins Unbekannte, ins Unbegangene auf und gleicht darin dem Handeln als auch dem Denken im emphatischen Sinne; es überfordert eine Darstellung in der Linearität mit ihrem schrittweisen Takt des Nach-und-Nach.

Ein polylineares Schreiben erweist sich somit als ein vernetztes Schreiben oder besser als ein Schreiben des Netzes, das von Ort zu Ort, von einem Anknüpfungspunkt zum nächsten, einer nicht sichtbaren Ordnung folgend sich webt, um sie im Schreiben selbst hervorzubringen. Indem es versucht, gegen die in der Verwirklichung eines Textes implizit angelegte Einlinigkeit anzugehen, zerstört es jegliche Art von Denken in Werthierarchien von Begriffen und Sätzen. Von daher hat polylineares Schreiben rhizomatischen Charakter, denn: „Jeder Punkt eines Rhizoms kann und muss mit jedem anderen verbunden werden. Das ist ganz anders als bei einem Baum oder der Wurzel, bei denen ein Punkt, eine Ordnung, festgelegt ist." [59] Anders gesagt: Es gibt kein Zentrum, das den Textfluss vom Anfang bis zum Ende „steuert". Vielmehr schöpft sich die Struktur des Netzes aus sich selber und wirkt so ein weiteres Mal dem Schema der Hierarchisierung und Linearisierung entgegen. Damit findet sich ein polylineares Schreiben als ständiger Aspekt- und Perspektivenwechsel zwar in das lineare Gesamt des Textes eingebunden, bleibt aber als dessen Subversion – auch jener des Subjekts „Autor" wie „Leser" – ununterbrochen virulent.

In Anlehnung an Wittgensteins *„Philosophische Untersuchungen"* können wir sagen: Einen Begriff, ein Wort oder einen Satz verstehen, heisst zu wissen wie er verwendet wird. Das aber setzt eine den Gegebenheiten eines Textes und der Linearität des Lesens gänzlich zuwiderlaufende Art der Lektüre voraus. Gefordert ist nicht sukzessives Nacheinander, sondern simultanes Zugleich – eine Forderung, die jedoch um ihre Unmöglichkeit weiss. Doch bleibt sie dem Leser als Anspruch im Hinterkopf, so vermag sie sich vielleicht in der unbedingt notwendigen Wachheit Realität zu verschaffen, die ein vorschnelles Zu-verstehen-glauben aufgrund des eigenen lebensphilosophischen Vorverständnisses verhindern mag. Ein polylineares Schreiben nimmt so den Leser in die Pflicht, hinter, neben und über dem tatsächlich Gesagten auch immer das mitzudenken und mitzuempfinden, was das

---

[59]   Deleuze, Gilles & Guattari Félix: „Tausend Plateaus", Berlin 1992, S. 16

im Text zur Sprache Gekommene verdeckt, also abwesend, verborgen ist bzw. auf Verschwiegenem gründet.

Dass dies alles andere als einfach ist, finden wir in der folgenden Bemerkung von Wittgenstein: „Hier stossen wir auf eine merkwürdige und charakteristische Erscheinung in philosophischen Untersuchungen. Die Schwierigkeit – könnte ich sagen – ist nicht, die Lösung zu finden, sondern, etwas als die Lösung anzuerkennen, was aussieht, als wäre es erst eine Vorstufe zu ihr (...). Das hängt, glaube ich, damit zusammen, dass wir fälschlich eine Erklärung erwarten; während eine Beschreibung die Lösung der Schwierigkeit ist, wenn wir sie richtig in unsere Betrachtung einordnen. Wenn wir bei ihr verweilen, nicht versuchen, über sie hinauszukommen. Die Schwierigkeit ist hier: Halt zu machen." [60] Diese Bemerkung durchzieht wie ein roter Faden seine philosophischen Aufzeichnungen an vielen Stellen, vor allem dort, wo er mit ausserordentlicher Aufmerksamkeit auch kleinste, scheinbar nebensächliche und doch grundlegende Dinge und Erscheinungen im Nahen und Unmittelbaren beobachtet, sie geduldig und unermüdlich beschreibt, dabei immer auf der Suche nach den passenden Worten ist, um möglichst genau wiederzugeben, was er wahrnimmt. Dass man oft bei der Beschreibung stehen bleiben muss, wiederholt er in der nochmaligen Bemerkung: „Einmal muss man von der Erklärung auf die blosse Beschreibung kommen." [61]

Mit der Beschreibung von etwas und der Suche nach den adäquaten Worten ist es so eine Sache – Wittgenstein war sich dessen sehr bewusst. In allen Sprachen trifft man auf Wörter, die ein Ganzes bezeichnen, das genau zu definieren man aber kaum in der Lage ist und sich auch nur sehr vage vorstellen kann – etwa die „Natur", die „Welt", die „Wirklichkeit", das "Leben", der „Geist", die „Materie", der „Raum" oder die „Zeit", aber auch auf amorphe Plastikwörter [62] wie bspw. Struktur, System, Entwicklung oder Fortschritt. Solche Wörter – oft untrügliche Anzeichen der Übermacht diffuser, inhaltsleerer, lähmender Allgemeinheiten und falscher Universalisierungen – verleiten zum naiven Glauben, dass sich jedes Wort

---

[60] Wittgenstein, Ludwig: „Werkausgabe", Frankfurt a.M. 1984, Band 8, Zettel, S. 345 – 346, § 314

[61] Wittgenstein, Ludwig: „Über Gewissheit", Band 8, S. 158, § 189, Frankfurt a.M. 1970, S. 56

[62] Pörksen, Uwe: „Plastikwörter. Die Sprache einer internationalen Diktatur", Stuttgart 1988

auf ein genau angebbares Ding bezieht, selbst wenn es erst in einem Satz in Verbindung mit anderen Worten einen gewissen Sinn erhält. Fragen wir uns dennoch, was denn ihr eigentlicher Sinn sei, so suchen wir naiverweise einfach das Ding, dem sie entsprechen. Zusammen mit einem überbordenden Objektivitätsbedürfnis gleichen Reden und Texte dann öden Geröllhalden oder Steinwüsten – weit und breit kaum farbige Gedankenblumen. Da und dort durch Phrasenschmuck umnebelte Wörter und Sätze; oft nichts als rationalistische und rationalisierende Argumentation. Daher begreift Wittgenstein die Philosophie als einen „Kampf gegen die Verhexung unseres Verstandes durch die Mittel unserer Sprache". [63] Und Valéry hebt treffend hervor: „Eines der Wunder dieser Welt, und vielleicht sogar das Wunder schlechthin – ist das Vermögen der Menschen, zu sagen, was sie nicht verstehen, als verstünden sie es; zu glauben, dass sie es denken, wo sie doch nichts anderes tun, als es sich einzureden." [64]

*

Ist nun der Augenblick, wo die Idee zur Tat heraufdämmert, ein Anfang? Ist gar jeder Augenblick ein „Anfang", eine Art Genesis? Oder ist es nicht vielmehr so, dass Anfänge und Enden gar keine ausgezeichnete Rolle spielen, aus dem einfachen Grund, weil wir wie die Wasser schon immer in den Lauf (Prozess) der Dinge dieser Welt einbezogen sind? [65] Denn wo nimmt der Bach seinen Anfang? An der Quelle oben im Gebirge? Wo kommt das Wasser der Quelle her? Aus dem Berg. Doch wo kommt das Wasser im Berg her? Mit all solchen Fragen landen wir letztlich beim Kreislauf der Wasser: Wolken – Regen – in Böden versickern – unterirdisch (weiter)fliessen – irgendwann an die Oberfläche treten (Quelle) – durch Täler fliessen – in Seen und Meere münden – verdunsten – da capo! Endloser Kreislauf – kein Anfang und kein Ende!

Wagen wir einen kurzen Sprung in das alte China. Da spielen Anfänge ebenso wie Enden keine ausgezeichnete Rolle. Das chinesische Denken nimmt seinen Ausgang weder vom Sein noch von Gott. Es geht nicht von einem ersten Subjekt aus – sei es der Schöpfer oder ein Autor –, das einen Anfang setzt. Vielmehr privilegiert es den Blickpunkt des Prozesshaften und denkt die veränderliche Konstellation der

---

[63] Wittgenstein, Ludwig: „Philosophische Untersuchungen", § 109, Frankfurt a.M. 1971, S. 79

[64] Valéry, Paul: „Cahiers", Paris 1973, Bd. 1, S. 452 f.

[65] Bierter, Willy: „Erzählende Wasser", Zug 2018

Dinge, die „in jedem Lauf diskret, still, beharrlich eingelassene unmittelbare Wirksamkeit, sei der Lauf nun bestimmt durch die gegenständliche Welt oder durch die Haltung." [66] Mit anderen Worten: Zentral für das chinesische Denken ist der vielgestaltige, vielschichtige Prozess mit seinen unablässigen Wandlungen, der auch das chinesische Bewusstsein von der Zeit und der Geschichte beherrscht. „So vollzieht sich der Wandel nicht ereignishaft oder eruptiv, sondern diskret, unmerklich und kontinuierlich. Undenkbar wäre jene Schöpfung, die sich an einem absoluten, einmaligen Punkt ereignete. Die Diskontinuität zeichnet die ereignishafte Zeit aus. Das Ereignis markiert einen Bruch, der eine Bresche ins Wandlungskontinuum schlägt. Brüche oder Revolutionen sind aber dem chinesischen Zeitbewusstsein fremd. (...) Es [das chinesische Denken] kennt jene Identität nicht, die auf einem einmaligen Ereignis beruht. [Fussnote im Originaltext: Das Ereignis lässt sich als imaginäres Konstrukt begreifen, die das Vorgängige ausblendet, aus dem es geworden ist und sich als absoluten Anfang setzt.] Schon in diesem Sinne lässt es die Idee des Originals nicht zu, denn die Originalität setzt den Anfang im emphatischen Sinne voraus. Nicht die Schöpfung mit einem absoluten Anfang, sondern der kontinuierliche Prozess ohne Anfang und Ende, ohne Geburt und Tod ist bestimmend für das chinesische Denken. Auch aus diesem Grund entstehen im fernöstlichen Denken weder die Emphase des Todes wie bei Heidegger noch die Emphase der Geburt wie bei Hannah Arendt." [67]

Wir sind aufgebrochen, um nach einem Anfang des Anfangs, nach einem Denken des Anfangs zu suchen. Müssen wir uns neben dem alten China nicht noch nach anderen Orten umschauen, nach anderen Zivilisationen und jedes Mal den Horizont weiter zurückverlegen, nach Ägypten oder gar nach Babylon, um etwas anderes über den „Anfang" lernen zu können? Wenn ja, würde das bedeuten, der Versuchung nachzugeben, „jenem Antrieb zu allen Reisen, der uns glauben lässt, dass man, wenn man weiter fortgeht, Neues entdecken wird? Als ob es, weil es fern ist, auch anders sein müsse. (...) Löst sich das Denken des Anfangs nicht letztlich auf oder relativiert sich zumindest zwangsläufig, weil im Laufe der genealogischen Unternehmungen auf vielerlei Weise wiederholt wird: ‚Am Anfang ...'?" [68] Jedenfalls lässt sich ein ergiebiger Grundstock an Bildern, Motiven und erklärenden Schemata finden, der die obligatorische Ausgangsbasis für alles Denken eines

---

[66]   Jullien, François: a.a.O., S. 39
[67]   Han, Byung-Chul: „Shanzhai – Dekonstruktion auf Chinesisch", Berlin 2011, S. 10 f.
[68]   Jullien, François: a.a.O., S. 86

Anfangs der Welt zu bilden scheint: In Indien das Ei, der Lotos, der Samen, das Urwasser, der universale Werkmeister oder der Demiurg Brahma, in vedischen Hymnen das Feuer, die Sonne oder „am Anfang war nur Wasser", anderswo der schöpferische Drang, das Universum als Werk der Gesamtheit der Götter, die Sonne als Anstoss zur Geburt des Universums und als Lieferant der Wärme, die die Vegetation keimen lässt, die erste Erde, jener Urhügel, der dem Leben seine Materie liefert, die lichterfüllte Atmosphäre, die die Erde vom Himmel trennt und das Himmelsgewölbe aufspannt, oder aber ... . Doch sobald die eigentliche Idee des Anfangs physisch repräsentiert wird, stösst sie auch schon an ihre Grenzen, und wir können ebenso gut sagen, dass „am Anfang" sowohl das eine wie das andere gewesen ist – eben nur Vielheiten des Anfang(en)s und Anfänge als Vielheiten, und weder das eine noch das andere, aber auch sowohl das eine als auch das andere. [69]

---

[69]   vgl. dazu die Erläuterungen auf Seite 40

3. Ein transklassischer Blick auf den Schöpfungsprozess

Auch die biblische Schöpfungsgeschichte geht auf die Frage, wie man anfangen soll, wie vom Anfang zu sprechen ist, gar nicht erst ein. Sie beginnt ohne Bewusstsein vom Anfang als einer Frage oder gar als einer Herausforderung für das Denken. Sie fängt unmittelbar mit einem „Anfang" an, mit einem inauguralen Ereignis, und es wird der den Lauf der *Zeit* eröffnende *Anfang* ohne weitere Rechtfertigung verkündet, ohne davon zu künden, wo es herkommt, noch von dem, der dazu ermächtigt. Sie sagt einfach, was sie zu sagen hat: „Anfang" – „*Bereschit*" auf Hebräisch – ist das erste geäusserte Wort. Am ersten Tag, der mit Glanz und Herrlichkeit anbricht noch bevor die Sterne erschaffen werden, taucht das Subjekt der Schöpfung auf, Elohim: „*Bereschit bara elohim eth haschamaim veeth haaretz*", „Am Anfang schuf Gott Himmel und Erde." Dieser Anfang ist ein gewaltiges Ereignis, ein abruptes Hereinbrechen der „Schöpfung" – *bara*, das hebräische Wort, das auf etwas Unerhörtes, Neues und Wunderbares verweist.

Doch gab es da nicht etwas vor dem „Anfang"? Jedenfalls ist im zweiten Vers [70] die Rede von einem ursprünglichen Chaos: „Und die Erde war wüst und leer, und es war finster auf der Tiefe". Das ist nicht weiter verwunderlich, denn die Schöpfung, die sich durch Bruch und als Hereinbrechen manifestiert, kann nur dann ein verkündbares Ereignis bilden, wenn sie sich von einer vorherigen Unordnung ablöst. Schöpfung ist Scheidung, ist Zweimachung, ist Identitätswechsel, ist Differenzierung, trennt ein Vorher und Nachher, eröffnet den Lauf und das Denken der *Zeit*. Die Dualität als erstes Ordnungsprinzip ist etabliert. Gott wird als das *Andere* gesetzt. In diese Anfangsszene hinein projiziert er souverän seinen Willen. Er „erschafft" die Welt, aber hängt nicht von ihr ab, bleibt dem, was er erschaffen hat, äusserlich.

In der Schöpfungsgeschichte ist jede Existenzform Ausdruck des unergründlichen Willens Gottes: Die Welt wurde von IHM hervorgebracht, nicht als logische oder physische Notwendigkeit, sondern als Offenbarung einer ursprünglichen Entscheidung, die grundlos und tiefer ist als jegliche Vernunft. Das ist die Lehre vom Primat des Willens. Wechseln wir jedoch vom ersten Kapitel der Genesis zum Johannes-Evangelium, dann sehen wir dort, dass nicht der Wille, sondern die Vernunft den

---

[70]   1. Mose 1.2, in: „Die Bibel" (nach der Übersetzung Martin Luthers), Stuttgart 1990, S. 3

uranfänglichen Ursprung aller Wirklichkeit darstellt. [71] Da lesen wir nämlich: „Am Anfang war das Wort: Und das Wort war bei Gott: Und Gott war das Wort." [72] Gott genügt es, das Wort auszusprechen, um den in seinem Herzen entworfenen Schöpfungsplan in die Tat umzusetzen; seine Schöpfung verwirklicht sich durch das Wort und den Geist. Sein Wort gebietet, benennt und segnet. Das Wirken des Wortes besteht darin, das Chaos zu entwirren – das grosse Ungestaltete, Terra incognita, das, was sich endlos ausserhalb unserer Vorstellungen und unseres gesamten Wissens erstreckt. Gibt es ein Hereinbrechen als überraschendes Ereignis, dann nur durch das Hereinbrechen des Wortes. Dadurch, dass Gott durch sein Sprechen zur Welt kommen lässt, kann alles Sprechen des Menschen nur als Antwort an Gott verstanden werden: Im und durch das Wort begegnen sie sich.

Gott errichtet die Welt in Etappen, ihre geschaffenen Elemente voneinander geschieden. Nach jeder Etappe überprüft ER im Nachhinein das Ergebnis: „ ... und Gott sah, dass es gut war". Jeder partielle Schöpfungsprozess wird mit diesem göttlichen Urteil abgeschlossen und damit zum Ausdruck gebracht, dass das, was jetzt da ist, *endgültig* und in seinem So-Sein vollendet ist – der göttliche Wille kehrt befriedigt zu sich selbst zurück.

Am fünften Tag bevölkert Gott die Welt mit Lebewesen, „ein jedes nach seiner Art". Mit der Erschaffung von freibeweglichen Tieren kommt etwas Neues in die Welt, erreicht der göttliche Reflexionsprozess eine neue Stufe: die Welt erlebt eine erste Manifestation von Freiheit: „Das Tier kann wählen, es ist aus der Verbundenheit der ganzen übrigen Welt gelöst. Aber diese Freiheit transzendiert noch nicht die physische Existenz des animalischen Lebens. (...). Die freie Beweglichkeit des Tieres ist ontologisch gebundene Freiheit" [73]; die tierische Subjektivität ist nicht fähig, den gesamten Reflexionsumfang alles Naturhaften abzubilden.

---

[71] Bereits hier stossen wir auf die uralte Problematik des Gegensatzes von Vernunft und Wille. In der gesamten Geschichte der Philosophie und des wissenschaftlichen Denkens schwang der Meinungsstreit zwischen Vertretern der Vorherrschaft des Willens oder der Vernunft für mehr als zweitausend Jahre zwischen gegensätzlichen Erklärungsversuchen hin und her und wurde nie endgültig entschieden, was in einem monokontextural verfassten Denkrahmen auch gar nicht möglich ist.

[72] Das Evangelium nach Johannes, Vers 1, in: „Die Bibel" (nach der Übersetzung Martin Luthers), Stuttgart 1990, S. 110

[73] Günther, Gotthard: „Schöpfung, Reflexion, Geschichte", in: „Beiträge zur Grundlegung einer operationsfähigen Dialektik", Band 3, Hamburg 1980, S. 21

Am sechsten Tag schliesslich kreiert ER den Menschen aus Lehm, als einziges Lebewesen modelliert nach dem Bilde Gottes: „Da machte Gott der HERR den Menschen aus Erde vom Acker und blies ihm den Odem des Lebens in seine Nase. Und so ward der Mensch ein lebendiges Wesen." [74] Er setzt ihn in den eigens für ihn erschafften Garten Eden, zusammen mit allerlei fruchttragenden Bäumen, von denen zwei herausragen: Der *Baum des Lebens* und der *Baum der Erkenntnis*. Beide spriessen aus einer gemeinsamen Wurzel und sind bei der notwendigen Vereinigung von Wissen *und* Erfahrung, von Bewusstsein *und* Handlung behilflich. Mit Ausnahme des Baums der Erkenntnis gibt Gott Adam das Vorrecht, über den Rest der Schöpfung zu herrschen, die in ihm ihren Endpunkt findet.

Die Schöpfung ist allerdings noch nicht zu Ende. Sie bleibt ein lebendiger, nicht abgeschlossener Akt. Dem entspricht auch, dass der Mensch kein objektives An-sich-sein hat, sondern nur ein „Bild" ist, zwar ein Ebenbild Gottes, aber eben doch nur eine Spiegelung des Weltschöpfers. Mit der Schaffung des Menschen gibt Gott einen Teil seiner Selbstbestätigung an die Welt ab. Der Mensch als das zuletzt Geschaffene gehört nicht dem objektiven, dem natürlich-gegenständlichen Bereich wie Licht, Erde, Wasser, Pflanze und Tier an. Er ist Subjekt.

Am Ende des sechsten Tages spricht Gott: „Es ist nicht gut, dass der Mensch allein sei; ich will ihm eine Gehilfin machen, die um ihn sei". [75] Und weiter lesen wir: „Da liess Gott der Herr einen tiefen Schlaf fallen auf den Menschen, und er entschlief. Und er nahm eine seiner Rippen und schloss die Stelle mit Fleisch. Und Gott der Herr baute ein Weib aus der Rippe, die er von dem Menschen nahm, und brachte sie zu ihm." [76]

Mit Adam hat Gott zunächst nur eine einzelne, isolierte Ich-Subjektivität geschaffen. Soll der Mensch aber ein Bild Gottes sein, so muss sich in ihm das Vermögen des Schöpfers, sich *ganz* in der Welt zu reflektieren, noch einmal wiederholen. Doch die Umgebung des ersten Menschen, das Paradies, erfüllt diese Aufgabe nicht: Es liefert nur eine Spiegelung im Objektiven. „Die Aufgabe einer Spiegelung des Subjekts qua lebendiger Subjektivität ist aber erst dann erfüllt, wenn die Reflexion sich an einer anderen Ich-Identität, einem Du, bricht. Die Schöpfung des

---

[74] 1. Mose 2.7, a.a.O, S. 4
[75] 1. Mose 2.18, a.a.O., S. 5
[76] 1. Mose 2.21 und 2.22, a.a.O., S. 5

Du in der Gestalt des Weibes erfolgt dann aus dem bereits durch lebendige Subjektivität belebten Körper des Ich. Das Du ist abgeleitetes und *vermitteltes* Subjektsein, dessen Ebenbürtigkeit als Ichsein im Du nicht unmittelbar gegeben ist, sondern erst durch das Medium der Objektivität reflektiert werden muss: ‚Das ist doch Bein von meinem Bein und Fleisch von meinem Fleisch.' [77] Die partielle Subjektivität des einen Menschen wird nun zu einer über Ich und Du distribuierten totalen Subjektivität, die zur Selbstreferenz fähig ist. Das vollendete Selbstbewusstsein drückt sich in der Namensgebung aus: ‚Man wird sie Männin heissen, darum, dass sie vom Manne genommen ist'." [78] Während die Begegnung mit der tierischen Subjektivität im menschlichen Bewusstsein noch keine Selbstreflexion auslöst, erschliesst sich im Menschen die subjektive Tiefe einer sich ihrer selbst bewussten Innerlichkeit erst mit dem Erscheinen eines ebenbürtigen Du. In 1. Mose 2,7 tritt die Seele *an sich* in Existenz, aber erst durch die Begegnung und Konfrontation mit einer ihm in der Welt begegnenden zweiten Subjektivität (1. Mose 2, 23) – einem Du – wird er Seele auch *für sich* selbst.

Für ein knappes Verständnis des transklassischen Verhältnisses von Ich und Du, ist ein erster kurzer Ausflug in die abendländische Denkweise erforderlich. Diese kennt methodisch nur eine dichotomische Grundrelation, jene die zwischen Subjekt und Objekt unterscheidet. „Das Subjekt wird dabei als Ich interpretiert und das Du derselben Seite zugeschlagen. Denn die Welt vom Standpunkt eines irreduziblen Du her zu beschreiben, widerspricht der Grundintention des Kartesianismus, die das denkende Ich (Ich) und das gedachte Du (Du) zusammenfallen lässt im ‚cogito ergo sum' [‚Ich denke, also bin ich.']. Bewusstsein überhaupt wird nur als subjektives Bewusstsein zugelassen, das die Beschreibung der Erfahrung des Du schon deshalb überflüssig macht, weil jedes Du ja ‚für sich selbst' dann ein Ich ist und also alles das, was vom Standpunkt eines Ich gesagt wird, für jedes beliebige Du in gleicher Weise gelten soll. ‚Ich' ist dann nur der Name für die generelle Kategorie der Subjektivität, die in jeder denkenden Person in gleicher Weise auftritt. Subjektivität ist aber nicht nur ein zufälliges Ich, das gerade denkt, sondern als Ich und Du mit verschiedenen ontologischen Wurzeln auch eine prinzipiell unendliche Vielheit von

[77] 1. Mose 2.23, a.a.O., S. 5
[78] Meyer, Eva: „Zählen und Erzählen. Für eine Semiotik des Weiblichen", Wien/Berlin 1983, S. 44/45

Ichs, die im Denken über das reflektierende Subjekt hinausginge, in eine Dimension, in der der ursprüngliche Gegensatz von Subjekt und Objekt hinfällig würde." [79]

Der Schöpfungsmythos zeigt mit aller Deutlichkeit auf, dass Subjektivität über Ich und Du, über die Subjektidentitäten von Adam und Eva verteilt ist und damit am Objektiven teilhat. [80] Aufschlussreich ist, dass in der Schöpfung des Du in Gestalt des Weibes nirgends die Rede davon ist, dass das Du seinen lebendigen Odem direkt und unvermittelt von Gott empfängt – der Schöpfungsvorgang von Mann und Frau ist nicht identisch. Die Rede ist lediglich vom „Fleisch". „Die Anerkennung des lebendigen Odems ist erst durch dasselbe vermittelt. In reflexions-theoretischer Formulierung: Das ebenbürtige Ichsein im Du ist nicht unmittelbar gegeben, sondern nur durch das Medium der Objektivität (des ‚Fleisches') reflektiert. Darum ist von ihm bei der ersten Begegnung von Mann und Weib nicht die Rede. (...) Die metaphysische Abwertung des Weibes in den meisten Weltreligionen und den aus ihnen abgeleiteten kulturellen Entwicklungen dürfte darin ihren Grund haben, dass abgesehen von der Religion der Grossen Mutter das Weib in den religiösen Mythologemen immer als Du-Subjektivität auftritt. Was man ganz vergass, war, dass Ich und Du innerhalb des totalen Distributionsbereiches von Subjektivität in einem genauen Umtauschverhältnis der Reflexionszentren stehen. Als merkwürdiges Resultat dieses Vergessens trat dann zutage, dass man vom Ich abgeleitete Du-Subjektivität mit weiblicher Subjektivität verwechselte." [81] Interessant ist in diesem Zusammenhang, was Agrippa von Nettesheim verkündet: „Da nun das Weib zum letzten unter allen Kreaturen gebildet wurde, und das Ende und die Vollendung aller Geschöpfe Gottes, ja die Vollkommenheit der ganzen Welt ist, wer kann nun leugnen, dass sie nicht die allervortrefflichste unter allen Kreaturen sei?" [82] Adam, dessen Name „Erde" bedeutet, ist für Agrippa „einigermassen (...) ein Werk der Natur", während erst Eva, deren Name „Leben" heisst, eigentlich „ein Werk Gottes" sei, dadurch, dass ihre Materie nicht wie die Adams „ein wenig

---

[79] Meyer, Eva: a.a.O., S. 45

[80] In der abendländischen Denktradition ist methodisch nur eine dichotomische Grund-relation möglich, die zwischen Subjekt und Objekt unterscheidet. Vgl. dazu: Bierter, Willy: „Wege eines Wanderers im Morgengrauen. Auf den Spuren Gotthard Günthers in transklassischen Denk-Landschaften", Books on Demand, Norderstedt 2018, Kap. 6

[81] Günther, Gotthard: a.a.O., S. 27 f.

[82] Agrippa von Nettesheim, zitiert nach Stopcyk, Annegret: „Was die Philosophen über Frauen denken", München 1980, S. 62 § 6

lebloser Lehm oder Kot" gewesen sei, sondern Adams Rippe, also die schon „gereinigte, lebhafte und mit einer vernünftigen Seele begabte Materie, die des Geistes Gottes teilhaftig war". [83]

> „Mit Adam und Eva stehen sich zwei Bewusstseinszentren gegenüber, deren eines aus der Erde (aus dem irreflexiven Sein) geschaffen wurde, während das andere aus dem bereits belebten Material (aus dem reflexiven Sein) geschaffen wurde. In der doppelten Reflexion wiederholt sich die einfache Reflexion auf einer höheren Reflexionsstufe. Dem doppelten Vorgang der Erschaffung der Frau entspricht der doppelte Mythos: Mit Lilith und Eva werden zwei Möglichkeiten der Frauwerdung vorgestellt, eine heterarchische und eine hierarchische. Nur in der Vermittlung von hierarchischem und heterarchischem Prinzip ist eine volle Wiederholung bzw. Modellierung der göttlichen Subjektivität gewährleistet. Denn in der Ich-Du-Subjektivität ist die hierarchische Rangordnung, also die Reflexionsstufen innerhalb der Subjektivität modelliert, jedoch nicht die Umtauschbeziehung zwischen Ich und Du, die Heterarchie also, wie sie in der Elohistischen Version realisiert ist. Durch die Vermittlung von Hierarchie und Heterarchie entsteht eine *Verdoppelung* der Oppositionen, die sich zu vielfältigen und intentional differierenden Praktiken vermehren kann. Doch die Geschichte dieser Mythen zeigt den Sieg des Hierarchischen über das Heterarchische. Die Verabsolutierung des hierarchischen Prinzips im Monotheismus ist das Subsumptions- und Identitätsdenken als homogenisierendes Denken, das der radikalen Trennung von Mann und Frau bedarf, um die Einheit zu gewährleisten, die schliesslich als transzendierendes Prinzip isoliert werden soll, um das Überleben der Gruppe zu sichern: Die Permanenz der göttlichen Funktion als das einzige und wahre Wort des Vaters. (...) Das Aussen des denkenden Subjekts, das Du, wird in diesem homogenisierenden Denken reduziert auf die des Einen und bleibt als solche einer vorgegebenen Struktur immanent und unterworfen. Um aber im Aussen andere Strukturen begreifen zu können, bedarf es der Dezentrierung des Subjekts und einer Sinnproduktion, die sich nicht einfach als Akt der Vernunft begreift, sondern zurückgeht auf das, was ihr vorausgeht, auf ihr Werden ausserhalb des Bewusstseins (des Subjekts, des Begriffs)." [84]

*

Was lehrt uns ein reflexionstheoretischer Blick auf die beiden ersten Kapitel der Genesis? Zunächst fällt auf, dass *Gott* anfänglich nur *zu sich selbst spricht*. Dieses

---

[83] Agrippa von Nettesheim, a.a.O., S. 62 § 8
[84] Meyer, Eva: a.a.O., S. 46 f.

Sprechen ist der Prozess des Schaffens, des Werdens ausserhalb von Gott. Doch mit der Formulierung „Und Gott sprach: Lasset uns Menschen machen, ein Bild, das uns gleich sei ..." [85] ist Gott als Subjekt des Sprechens in den Schöpfungsprozess so hineingezogen, dass er sich darüber als Schöpfer nun überhaupt erst erfährt. „So enthüllt sich die opake Grundlosigkeit einer *Distanz* zwischen dem Subjekt und seinem Selbstbezug, der sich jeder identitätstheoretischen Vereinnahmung widersetzt. Doch damit ist an die Grundfesten unseres Denkens gerührt, denn Schöpfung ist für uns Bestand. Sie umfasst den totalen Seinsbereich und ist scharf getrennt von einem als jenseits begriffenen absoluten Gott. Schöpfung aber als Geschehen aufzufassen, heisst, hinter das Sein zurückzufragen und durch das Vonwoher eine Relation ausserhalb dieses Seins aufrechtzuerhalten, die es in Schwebe hält." [86] Dementsprechend greift Gotthard Günther die Spekulationen der Gnosis über die Möglichkeit von absolutem Gott *und* Demiurgen als Schöpfer wieder auf und kehrt sie gegen die Platonisch-Aristotelische Metaphysik – die ein invariantes Identitätsverhältnis zwischen Objekt und Subjekt voraussetzt –, wenn er in seiner Interpretation des Schöpfungsmythos einen Identitätswechsel des Schöpfers verzeichnet: „Schöpfung ist in diesem Sinne ein Ausdruck für einen identitätstheoretischen Sachverhalt ersten Ranges. Derselbe besagt, dass es auf indirektem Weg, über die nach Aussen gerichtete Handlung, der Subjektivität gegeben ist, ihre Identität zu wechseln". [87] Mit Identitätswechsel ist gemeint, dass der Schöpfer im Schaffensprozess sein erstes Subjektsein abstösst und durch eben diese Tätigkeit eine neue Identität erwirbt. „Ist das Ziel erreicht und der Identitätswechsel vollzogen, dann verschwinden auch die undeutlichen Konturen der Gestalt des Demiurgen wieder, seine Vermittlerrolle ist ausgespielt. Göttlicher Wille und menschliche Subjektivität sind jetzt streng voneinander abgesetzt." [88]

In jedem schöpferischen Akt bleibt also ein Reflexionsüberschuss zurück, der verhindert, dass der Schöpfer sich mit dem Geschaffenen voll identifiziert. [89] Handlung ist nicht restlos in objektives Sein transformierbar. In den ersten fünf Tagen

---

[85] 1. Mose 1. 26, a.a.O, S. 4
[86] Meyer, Eva: a.a.O., S. 81 f.
[87] Günther, Gotthard: a.a.O., S. 23
[88] Günther, Gotthard: a.a.O., S. 24
[89] Mit dem *Reflexionsüberschuss* spricht Günther den reflexiven Prozess an, der noch kein Gedachtes als Resultat hat. Er gehört zwar dem Bereich der Reflexivität an, ist aber

wurde die Natur (irreflexives Sein) geschaffen. Am sechsten Tag nimmt der Schöpfungsprozess jedoch eine neue Dimension an: Die als lebendiger Reflexionsüberschuss zurückbleibende schöpferische Tätigkeit wird als Seele selbst in das Sein gesetzt, Gott entäussert sich seiner schöpferischen Identität. Dieser Identitätswechsel im Göttlichen hat zwei reflexionstheoretisch genau unterscheidbare Seiten. Gott kann sich nur dadurch „von der Welt ablösen und seine durch den Schöpfungsakt beeinträchtigte Jenseitigkeit wieder voll herstellen, dass er am Schluss sich im Sein in der Gestalt des Menschen wiederholt. D.h., der demiurgische Reflexionsprozess, der die Wirklichkeit geschaffen hat, findet schliesslich im Universum selbst eine natürliche Stelle. Die Identität Gottes als Weltschöpfer geht damit auf den Menschen über. Er ist der im Fleische auferstandene Demiurg. Diesem Abfluss der Reflexion in das Sein entspricht nun aber ein gegenläufiges Abfliessen in ein jenseitiges Pleroma [die göttliche Fülle in ihrem ‚vorweltlichen‘ Zustand]. Der deus absconditus [‚der verborgene Gott‘] ist völlig von der Welt abgeschieden. Gott ist mit dem Sein des Seienden nur *vor* der Erschaffung der Welt identisch. Dem geschaffenen Sein gegenüber ist seine Transzendenz ausschliesslich durch den Menschen vermittelt." [90]

Die „Scheidung", die die Schöpfung ins Werk setzt, betrifft nicht nur die physischen Elemente. Sie hängt auch damit zusammen, dass der Mensch, sobald er erschaffen ist, fern von Gott existiert: Ob er dann dem Exil geweiht ist, oder ob Gott selbst es ist, der sich zurückzieht, es resultiert daraus eine Abwesenheit, die sich zum Rätsel vertieft. Mit dem Verlust einer Nähe zu Gott wird zugleich der Zugang zu einer dem Menschen zukommenden Verantwortlichkeit entdeckt, die eine *Geschichte* in Gang setzt. Allgemeiner gesagt lässt sich die *Schöpfung* nur im Zusammenhang mit der Suche nach dem *Heil* verstehen, zu der sie den Anstoss gibt. In der ersten

---

streng getrennt von dem subjektiven Denken, wie es in einem zweiwertigen Denkmodell dargestellt wird. Von daher ist er etwas genuin Drittes und kann als eine Form der Negation betrachtet werden, die den Gegensatz von „Sein" und „Reflexion" insgesamt negiert bzw. verwirft. Die Beziehung zwischen „Sein" und „Reflexion" ist dann offensichtlich kein Objekt im Sinne von objektiv gegebenem, selbstidentischem Sein mehr. Subjektivität und Objektivität können nicht mehr mit der egologischen Sichtweise von Subjekt und Objekt verknüpft werden. Es ist der Reflexionsüberschuss als Reflexionsprozess selbst, der einerseits das Denken vorantreibt und andererseits die Thematik „Subjektivität" komplexer werden lässt.

[90] Günther, Gotthard: „Schöpfung, Reflexion, Geschichte", in: „Beiträge zur Grundlegung einer operationsfähigen Dialektik", Band 3, Hamburg 1980, S. 32

ursprünglichen Epoche spielte sich das menschliche Dasein in einer Welt ab, in der das Sein dem Willen Gottes entsprungen und alle Ausrichtung auf dieses Sein indirekt eine Ausrichtung auf diesen göttlichen Willen war. Somit war die Geschichte des Menschen letztlich Heilsgeschichte und damit in ihren letzten Absichten allem irdischen Wollen entzogen. „Es ist bezeichnend, dass die Idee der menschlichen Freiheit in diesem Daseinsraum nur (...) zur resignierenden Dialektik einer ‚freiwilligen Aufgabe der Freiheit' führt (Gehlen). Mit der absoluten Kontingenz des göttlichen Ratschlusses ist nicht zu rechten, und nicht umsonst nennt sich die letzte grosse Weltreligion: Islam – was Ergebung bedeutet." [91]

*

Die Geschichte des Menschen als eines historischen Subjekts beginnt mit dem Sündenfall. Darin wird die erste Reflexion des erwachenden Bewusstseins beschrieben: „In der Scham liegt die Scheidung des Menschen von seinem natürlichen und sinnlichen Sein. Damit ist der Übergang von Sein als Natur zur Geschichte als Realdimension der menschlichen Subjektivität gegeben." [92] Während der erste Teil der Genesis ausschliesslich dem Thema „Sein" gewidmet ist und die Reflexion hier eine untergeordnete Rolle spielt, vollzieht sich im zweiten Teil ein Themenwechsel, wo uns über die Anerkennung von Evas Du-Subjektivität die Verteilung des Reflexionsprozesses über verschiedene Subjektidentitäten nahegebracht wird. Nachdem in den beiden ersten Kapiteln des Schöpfungsberichts immer nur vom Guten die Rede war, taucht im dritten Kapitel als Neuheit das Böse auf, und zwar durch das zufällige und unerklärliche Erscheinen der Schlange in den Garten Eden. Jedenfalls beginnt das 3. Kapitel im 1. Buch Mose kurz und knapp mit den Worten: „Aber die Schlange war listiger denn alle Tiere auf dem Felde, die Gott der Herr gemacht hatte (...)". Damit ist die doppelzüngige Schlange als doppeldeutiges Wesen eingeführt. Die nicht zu identifizierende Schlange ist Tier und Untier, ein Geschöpf Gottes und kein Geschöpf Gottes. Als letzteres ist sie Gott als deus absconditus und Demiurg zugleich: Die Schlange als abwesender Gott empfiehlt, den Apfel nicht zu essen, um nicht zu sterben, aber als tätiger Gott macht sie den Vorschlag, den Apfel zu essen, denn dann „werden eure Augen aufgetan, und ihr werdet sein wie Gott und wissen, was gut und böse ist". (1. Mose 3.5).

---

[91] Günther, Gotthard: a.a.O., S. 32
[92] Meyer, Eva: a.a.O., S. 87

Der Genuss des Apfels vermittelt die Fähigkeit „böse" zu sein. Das „Gute" ist nach Günther seinsmässige Vollkommenheit und Endgültigkeit. Es ist das Geschaffene, das Irreflexive, aus dem sich alle Reflexion nicht nur zurückgezogen hat, dieser Rückzug wird durch die Formel, dass es „gut war", d.h. endgültig ist, ausdrücklich als zeitlicher formuliert. „Wenn aber etwas, aus dem sich die Reflexion zurückgezogen hat, ,gut' ist, dann ist die Reflexion das ,Böse'. [93] Anders gesagt: „Böse" ist die Reflexion als reflektierender Prozess, jener reine Prozess, „der sich nicht selbstlos im Anderen spiegelt, sondern sich auf sich selbst rückbezieht ..., also egoistisch ist". [94]

Der göttliche Gegenspieler des Menschen ist die Schlange. Ihr Gesprächspartner ist Eva und da taucht unvermittelt die Frage auf, weshalb die Schlange ihre Ansprache an Eva und nicht an Adam richtet? Die Antwort darauf gibt Günther im folgenden Schema, das die gesamte Reflexionsstruktur im Zusammenhang mit der mythischen Symbolik vergegenwärtigt:

subjektives	objektives	subjektives
Subjekt		Objekt
Ich	Du	Es (Reflexionsüberschuss)
Adam	Eva	Schlange (Gott)

Aus reflexionstheoretischer Perspektive aufschlussreich daran ist die Verbindung mit der göttlichen Trinität. [95] Erinnern wir uns an vorher Besprochenes: Bei jedem

---

[93] Günther, Gotthard: a.a.O., S. 38
[94] Günther, Gotthard: a.a.O., S. 38
[95] Die Vorstellung von einer göttlichen Dreiheit findet man auch in anderen Religionen, so etwa in der altägyptischen mit Osiris, Isis und Horus. Der Hinduismus kennt ebenfalls eine Dreifaltigkeit: die Trimurti, bestehend aus den Göttern Brahma, Vishnu und Shiva. Im Judentum und im Islam wird das Konzept der Trinität abgelehnt.

Versuch, sich Gott begreiflich zu machen, stösst unser Denken auf einen tief gründenden Widerspruch: In Gott begegnen sich zwei sich gegenseitig ausschliessende Identitäten, entweder Gott als Subjektivität oder Gott als Objektivität, als Substanz. Um diesen Widerspruch aufzulösen haben bereits sehr früh verschiedene Theologen mit der Lehre von der Dreifaltigkeit, d.h. der Wesenseinheit Gottes in den drei Personen Gott Vater, Sohn Gottes und Heiliger Geist – womit zugleich ihre Unterscheidung und ihre unauflösbare Einheit zum Ausdruck gebracht werden soll – den Weg gewiesen. Wird in den grossen Weltreligionen also von der Trinität des Göttlichen gesprochen, so ist damit gemeint, „dass Subjektivität nur dann im Zusammenhang mit der Welt als absolute und allmächtige verstanden werden kann, wenn sie sich in einer dreifachen Distribution über subjektives Subjekt (Ich), objektives Subjekt (Du) und objektives Objekt (Es) betätigt." [96]

Im obigen Schema ist das subjektive Ich ein direkt zu sich selbst zurückführender Rückkopplungsprozess, ein Selbstbezug, während im Begriff eines objektiven Subjekts qua Definition ein Widerspruch liegt, d.h. „die Distribution der menschlichen Subjektivität ist unvollkommen und unsymmetrisch. Das objektive Subjekt ist durch den in ihm liegenden Widerspruch geschwächt. Folglich ist die Du-Subjektivität eine verletzliche Instanz, die durch die im Es verborgene und von dort aus überfliessende Reflexivität angegriffen wird. Es findet also ein Prozess statt, in dem zwischen dem balancierten Widerspruch von Subjekt und Objekt in der Du-Subjektivität und dem inversen Widerspruch im Es ein Ausgleich stattfindet. Das Weib nimmt von den durch die Schlange angebotenen Früchten und isst. Damit aber findet in der sekundären Subjektivität eine solche Anreicherung der objektiven Komponente statt, dass das Gleichgewicht der beiden Komponenten gestört ist. Dasselbe muss wieder hergestellt werden. In biblischer Terminologie: ‚das Weib ... ass und gab ihrem Mann auch davon, und er ass.' Man beachte die Selbstverständlichkeit, mit der das Essen des Mannes berichtet wird. Nichts mehr von den gewichtigen Argumenten und Gegenargumenten, die der Verführung des Weibes durch die Schlange vorausgehen. Die ehemalige Ich-Subjektivität ist hier ganz passiv und folgt dem Du, das durch seine (durch die Schlange inspirierte) Tätigkeit in den Rang einer primären Subjektivität aufsteigt. Abstrakter ausgedrückt: die Unsymmetrie der über Ich und Du distribuierten Subjektivität wird durch die

---

[96] Günther, Gotthard: a.a.O., S. 39; vgl. auch Bierter, Willy: „Wege eines Wanderers im Morgengrauen. Auf den Spuren Gotthard Günthers in transklassischen Denk-Landschaften", Books on Demand, Norderstedt 2018, Kap. 5

gemeinsame Betätigung (Essen) am Objekt aufgehoben. Ich und Du enthüllen sich in der Vermittlung durch das Sein (Es) als ebenbürtige Seiten eines Umtauschverhältnisses der Reflexion mit sich selbst. Folgt man also der Tradition und setzt den Beginn der klassischen Geschichte in den Sündenfall Evas und Adams, dann enthüllt sich die Welthistorie des Menschen als der Prozess, in dem Ich und Du sich bemühen, durch die Vermittlung des Seins (objektiver Geist) die primordial unsymmetrische Distribution der Reflexivität in ihren gegenseitigen Beziehungen aufzuheben."[97]

Die Ausgleichung des Reflexionsgefälles vom Ich zum Du in der Einigung auf eine gemeinsame, auf das Objekt (Apfel) ausgerichtete Handlung, erzeugt einen doppelseitigen Reflexionszufluss. Indem Adam und Eva das Gleiche wahrnehmen – den Apfel – und sich auf eine gemeinsame Handlung einigen – das Essen des Apfels –, findet parallel für Ich und Du ein Rückbezug auf sich selbst statt. Das heisst, der von der Schlange empfohlene Akt erzeugt zum ersten Mal ein trans-individuelles „Wir"-Erlebnis. Im zweiten Vers des dritten Kapitels der Genesis lesen wir allerdings, wie zum ersten Mal von einer menschlichen Stimme das Wort „wir" gebraucht wird, wenn Eva der Schlange antwortet: „Wir essen von den Früchten der Bäume im Garten". In diesem Augenblick manifestiert sich erstmalig eine Verteilung der menschlichen Subjektivität, die über den einfachen dualen Gegensatz von Ich und Du hinausgeht.

In der zum Wir erweiterten Subjektivität erwacht zudem die Fähigkeit, die Reflexion der Göttlichkeit als Geist zu begreifen. Damit ist jene Stufe erreicht, in der die menschliche Seele als Analogie des Subjektseins Gottes erscheint. „Wir haben als Charakteristikum dieser absoluten Subjektivität ihre totale Distribution über Ich, Du und Es, also ihren Trinitätscharakter angegeben. In der Erwerbung des Wir aber hat sich für den Menschen ebenfalls eine trinitarische Distribution seiner Subjektivität hergestellt. Die Schlange hat also nicht gelogen, wenn sie versprach, ihr ‚werdet sein wie Gott und wissen (...)'. Man beachte: Das ‚wir' verspricht weder Seins- noch Reflexionsidentität mit Gott, wohl aber (...) ein (strukturgleiches) ‚Wissen'. Mit der Distribution des Erlebens über Ich, Du und Wir erwirbt die Erlebniskapazität der menschlichen Seele ein Kommunikationsniveau, auf dem Gott als

[97] Günther, Gotthard: a.a.O., S. 41

Geist gehört werden kann, weil jetzt endlich das Ich auf das Übersinnliche trinitarisch abgestimmt ist."[98]

Es mag überraschen, dass sich der Schöpfungsbericht keineswegs damit begnügt, die Menschen nach dem Essen der verbotenen Frucht schlicht und ergreifend aus dem Paradies zu vertreiben. Im Gegenteil: Mit einer umfassenderen trans-klassischen Sicht auf die Schöpfungsgeschichte enthüllen die nächsten Verse „Struktureigenschaften der Reflexion, die weit über das hinausgehen, was in dem direkten und ausschliesslichen Blick auf das Phänomen des Historischen sichtbar wird".[99] So vernehmen wir in Vers 9 den Ruf Gottes nach dem Menschen: „Wo bist Du?". Doch er kann ihn nicht erreichen, die Kommunikation kommt nicht zustande, weil Adam sich versteckt hat. „Das jetzt angerufene Ich Adams ist nämlich nicht mehr identisch mit dem, das in Kap. 2 erschaffen worden ist. Die ursprüngliche (...) Subjektivität des Menschen existierte ja nur in dualer Distribution über Ich und Du. Das jetzt angerufene Ich aber hat seine Identität insofern gewechselt, als seine Subjektivität trinitarisch über Ich, Du und Wir distribuiert ist. (...) Kontakt wird erst hergestellt, sobald das menschliche Ich die Initiative übernimmt und sich in seinem neuen Status identifiziert. (...) Im ersten Teil der Geschichte, der mit Vers 7 endet, ging die Ereignisfolge von der Schlange zu Eva und von dieser zu Adam. Es kommt dann ein kurzes Zwischenstück in den Versen 8 bis 10, in denen die Situation geschildert wird, in der Adam durch seine Initiative zum metaphysischen Angelpunkt dieses Verhältnisses wird, und ab Vers 11 fliesst die ursprüngliche Sequenz als Bewusstseinsstrom rückwärts. Adam, den die Verführung zuletzt erreichte, gibt die ‚Schuld' jetzt an Eva zurück, und das Weib entlastet sich, indem sie alles auf die Schlange schiebt. Alles das ist in sehr konziser Form in den Versen 11 bis 13 dargestellt. Soweit produziert der biblische Bericht im Text eine einfache Reflexionsstruktur von Original und Abbild in der erinnernden Wiederholung im Bewusstsein. Aber auch damit sind die metaphysischen Hintergründe des Ereignisses, das zu der trinitarischen Distribution der menschlichen Subjektivität führt, noch nicht erschöpfend dargestellt, denn mit Vers 14 beginnt ein neuer Reflexionsfluss, der die Richtung der Reflexion noch ein zweites Mal umkehrt: Gott verflucht jetzt die Schlange, das objektive Subjekt des Weibes und schliesslich das subjektive Subjekt, verkörpert durch Adam, in der eben angegebenen Reihenfolge. Charakteristisch ist dabei, dass die metaphysische Intensität des Fluches progressiv schwächer

[98] Günther, Gotthard: a.a.O., S. 43
[99] Günther, Gotthard: a.a.O., S. 43

wird. (...) Die Schlange trifft der Fluch zuerst und am stärksten. Der in ihr investierte, sie über die übrige tierische Subjektivität ins Göttliche hinaushebende Reflexionsüberschuss fliesst in die tote Materie zurück, der die Schlange durch das Auf-dem-Bauch-Gehen und Erde-Essen jetzt näher als alle anderen Tiere ist. Griff der sich auf die Schlange richtende Fluch in die Subjektivität derselben ein und erniedrigt das göttliche Tier derart, dass es jetzt unter aller anderen von der Natur produzierten tierischen Subjektivität rangiert, so trifft die Verfluchung Eva bereits in schwächerer Form. Sie bezieht sich nur auf den Körper des Weibes und die durch denselben verursachten Leiden und Abhängigkeiten. Was schliesslich Adam angeht, so trifft ihn der Fluch überhaupt nicht direkt. Derselbe erstreckt sich vielmehr nur auf den Gegenstandsbereich, auf den die Subjektivität des ersten Menschen bezogen ist, also auf den ‚Acker', der ihm Dornen und Disteln tragen soll. (...) Der Fluch entleert das Subjekt. Er bedeutet Reflexionsverlust. Damit aber ist auch die ‚Mechanik' klar, durch die die Schlange zur untersten Animalität degradiert wird. Die Göttlichkeit des Gottestieres bestand eben gerade in seiner Fähigkeit, Reflexion an das Reich der Subjektivität abgeben zu können. Der Fluch bremst diesen Fluss der Reflexion ab. Darum verstummt die Schlange ... In biblischer Symbolik: ihr Mund füllt sich mit Staub. Darum wird die Subjektivität Evas von den Schmerzen ihres Leibes absorbiert, und darum muss Adam den Acker im Schweisse seines Angesichts bearbeiten. Wozu aber dieser doppelte Reflexionsfluss? Es ist wahr, dass er vollkommen überflüssig wäre, wenn er nichts weiter als Wiederherstellung des status quo ante bezweckte. Es ist aber nicht dieselbe Reflexion, die – induziert durch den göttlichen ‚Fluch' – zurückzufliessen beginnt! Das menschliche Ich, dem die Reflexion von der Schlange her zufloss, besass duale Distribution der Subjektivität. Das Ich aber, das jetzt Reflexion abgeben soll, lebt in einer dem Göttlichen analogen – wenn auch schwächeren – trinitarischen Distribution des Subjektseins. Das Versprechen der Schlange hat sich in der Tat erfüllt und wird von Gott (Vers 22) bestätigt: ‚Siehe, Adam ist geworden als unsereiner und weiss, was gut und böse ist'." [100]

Die Schlange – Sinnbild für Gebären und Verschlingen, für Anfang und Ende, für Leben und Tod – hätte Mann und Frau mit sich selbst und mit Gott vermitteln können. Stattdessen wird sie in die Natur zurückverwiesen, die Subjektivität aus der Objektivität abgezogen und scharf voneinander getrennt. „Mit dieser Strafmassnahme hat der Monotheismus seine Herrschaft befestigt. Die Funktion des Vaters

---

[100] Günther, Gotthard: a.a.O., S. 44 f.

erfüllt sich als Träger und Garant des Einen: Einheit der Benennung, Einheit der Gesellschaft. Mit dem Christentum wird die väterliche Einheit dialektisiert durch die Einführung von zwei Wunsch-Polen. Der Menschensohn Gottes und die jungfräuliche Mutter – auch sie Projektionen des Paradoxalen, die auf die ständige Notwendigkeit der Verdopplung hinweisen – werden eine gewisse körperliche Unterstützung des Sinns der Gemeinschaft. Doch da sie kein eigenes Begehren haben, erfüllen sie sich nur in Gott, können/müssen auf ihn zurückgeführt werden. Und in einer Welt, die nicht mehr an Gott glaubt, liefert der Monotheismus immer noch die logische Unterstützung für die Geschichte der Produktionsbeziehungen und die Moral der Reproduktion." [101] Erst wenn eine *Säkularisierung* der Mythen in das Denken und Sprechen einbricht, kann endlich deutlich werden, dass nicht mehr nur der Mensch (der Mann) das Subjekt des Sprechens und der Geschichte ist, nicht mehr nur der *Eine*, sondern *der Eine und die Vielen* – kein endgültiger Sieg des Hierarchischen über das Heterarchische.

*

Angesichts jenes wiederkehrenden Leitmotivs „... und Gott sah, dass es gut war" kann sich die biblische *Schöpfung* als Werk eines vollkommenen Gottes doch nicht irren? Auch wenn die Anspielung auf das ursprüngliche Chaos lediglich als Hintergrundfolie dient, um das Schöpfungsereignis und seine Kraft deutlich von ihm abzuheben, so gibt es von dieser ersten Vollkommenheit für die Welt fortan keine andere Entwicklungsmöglichkeit als eine dem Abgrund entgegen. Denn kaum ist die *Schöpfung* vollendet, so schleicht sich alsbald die Versuchung ein, erscheint Böses, tauchen Verdammung und Tod auf, zeigt die Ordnung der Schöpfung Risse, wird die ursprüngliche Harmonie gebrochen und geht der Garten Eden auf immer verloren.

Zwei Grossereignisse prägen die nächste Epoche: die Sintflut und der Turmbau zu Babel. Gott war erzürnt über soviel Bosheit unter den Menschen und sprach zu Noah, einem gottesfürchtigen Mann ohne Fehl und Tadel: „Denn siehe, ich will eine Sintflut kommen lassen auf Erden, zu verderben alles Fleisch, darin Odem des Lebens ist, unter dem Himmel. Alles, was auf Erden ist, soll untergehen". [102] Gott geht mit Noah einen Bund ein und gibt ihm höchstpersönlich die konkreten und

---

[101] Meyer, Eva: a.a.O., S. 89

[102] 1. Mose 6., Vers 17, in: „Die Bibel" (nach der Übersetzung Martin Luthers), Stuttgart 1990

detaillierten Handlungsanweisungen für den Bau der Arche. Mit diesem Werk hatte Noah zur Aufgabe, die von Gott geschaffenen Geschöpfe, Mensch und Tier, vor der Sintflut zu retten, d.h. sie zu versammeln – *„je ein Paar, Männchen und Weibchen, dass sie leben bleiben mit dir"* – und in eine andere Gegend zu transportieren. Mit dieser Wiederholung der Ordnung der Geschöpfe ist eine gewisse Ablösung von der ursprünglichen Erdverwurzelung und Ortsgebundenheit geleistet. Das göttliche Werk ist mobil geworden und lässt sich in unverdorbene Gegenden verschiffen. Damit ist kurz vor der Vernichtung der Menschen durch ihren Schöpfer und der Vernichtung des göttlichen Werks, also kurz vor ihrer Selbstvernichtung, die Schöpfung durch eine Wiederholung gerettet. Das Werk gelingt Noah, weil es die göttliche Ordnung unangetastet lässt. Gott selbst vollbringt, in Stellvertretung durch Noah, das Werk der Dislozierung seiner Geschöpfe.

Was an der Sintflut-Katastrophe auffällt, ist der Gesinnungswandel Gottes. Zuerst ist er über die Bosheit unter den Menschen erzürnt. Er bereut es, die Menschheit geschaffen zu haben und löst mit der Sintflut eine kosmische Naturkatastrophe aus. Alsbald jedoch plagen ihn Gewissensbisse, dass er im Zorn zu weit gegangen ist, als er die ganze Menschheit ausrotten wollte. Mit Noah und den wenigen Überlebenden versucht er deshalb noch zu retten, was zu retten ist. Bei den Menschen bewirkte die Erfahrung dieser Katastrophe den nachhaltigen Verlust des kosmischen Urvertrauens, brach doch der Schrecken aus dem Kosmos selbst, d.h. aus der Natur und damit auch aus der Götter- und Geisterwelt hervor.

Im Gegensatz zur rein terrestrischen Bestimmung der Arche Noah, ist der Turmbau zu Babel radikal extraterrestrisch motiviert. Der Turmbau soll mit Hilfe des irdisch Gegebenen das Jenseits erstürmen, soll das Diesseits und das Jenseits überbrücken. Das erklärte Ziel der Erbauer: sich einen von Gottes Namensgebung verschiedenen, selbstgeschaffenen, zweiten Namen geben, einen künstlichen Namen. Diese Selbstbenennung soll die Einheit des Volkes bewirken, also die Vielfalt der Geschlechter verbünden. Doch dieser erste Versuch einer Selbstbestimmung des biblischen Menschen wird von Gott hart bestraft, und zwar durch die Annullierung der Intersubjektivität der Arbeitssprache, durch die Vernichtung der Universalität ihres Codes, durch die Stiftung von Differenzen; Streit und Krieg sind die Folgen. Die über das gemeinsame technische Werk erarbeitete Einheit der Geschlechter zerfällt.

Der Turmbau zu Babel war Hybris, zum einen deshalb, weil die Erbauer beim Himmelwärtsstürmen den Blick ausschliesslich nach oben richteten. Sie vergassen völlig, den Blick ebenso nach unten, in die Tiefe, auf die Erde, das Fundament, die Wurzeln, die Natur zu richten, den Turm nicht als Baum zu sehen, der gleichermassen nach oben und unten wachsen, seine Wurzeln im Masse seines Oben ausprägen muss. Hybris war es aber auch, weil der Turm Babels den Traum von der *lingua universalis*, der Universalsprache verkörpern sollte. Bereits Dante Alighieri hält den Traum von der Ursprache, der Sprache Adams, für den Traum eines Verrückten. Diese der Zeit entrückte Sprache ist für ihn *„sine matre, sine lacte"*, ohne Mutter, ohne Milch. „Der Turm Babels, der Traum Babels ist also auch der Traum des Verrückten, des Irren, der nicht begreift, dass auf der Ebene der Sprache wie allgemein aller Lebenserscheinungen und -formen, Vielfalt herrscht und herrschen muss und nur in der Tiefe, in der Wurzel, im Wesen(tlichen) des Lebens selbst Einheit sein kann; dass also das Leben nur als jene unsagbare *Einheit der Vielfalt* Bestand hat, bei dem jede andere ‚Einheit' sofort zu Einheitlichkeit, Uniformität und Totalitarismus, letztlich zum Tod führen muss. Es ist der Traum des Einfältigen, dem die Einsicht mangelt, dass das Leben selbst diese Einheit der Vielfalt ist, jede Vielheit demgegenüber nur Einfalt darstellt, die Einfalt der Einheitlichkeit."[103]

Die natürliche Sprache hat, als von Gott gegebene, das von Gott Geschaffene abzubilden, getreu und adäquat zu wiederholen. Im Gegebenen ist der Prozess der Schöpfung erloschen. Etwas ist gegeben oder nicht gegeben – *tertium non datur*. In diesem Sinne ist die Arbeitssprache der Turmbauer zweiwertig und monokontextural, intersubjektiv und interobjektiv auf die Positivität des Gegebenen bezogen. In dem Moment jedoch, wo die Arbeitssprache beides, das Diesseits und das Jenseits zugleich zu bestimmen hätte, wird ihre Monokontexturalität zwangsläufig zerrissen. Es übersteigt die Kapazität der Einheitssprache, Positivität und Negativität zugleich zu bezeichnen. Die Grenze, das Obstakel zwischen dem Diesseits und dem Jenseits, lässt sich nicht in einem homogenen Sprachsystem, einer einwertigen Ontologie und ihrer zweiwertigen Logik, d.h. in einer Positivsprache, modellieren. Die Chaotisierung der Sprache, symbolisiert im göttlichen Eingriff, ereignet sich als Folge der Inadäquatheit der sprachlichen Mittel des Turmbaus.

---

[103] Kronthaler, Engelbert: „Met*apher und Metamorphose"*, in: www.vordenker.de (Edition Sommer 2011, J. Paul, Hrsg.) – Erstveröffentlichung: Tatta Viveka, Nr. 20/21, 2003/04, S. 60-75

Die Sünde Babels besteht aber auch darin, die Verbindung zwischen Himmel und Erde über etwas Äusseres, Totes, durch einen Turm erzwingen, die Erde mit Hilfe eines Lehm-Turms bis in den Himmel auszudehnen zu wollen, mithin die Verhältnisse einzuebnen, anstatt beide *gleichberechtigt* nebeneinander bestehen zu lassen, gerade ihre Differenz und gegenseitige Verschiedenheit in der Vermittlung aufrechtzuerhalten und so die Garantie für die irdische Vielfalt zu schaffen, und zwar in Frieden und Harmonie. Solange der Mensch versucht, sich ausschliesslich über ein Mittel, ein Äusseres, zu erhöhen, solange das Aufwärts „von der Erde in den Himmel" lediglich über Veräusserung, Objektivation, Objektives, Objekte verläuft, solange muss es Hybris geben, und der Mensch ein horizontaler Golem bleiben. Turm, Technik und Theorien können immer nur Werkzeug, Mittel und Nebensache sein, dürfen nie Hauptsache werden. Solange der Mensch durch äussere Taten „Gott spielen", sich bloss über äussere Objekte verwirklichen will, solange schielt er nur noch mit einem Auge schwach nach oben, starrt aber mit dem anderen im Wesentlichen nach unten. Diese Blickrichtung führt gerade in ihrer Objekt-Fixierung dazu, dass ihn seine „Geschöpfe" selbst hinabziehen, ihn erniedrigen und unweigerlich selbst zum Golem, zum Objekt, zur Sache machen. Er sieht es aber nicht, glaubt vielmehr das Gegenteil, d.h. dass Objekt wichtiger wird als Subjekt, Mechanisches wichtiger als Organisches, Maschine wichtiger als Mensch.

4. Geist der Landschaft

> Über dem Felsenweg
> Geht langsam die Sonne auf.
> Überall duften Pflaumenzweige.
>
> (Bashô)

An diesem frühen Morgen steigt die junge Frau auf einem steilen, steinigen Serpentinenweg zur Hochebene hinauf. Graues Frühlicht verdämmert noch die Höhen und Täler, die Wälder und Wiesen. Jäh pfeilt der erste Sonnenstrahl über die Bergkuppe. Alsbald ist alles in Licht getaucht, die Unbestimmtheit des Grauen weicht der blendenden Unbestimmtheit, wo die Luft in ihrem Leuchten noch Vorrang vor den Dingen in ihr hat. Erst mit den herankommenden Spuren des Lichts werden die Dinge im Augenblick ihres Aufleuchtens vollkommen anwesend.

Oben angekommen, noch etwas ausser Atem nach dem beschwerlichen Aufstieg, betrachtet sie mit umherschweifendem Blick diese karge, rauhe Landschaft, die gleichsam der Zeit entrückt den Betrachter durchlässiger macht und sein Befinden fühlbar verändert. Vorne an der Kante zur Schlucht hinunter entdeckt sie einen alten Mann. Neben einer verkrüppelten Kiefer auf einem Stein sitzend schaut er unbewegt in die Weite. Es herrscht eine fast beklemmende Stille, nur gelegentlich unterbrochen vom heiser klagenden Ruf eines Milans, weit oben im flimmernden Licht seine Kreise ziehend. Sie geht zum Mann hin und begrüsst ihn. Auf ihre Frage, ob sie sich dazusetzen dürfe, nickt er stumm. Es dauert eine Weile, bis sich ein Gespräch anbahnt, zunächst stockend, doch alsbald Fahrt aufnehmend.

Er: Was führt dich denn an diesen verlassenen Ort?

Sie: Ich bin unterwegs, unternehme Wanderungen in mir bisher unbekannte Gegenden dieser Region. Heute morgen bin ich unten im Tal aufgebrochen und auf dieses Hochplateau heraufgestiegen. Jetzt betrachte ich diese weite, wilde Landschaft – einfach überwältigend.

Er: Hmm. … Was meinst du mit „betrachten"?

Sie: Sehen, anschauen – alles, was sich dem Auge darbietet und meinen Blick einfängt, dort einige gekrümmte Steineichen, dornige Sträucher mit sparsamem Blätterwuchs, mit gelblichen Flechten übersäte Gesteinsbrocken, die bräunlich-gelbe verstrauchte Brache, da unten die tiefe Schlucht, den schmalen Fluss mit seinen blau-grünlichen Farbtönen, in der Ferne die aus dem dunstigen Licht herausragenden Berge mit ihren schneebedeckten Gipfeln.

Er: Also mit den Augen?

Sie: Ja, mit was denn sonst! Seltsame Frage.

Er: (mit leicht pastoralem Ton) Wer nur mit den Augen schaut, ist der Auffassung, dass diese Landschaft einzig dazu da ist, „betrachtet" zu werden, sich der Initiative des Betrachtenden zu unterwerfen?

Sie: (von dieser Frage überrascht und etwas perplex): Ich verstehe nicht, was du damit andeuten willst?

Er: ... das lautlose Vorurteil, das wir unbewusst mit uns herumtragen, welches dem distanzierend-visuellen Sehen in der Beziehung zur Landschaft und zur Welt immer den Vorrang einräumt.

Sie: Womit soll man denn schauen/sehen/betrachten? Doch nur mit den Augen! Ich glaube etwas, weil ich es mit meinen eigenen Augen gesehen habe. Als hauptsächlich optisch operierende Tiere orientieren wir uns doch in erster Linie visuell – das Unterscheidungsvermögen der Augen ist grösser als jenes des Ohrs oder der übrigen Tastsinne.

Er: Was ich mit meiner Bemerkung andeuten will: Sobald ich dem Visuellen den Vorrang einräume, reduziere ich Landschaft auf rein optische Aspekte. Das Wort „Aspekt" bedeutet bekanntlich „sich dem Auge darbieten". Sehen wir ein Objekt, so reflektiert sich dessen Bild auf unserer Netzhaut. Als objektiv bezeichnen wir dann das, was alle sehen können, was für jedermann im Prinzip ein*sichtig* und offen*sichtlich* ist. Und was offensichtlich ist, bezeichnen wir in der Regel als wahr.

Das Wort „Aspekt" besagt somit bereits alles, eben nur das Visuelle als Zugang zur Landschaft zuzulassen. Der Blick löst sich von der Umgebung ab, stellt eine Distanz her, fixiert die Objekte an ihren jeweiligen Plätzen, unterscheidet und bringt sie auf die Schiene des Identifizierens des „Was ist das?". Dem zugrunde liegt die Trennung von „Subjekt" und „Objekt", die aus dem Menschen ein zur Initiative befähigtes autonomes, nur von sich abhängiges Wesen und aus der Welt, der Landschaft, ein erkennbares Objekt macht. Damit aber gehen alle anderen Eindrücke verloren, alles das, was „dazwischen" ist und eine Landschaft überhaupt erst hervorbringt.

Sie: Kann sich denn deiner Meinung nach unser Sehen und Denken von Landschaft vom Kult der Objektivität befreien?

Er: „Kult der Objektivität" – welch passender Ausdruck!

Sie: ... Für mich ist eine Landschaft kein blosser Gegen-Stand, keine zu einem Ganzen zusammengeführte Ansammlung und ineinander verzahntes Nebeneinander von Einzeldingen, von „diesem" und „jenem": Hügel und Täler, Äcker und Wiesen, Wälder und Weingärten. Sie ist ein fliessendes Geschehen, eine bestimmte Weise des Miteinandervorkommens von Dingen und Orten, von Nähen und Fernen, von Stimmungen, Schattierungen, Düften, Klängen, Färbungen und Atmosphären. Ein Geschehen, das einfach da ist, jede starre Gegensätzlichkeit aufhebend, an dem ich – jenseits von Subjekt und Objekt, jenseits von Aktivität und Passivität – nicht agierend oder erleidend beteiligt bin. Ich bin ein Teil – oder besser Mit-Teil – davon, wobei ich weder teil-*nehme* noch teil-*habe* – und jedes Geschehenselement ein gleichberechtigtes Mit-Teil ist. Erschöpfend betrachte ich sie mit all meinen Sinnen, was heisst, von *mir* wegsehend versenke ich mich in sie, verschmelze mit ihr und die Landschaft mit mir. Alles geht ineinander über – Gewässer, Himmel, Berge, Wälder, Täler ... . Ich verspüre in mir eine subjektlose Weite, die mit jener der Landschaft deckungsgleich ist. Ich bin höchstens ein ruhiger Resonanzraum dieses Da der Landschaft – ein stilles Einvernehmen.

> „Wenn ich mein Selbst in den von-selbst-so vor sich gehenden Gang der Dinge eingehen lasse und dem spontanen, natürlichen Zusammenspiel der Dinge folge, dann folgt es – ganz ins Horchen auf die ‚Musik des Himmels' (*tian lai*) verloren – dem ‚himmlischen *dao*' (*tian dao*).
>
> Wenn ich mich selbst verliere (*wu sang wo*), zum Nicht-Ich (*wu ji*) werde, folge ich von selbst den Dingen in ihrem natürlichen Lauf (*ziran*), so wie die vollkommene ‚Musik der Menschen' von selbst entsteht, indem die ‚Musik des Himmels' (*tian lai*) in ihr wirkt.
>
> Die ‚Musik des Himmels' ist eine stille Symphonie ohne himmlischen Dirigenten, dessen tonlosen Ton ich nur dann wirklich hören und auf ihn hören kann, wenn ich aufhöre, den alles übertönenden Begierden meines Ego-Direktors nachzugehen. Der himmlische Dirigent ist nichts als eine Spiegelung meines irdischen Ego. Das Verlieren dieses irdischen Ego ist zugleich das Sich-Finden in das freie Zusammenspiel der Dinge. Dieses ist mit der Einsicht verbunden, dass die Spiegelung eines himmlischen Dirigenten eitel ist und sich selbst zu wichtig nimmt. Erst nachdem das

Er: Du überraschst mich – unser Gespräch wird bereits melodiös, nimmt den Cha-rakter eines musikalischen Arrangements an. Für mich ist im Moment jeglicher Kommentar zu deiner eindrucksvoll-empfindsamen Schilderung überflüssig. Was deine Frage zum „Kult der Objektivität" anbelangt, so will ich versuchen, mich an eine – zunächst vorläufige – Antwort heranzutasten: Man kann gegen die Gegen-überstellung von „Beobachter" und „Objekt" aufbegehren, in der jedes vom ande-ren getrennt wird. Aber ob sie sich auch aufheben lässt und wie, dies könnte ein Faden für unser weiteres Gespräch sein.

Historisch gesehen ist das Aussenstehen des Beobachters in Europa tief verankert: Auf der einen Seite die „Natur", welche Landschaft als ein „Objekt", als ein Entge-gen-Stehendes darbietet, und auf der anderen Seite der „Beobachter" als das ver-meintliche „Subjekt" der Freiheit. Weil der Raum geometrisiert und einzig den op-tischen Gesetzen unterworfen wurde, hat sich das Subjekt auf einen „Aussichts-punkt", man könnte auch sagen auf einen „Fluchtpunkt" in der Welt zurückgezo-gen. Von da aus „beobachtet" das Subjekt Landschaft mit seiner jeweils gewählten *Perspektive*: Sie ist eine prägende Voreingenommenheit gegenüber der Land-schaft. Auf dem Gipfel der visuellen Pyramide thront das Auge und dreht sich wie der Scheinwerfer eines Leuchtturms. Es hält sich die Landschaft – wie auch die übrigen Dinge – vom Leib, setzt sie als „Objekt", das in seiner Wiedergabe „Objek-tivität" einfordert, die vom wahrnehmenden Subjekt auf ihre „Wahrhaftigkeit" ge-prüft und souverän bestimmt wird. Als Ausgleich für die verloren gegangene Sub-jektivität wird sie dann übertrieben gefühl- und sehnsuchtsvoll besetzt.

„Das Sehen, das Betrachten, der Blick geht dem Erkennen voran, auch dem Beken-nen – vor dem Bekennen der Liebe ist der Blick. Allerdings: auch wenn der Blick dem Erkennen zwar vorangeht, so wird das Auge doch im Erkennen erst geöffnet. Als flöge der Blick gleichsam in zwei Richtungen zugleich: zum Ding hin und gleichzeitig zu mir hinein, um das Auge und den Schrein des Erkennen-Vermögens zu öffnen. (...) Denn zum einen nimmt der Blick gelegentlich seine distanziert-abstrahierende Selbstvergessenheit zurück und verrät so den sehnsüchtigen Wunsch, am lebendi-gen Geschehen teilzuhaben, die Trennung zwischen vermeintlich unwissendem

---

[104] Wohlfart, Günter: „Zhuangzi", Freiburg i. Brg. 2001, S. 50

Körper und wissendem Blick rückgängig zu machen. Zum anderen registriert das Auge nicht ein unabhängig von ihm sich abspielendes, objektives Geschehen, sondern inszeniert dieses Geschehen, gebiert dieses aus sich selbst heraus, hält eine von ihm selbst geschaffene innere Realität fest.

Rufen wir es also wieder in Erinnerung, was bei der Herausbildung des Auges als Fernsinn zum Opfer fiel, dass Sehen ein sinnlicher Akt ist. Trotzdem: das Auge allein wird den Leib und das Leben nicht erreichen, nicht einholen können, zumal das Auge, das sieht, sich selber im Sehen nicht sehen kann und als das Sehende immer im Grunde des Sehens [105] verborgen bleibt. Einzigartig ist doch die Beziehung zwischen den Dingen und meinem Körper? Er ist es doch, der bewirkt, dass ich manchmal bei einer Erscheinung stehenbleibe oder auf die Dinge selbst stosse. Er ist es, der das Gemurmel der Erscheinungen aufkommen, dann wieder verstummen lässt und mich in die Fülle der Welt wirft. Von daher: nicht bloss mit dem Auge wahrnehmen, dem Auge nicht einen höheren Rang gegenüber allen übrigen Sinnen einräumen. Keine Hierarchie der Sinne – aufsteigend vom Tasten, Schmecken, Riechen, Hören, Sehen und schliesslich zum Denken/Geist." [106]

Sie: ... Es ist die starre Position eines Blicks, der sich vor die Landschaft wie vor ein Fenster stellt, was dazu führt, dass sie mich dem ständigen Wandel der Dinge und ihrer Umgebungen entreisst. Dadurch werden Möglichkeiten anders und andere Aspekte aus verschiedenen Perspektiven wahrzunehmen, begrenzt und ausgeschlossen – und bleiben damit verborgen. Doch wer seinen Geist nur auf einem einzigen Stand- und Blickpunkt aufbaut, dem erstarrt die Welt, die er wahrnimmt, und verarmt. Der so (fest)gewordene Geist unterscheidet nur mehr zwischen wahr und falsch, zwischen „es ist dieses" oder „es ist nicht dieses", es ist „so" oder es ist „nicht so". Die Koexistenz der verschiedenen Sichtweisen und Perspektiven geht dabei verloren, während doch auf eben dieser Koexistenz die Kohärenz der Realität beruht.

Er: Halte ich mich inmitten einer Landschaft mit all ihren verbundenen Elementen und Wesen auf, so rufe ich mir – schon beinahe ritualhaft – in Erinnerung, dass Sehen eben nicht neutral und abstrakt einheitlich ist, dass sehen nicht per se gleich

---

[105] Eberfeld, Rolf (Hrsg.): „Kitaro Nishida – Logik des Ortes", Darmstadt 1999, S. 8

[106] Bierter, Willy: „Wege eines Wanderers im Morgengrauen. Auf den Spuren Gotthard Günthers in transklassischen Denk-Landschaften", Books on Demand, Norderstedt 2018, Kap. 2 „Wege in der Landschaft", S. 28 f.

wahr-nehmen ist, sondern sich wandelt und verteilt je nach den Positionen, zwischen denen man sich bewegt. Ich weiss, dass meiner persönlichen Perspektive immer nur Teile, Ausschnitte, Aufrisse zugänglich sind und nicht das „Ganze". Ich kann nicht alle Betrachtungen gleichzeitig in eine Gesamtschau zusammenbringen. Die Gleichzeitigkeit der Orte und Perspektiven ist nicht erreichbar, denn der je betretene Ort ist im Moment seines Betretenseins zusammen mit der gewählten Perspektive immer absoluter Ort bzw. absolute Perspektive.

Eine ego- und logozentrische Perspektive hat oft die Tendenz, die Repräsentation des Ausschnitts zu einer Einheit eines imaginären Ganzen abzubilden, darunter alles immer schon mitbegriffen zu sein scheint. Begreife ich mich aber selbst als ein solches Teil, so sprenge ich die vermeintliche Einheit der Perspektive. Von nun an ist es mir nicht mehr möglich, Teile als definite Einheiten zu betrachten, was nur innerhalb einer Monokontextur – d.h. einem zentralperspektivischen, geschlossenen, bivalenten, logischen System – möglich ist, eben durch die Konstruktion der imaginären Totalität, in der das Teil in einem komplementären Verhältnis zu seinem Kontext steht und damit in einer statischen Opposition zu allen anderen Teilen dieser Totalität.

Vor diesem Hintergrund beginnt die Einsicht heraufzudämmern: Mein Betrachten erschliesst mir die Dinge und Wesen samt ihrer Umgebung *und* mich selbst nur mehr durch Bewegung und Ortswechsel. Ich muss von jedem Ort aus die jeweilige Circumperspektive [107] nach allen Richtungen hin entfalten. Im Sinne einer äquivalenten, polyperspektivischen Standpunktpluralität entstehen so mehrfache Sichtweisen wie Beschreibungen, die sich gleichwertig auf die Orte und deren Beziehungen – auch zu mir als Betrachter – verteilen, beziehen und vermitteln können. Nochmals anders gewendet: Damit die Circumperspektive, d.h. der „Umblick" um den Menschen möglich werden und gelingen kann, muss er nicht nur von sich aus die Umwelt/Landschaft betrachten und denken, sondern zugleich sich selbst *von der Umwelt/Landschaft her*. So kann die Circumperspektive ein Umdenken des perspektivischen Wahrnehmens und Denkens bewirken, das Mensch und Ding bislang bloss gemäss dem Subjekt-Objekt-Verhältnis gedacht hat.

---

[107] Tsujimura, Koichi: „Über Yü-chiens Landschaftsbild ‚In die ferne Bucht kommen Segelboote zurück'", in: Ohashi, Ryosuke (Hrsg.): „Die Philosophie der Kyoto-Schule", Freiburg/München 1990, S. 455 f.

Sie: Deine Gedanken zu „Bewegung und Ortswechsel" führen mich zu der vielleicht erstaunlichen Erkenntnis, dass die Form der Beobachtung eines Objekts – in unserem Fall der Landschaft – den Ausschlag gibt und weniger das Objekt an sich. Mit anderen Worten: Das Wesentliche scheint vor allem darin zu liegen, *wie* ich betrachte und weniger *was* ich betrachte. Daraus folgt: Meine Betrachtungsweise, meine Perspektiven bestimmen sich in erster Linie durch meine Standpunkte. Der Standpunkt meiner Betrachtung, die Perspektive, von der aus ich die Dinge in den Blick nehme, wirkt wie ein Filter. Ändere ich die Perspektive, dann sehe ich die Dinge nicht nur aus einer anderen Richtung, sondern ich wechsle auch den Filter. Und wie du sagst: Über eine Landschaft sprechen kann nur von vielen Orten aus mit wechselnden Perspektiven geschehen, weil man nur so allmählich auf ihre Mannigfaltigkeit, auf die Vielfalt und konkrete Konstellation der Beziehungen und Verhältnisse zwischen den in sie gehörigen „Einzelnen" aufmerksam wird. Umgekehrt hat auch jedes dieser einzelnen Dinge und Wesen seine je eigene Perspektive und seine besondere Umgebung. Erst und nur dann kann ich allen Aspekten der vorkommenden Dinge entsprechen, ohne dass sie einander isoliert gegenüberstehen oder sich gegenseitig ausschliessen müssen. Ich kann sie sein lassen, ihrem ununterbrochenen, manchmal kaum wahrnehmbaren Werden beiwohnen und ihrem Widerklang lauschen. Was sich darbietet, sind Landschaften mit all ihren Elementen und Wesen, mannigfaltige Sichten, die sich eben nur durch Bewegung, Ortswechsel und Circumperspektiven erschliessen – wobei auch dann noch vieles verborgen bleibt.

Er: Wir pochen aus gutem Grund darauf, bei der Betrachtung von Landschaft oder anderen Dingen mehrere Sichtweisen einzunehmen. Denn mit unserem vertrauten Blick gehen wir meistens davon aus, dass wir die Dinge einfach sehen, wie sie sind, dass wir sie passiv beobachten und dass sie es sind, die uns ihre Informationen freigeben; doch dies ist eben nur *eine* Sichtweise. Damit sind wir bei dem von dir zu Beginn geäusserten Satz „Ich glaube, was ich sehe" angelangt. Mit gutem Recht kann man diesen Satz aber auch umkehren und verallgemeinernd sagen: „Wir sehen nur, was wir glauben". Das heisst, das Modell von der Wirklichkeit entscheidet wie ein Filter darüber, was wir wirklich sehen. Nur die Informationen, die diesen Filter passieren, können wir erkennen, alles andere bleibt aussen hängen. Vor diesem Hintergrund kann der Satz „Wir sehen nur, was wir glauben" – allerdings nur bis hierhin – folgendermassen übersetzt werden: Wir machen unsere Erfahrungen mit der Welt in Abhängigkeit von der Beschaffenheit unseres Filters und jeder Wechsel dieses Filters erschafft uns eine neue Sicht auf die Welt oder gar eine neue Erfahrung von der Welt. Doch wer wechselt den Filter? Wir selbst oder ein geheimnisvoller Dritter?

Sie: ... Es braucht schon Wagemut, sich von einigen Sicherheiten und Gewissheiten zu verabschieden, um die Dinge in ein anderes Licht zu rücken und sie mit neuen Augen zu betrachten. Im Moment habe ich dazu allerdings nur Fragen: Wenn allein die „Korngrösse" oder Weite des Filters darüber entscheidet, was uns als Wirklichkeit so daherkommt, was ist dann die Wirklichkeit? Die vor uns sich auftürmenden Dinge, die wir als „wirklich" bezeichnen, der Filter oder was im Filter zurückbleibt, alles das zusammen oder nichts von alledem? Oder ist vielleicht das Entscheidende an der Wirklichkeit nicht das Geschehen selbst, sondern unsere Auffassung des Geschehens, soll heissen: das Wesentliche ist die Kamera mit ihren Filtern und nicht das, was sie abbildet? Wie unterscheiden Menschen zwischen dem blossen Inhalt einer Wahrnehmung und deren Wirklichkeitsstatus? Fragen über Fragen — ich bin etwas sprachlos und breche den Gedankengang hier ab!

Er: Wir werden später darauf zurückkommen, das verspreche ich dir.

Nun zu deinen früheren Aussagen: Indem sich Landschaften durch Bewegung, Ortswechsel und Circumperspektiven entfalten, bin ich — wie du so treffend dargelegt hast — beim jeweiligen Betrachten immer Mit-Teil und nicht distanziert-distanzierendes Subjekt im Sinne europäischer Neuzeit. Nur so kann das Sehen, aber auch das fragende Denken, zurückkehren in das anfängliche „Haus der Welt", in dem alle Dinge und Wesen werden und entwerden in einer Art gleitender Übergänge diesseits von Bejahung und Verneinung. [108] Und das Endliche kann sich in den jeweiligen Ausdruck des Unendlichen zu verwandeln beginnen, was mich veranlasst, im Einfachen und Unscheinbaren das Scheinen des Unendlichen und/oder Grenzenlosen zu sehen, zu bestaunen und zu denken.

Sie: Nochmals zu den Stichworten „Bewegung, Ortswechsel und Circumperspektiven": Man kann nur etwas erkennen oder wahrnehmen, indem man sich bewegt, und man kann sich nur bewegen, wenn man sich in seiner Umwelt wahrnimmt und reflektiert.

---

[108] Merleau-Ponty, Maurice: „Das Sichtbare und das Unsichtbare", München 1986, S. 138

Er: … ein Zwischenruf, wenn du gestattest: Was du da gerade ins Spiel bringst, ist ein *Chiasmus*. [109] Chiasmen sind ein altes Wissen. Sie bringen Konstanz und Prozess in ein Wechselspiel: Das Konstante wird wechselnd, das Wechselnde wird konstant, Warmes wird kalt und Kaltes warm, Festes wird flüssig und Flüssiges fest. Bildlich kannst du dir einen Chiasmus als Möbiusband vorstellen: man nehme einen Streifen Papier, verdrehe ihn und verklebe die zwei Seiten an 4 (!) Punkten – übrigens erlaubt erst die Zahl 4 die Integration von Innen und Aussen, Öffnung und Schluss, doch davon später. So formt sich der Kreisring zu einem Möbiusband bzw. eben zu einem Chiasmus – streichst du übrigens mit dem Finger den Kreisring entlang, wirst du erstaunt feststellen, dass er nur eine Seite hat, also kein „Innen" und „Aussen" mehr! Oder nehmen wir noch ein anderes Bild: die Türe. Auch sie kann als Chiasmus „gelesen" werden: jedes Herausgehen aus dem Haus und in die Welt hinein und umgekehrt, jedes Hineingehen ins Haus und aus der Welt heraus. Und die Grenze zwischen Haus und Welt ist eine doppeldeutige Schnittstelle: sie trennt und verbindet zugleich, ohne Trennung keine Verbindung und umgekehrt. Die Grenze selbst als Unterscheidung von Haus und Welt – oder allgemein gesprochen von System und Umgebung – produziert erst die beiden Seiten, die im gleichen Moment die Grenze hervorbringen.

Im Zusammenhang mit dem, was wir erörtert haben, ist von geradezu eminenter Bedeutung, dass der von dir – zwar nicht explizit – angesprochene Chiasmus von Erkennen/Wahrnehmen und Bewegung nur über den Begriff des Körpers realisierbar ist. Denn Voraussetzung für kognitiv-wahrnehmende Leistungen ist der Körper – der Körper denkt [110], nicht als anatomischer, nicht der Körper als Objekt, sondern der Körper verstanden als die Gesamtheit der uns bekannten und der uns unbekannten Kräfte und Fähigkeiten, die unsere Aktivitäten tragen und speisen – und der Zusammenhang zwischen beiden ist nicht ein hierarchischer, sondern ein nebengeordneter, d.h. heterarchischer [111], insofern sie sich gegenseitig bedingen. Auf diese höchst interessanten Aspekte werden wir später sicher noch zurückkommen – entschuldige den doch länger gewordenen Zwischenruf.

---

[109] siehe dazu Bierter, Willy: a.a.O., Kap. 3, S. 35 f.

[110] Merleau-Ponty, Maurice: „Das Sichtbare und das Unsichtbare", München 1986; siehe auch: McCulloch, Warren Sturgis: „Verkörperungen des Geistes", Wien 2000

[111] Für eine vertiefte Beschreibung der beiden komplementären Begriffe Hierarchie und Heterarchie siehe: von Goldammer, Eberhard: „Heterarchie – Hierarchie. Zwei komplementäre Beschreibungskategorien", http://www.vordenker.de, 2003

Sie: ... Danke für die Idee des Chiasmus. Du bringst mich dazu, sie gleich aufzugreifen und meine vorgebrachte These in chiastischer Form darzustellen:

Erkennen/Wahrnehmen (A) führt zu geistig-körperlicher Bewegung (B)

geistig-körperliche Bewegung (B) führt zu Erkennen/Wahrnehmen (A)

Mich fasziniert dabei dieses Wechselspiel von Form- und Inhaltsbeziehungen. Jede Rückkehr zum „echten" Ausgangspunkt ist unmöglich. Denn durch die Verschiebung von „A" nach „B" und anschliessend die Umkehrung von „B" nach „A" entsteht ein „Vorher" und ein „Nachher", also sowohl eine Verzeitlichung als auch eine Verräumlichung des Betrachtungs- wie des Aussage-Schemas, und lässt das Zusammenwirken von Anfang und Ende in einem neuen Licht erscheinen:

Der Anfang wird zum Ende

Das Ende wird zum Anfang

Mit „Bewegung, Ortswechsel und Circumperspektiven" haben wir nicht nur eine Verräumlichung, sondern eben auch eine Verzeitlichung unseres Erkennens und Wahrnehmens. Man muss nicht nur von vielen Orten aus schauen und sprechen, sondern – jedenfalls im Prinzip – auch zu verschiedenen Tages- und Jahreszeiten. Denn die Mannigfaltigkeit, Vielfalt und konkrete Konstellation einer Landschaft ist nichts ein-für-alle-mal Feststehendes, sondern etwas durchaus Jeweiliges, sich als Zusammenspiel im Hier und Jetzt Ergebendes. Damit kommt auch der „Weg" ins Spiel: Eine Landschaft ist ohne den jeweiligen Weg und ohne den, der auf ihm geht, unzugänglich, unerfahrbar und unbeschreibbar.

Er: Faszinierend, wie du unserem Gespräch unabsehbare Wendungen gibst! Deinen wichtigen Hinweis auf den „Weg" in Bezug auf das Erfahren und Beschreiben von Landschaft möchte ich gern erweitern.

Wiederum ein Chiasmus, wenn ich sage: Wege bedenken und aufsuchen heisst die Landschaft aufsuchen, durch die sie führen, und eine Landschaft aufsuchen heisst, die Wege entdecken, die in sie hinein- und durch sie hindurchführen. Es bedeutet aber auch, sich auf Wege einzulassen und sich Wegen zu überlassen, die ihr nicht vorgegeben sind, sondern sich erst im Gehen und um das Gehen herum ergeben.

Mit anderen Worten: Will man eine Landschaft in all ihren Schattierungen und Besonderheiten erkunden und erfahren, so lässt sich dies nicht bloss entlang geradliniger und ausgetretener Wege tun. Vielmehr gilt es, immer neue Wege zu suchen und zu gehen. Wege, die in unterschiedliche Richtungen führen, Wege, die stets mannigfaltige, sich nach allen Seiten und Richtungen hin erstreckende Sichten auf eine abwechslungsreiche Landschaft eröffnen, Wege, die ständig ihren Lauf verändern, ohne je aufzuhören, ohne sich ins Unbegangene zu vertiefen oder sich dem Geheimnis anzunähern.

Wege gehören zugleich in die Landschaft, durch die sie führen, sind Teil von ihr. Wege machen Gegenden, Zusammenhänge und Stimmungen sichtbar und bringen sie zum Sprechen. Doch die Wege bedenken heisst zuallererst die Wege gehen, sie durch unser Gehen ständig neu hervorbringen, Wege, die überhaupt nicht gangbar wären, kämen sie nicht stets neu aus dem Nichts, in das sie sogleich wieder verschwinden. Ob die Wege für alle Sinne zu überraschenden und nährenden Erfahrungen führen, wird sich zeigen.

Sie: ... Wege enden endlos – manche im Dickicht oder führen in die Tiefe des Waldes, wo sie abrupt und unvorhergesehen im Unbegangenen aufhören, und manche Holzwege führen wohl tatsächlich in die Irre. Wege kommen zwar irgendwo her und führen irgendwo hin. Doch sie haben keinen eigentlichen Ausgangs- und Ankunftspunkt. Und so ist das Gehen auf einem Weg – wie das Leben – eher als ein *Übergang* zu betrachten, bei dem jeder Moment sich vollständig enthüllt und zählt und mit dem folgenden Moment schwanger geht – und nicht als eine *Durchquerung*, bei der das, was vor allem zählt, die Ankunft ist und der Weg zu einem leeren Zwischenraum, zu einem blossen Hindernis verkommt, das möglichst schnell zu überwinden ist. Doch mit dem Ankommen jedes neuen Moments wird das jeweils Durchgangene keineswegs hinfällig, und es lässt sich auch nicht endgültig abgrenzen gegen das, was unbegangen bleibt. Und: Wege bleiben immer lediglich Versuche.

Er: (schmunzelt)... die spätestens dann abgebrochen werden, wenn man am Ende seiner Kräfte ist, der Rücken und die Füsse schmerzen – oder auch der Kopf, falls man sich gleichgültig vorwärtsschleppt, aufwärts und abwärts, und einem nichts mehr am Weg und an der Landschaft liegt.

Sie: Spätestens in speziellen Erfahrungen wie diesen erleben wir den lebendigen Körper als unsere Verankerung in der Welt, die sich aber weder im Raster des Subjektiven noch des Objektiven festmachen lassen. Er ist beteiligt an allen Vollzügen, die uns mit der Welt verbinden, er selbst ist unsere Verbindung, mit der wir in der Welt sind und ist so der unhintergehbare Ort, von dem aus wir uns die Welt erschliessen. Mit Merleau-Ponty gesprochen: „Zur Kenntnis des menschlichen Leibes führt kein anderer Weg, als der, ihn zu erleben, d.h. das Drama, das durch ihn hindurch sich abspielt, auf sich zu nehmen und in ihm selber aufzugehen. So bin ich selbst mein Leib (...) und umgekehrt ist mein Leib wie ein natürliches Subjekt, wie ein vorläufiger Entwurf meines Seins im Ganzen. So widersetzt sich die Erfahrung des eigenen Leibes der Bewegung der Reflexion, die das Objekt vom Subjekt, das Subjekt vom Objekt lösen will, in Wahrheit aber uns nur den Gedanken des Leibes, nicht die Erfahrung des Leibes, den Leib nur in der Idee, nicht in der Wirklichkeit gibt." [112]

Somit ist in Bezug auf die wahrgenommene Welt mein lebendiger Körper „das Werkzeug all meines Verstehens überhaupt" [113], doch er ist nicht das virtuos einsetzbare Instrument, das in meiner freien Verfügungsgewalt steht. Zwar kann ich den Blick lenken, das Ohr ausrichten, das Tasten steuern, aber dass ich sehe, höre, spüre, geht ursächlich nicht von einem freien Willenszentrum aus. Und was bereits für die Empfindungen gilt, summiert sich als der im Grunde ich-lose Impuls der Wahrnehmung: *Man* nimmt in mir wahr, und nicht *ich* nehme wahr" [114], deutet Merleau-Ponty das Herauslösen der Wahrnehmung aus dem dualen Schema von Subjektivismus und Objektivismus an. Meine Wahrnehmung ist somit weder das Bewusstsein eines Zustandes (Subjektivismus) noch der Zustand eines Bewusstseins (Objektivismus); damit kann ich sie auch nicht unter den Kategorien von aktiv/passiv, autonom/abhängig denken. Wahrnehmung ist nicht das, was als äusserer Informationsstrom in einen bloss aufnehmenden Kübel gegossen würde; und ebenso wenig ist es ein Sammeln solcher Informationen, zu dem man sich entschliessen könnte oder nicht. Wahrnehmung springt aus dieser Alternative heraus, sie ist von ihr aus gar nicht zu denken, eher ist sie „ein Sein in Situation, dem zuvor wir gar nicht existieren, das wir beständig aufs Neue beginnen und das uns selbst erst konstituiert." [115]

Im Unterschied zum Sehen, Hören, Fühlen etc. ist die Wahrnehmung also nicht ein spezieller Akt, sondern der Hintergrund, auf dem sich alle Akte erst entfalten.

---

[112] Merleau-Ponty, Maurice: „Phänomenologie der Wahrnehmung", Berlin 1966, S. 234
[113] Merleau-Ponty, Maurice: a.a.O., S. 275
[114] Merleau-Ponty, Maurice: a.a.O., S. 253
[115] Merleau-Ponty, Maurice: a.a.O., S. 486

Zwangsläufig korrespondiert mit der Wahrnehmung dann nicht mehr das einzelne Objekt: die gesehene Farbe, der gehörte Ton, kurz das registrierte Ding. Wenn Wahrnehmung somit das Grundphänomen unseres uranfänglichen Kontaktes mit der Welt ist, dann reduziert Wahrnehmung sich nicht nur nicht auf die Einzelempfindung, sondern in der Wahrnehmung schliesst sich uns sogleich die Welt auf. Wahrnehmung wird zu dem Vehikel, das uns in der Welt verankert, oder, wie Merleau-Ponty es ausdrückt, *wahrnehmend sind wir zur Welt*. Gegen das Vorurteil einer fertigen Welt – sei es als äussere oder innere Realität – führt er die dynamische Sichtweise an, nach der wir die Welt immer nur im Prozess ihres Entstehens wahrnehmen: die Welt entsteht in der Bewegung der Wahrnehmung – *die Wege entstehen im Gehen*!

Er: Brillant wie du den in seiner Konsequenz bestechenden Versuch von Merleau-Ponty skizzierst, der einen methodischen Ausweg aus der alten Dualität von Subjekt und Objekt eröffnet, indem er den Leib als dritten Ort einführt. Es ist unbestreitbar, dass der Wirbel, in den er die alte dualistische Metaphysik und Ontologie zieht, ein frischer Wind ist, der neue und auch für unsere Belange nicht zu ignorierende Ergebnisse zutage fördert. Doch sein Versuch, die Subjekt-Objekt-Spaltung auf diese Weise zu überwinden, bleibt kurz vor der Ziellinie stecken. Weshalb? Eine Welt, die für ein Subjekt nicht mehr reflektierend bewusst ist, sondern sich vielmehr in der Existenz des Leibes verwirklicht, hat keine losgelöste Existenz mehr. Verschmilzt umgekehrt das Selbst mit der Welt, wodurch es zwar einen nicht mehr dichotomen Zugang zur Welt gewinnt, so bekommt es jedoch Probleme im Zugriff auf sich selbst. Selbst und Welt verdichten sich zu einem gemeinsam-identischen Wachstum. Damit aber wird es schwer, die Möglichkeit zum Entwerfen eines adäquaten Selbstmodells aufrechtzuerhalten, bedeutet Entwurf doch gerade die Differenz zwischen einem gegenwärtigen Sein und einem zukünftigen Seinsollen. Mehr noch: für das Entwickeln von Selbstentwürfen – „Wohin und wie möchte ich mein Selbst entwickeln?" – benötigen wir immer auch die Unterscheidung von Original und Modell. Doch wie sollen wir das bewerkstelligen, wenn wir nicht schon irgendwo die Vorstellung eines Vorbildes, eines Ideals im Kopf hätten? Bei Merleau-Ponty gibt es kein Urbild (Original), kein Abbild (Modell) und keine Relation zwischen ihnen. Alles ist ein Prozess, der uns zwar versichert, dass die Urbild-Abbild-Relation in die Irre führt – weil er zurecht das gesamte dualistische Denken verwirft –, aber wenig Praktikables auf die Frage liefert, wie das Ich, das bei ihm allein als die Perspektive der Weltwahrnehmung gegeben ist, sich bilden soll, wenn es auf diese Weise mit der Welt verschmilzt.

Wie kommt man mit Merleau-Ponty weiter und über ihn hinaus? Das ist alles andere als eine einfache Angelegenheit, besteht das Problem doch darin, mit den Instrumenten, die das alte Denken uns an die Hand gibt, dieses Denken selbst umbauen zu müssen. Metaphorisch gesprochen: das Haus – sprich unser alter Begriffs- und Denkapparat – muss komplett neu gebaut werden, da reicht keine schlichte Renovierung oder ein blosses Ausbessern schadhafter Stellen. Es ist ein kompletter Neubau unter Verwendung der alten Gebäudeteile, jedoch ohne Abriss des alten Hauses. Während des ganzen Neu- und Umbaus bleibt das Haus bestehen und verwandelt sich trotzdem – und gleichzeitig bleiben wir darin wohnen, denn wir haben ja kein anderes Haus. Auf diesen „Neubau" müssen wir im Zusammenhang mit Gotthard Günthers polykontexturaler Logik unbedingt zu sprechen kommen.

Doch zunächst sollten wir wieder unser ursprüngliches Thema aufgreifen, sonst verlieren wir den Faden vollends.

*

Sie: Einverstanden. ... Die Frage war: Wie kommen wir aus einer distanziert-distanzierenden Betrachtungsweise heraus und holen die Landschaft wieder in das Reich des Subjektiven heim? Dazu öffnet der Satz von Baudelaire vielleicht eine Türe: „Wenn eine derartige Zusammenstellung von Bäumen, Bergen, Gewässern und Häusern, die wir Landschaft nennen, schön ist, so nicht durch sich selbst, sondern durch mich, von meinen Gnaden, durch die Idee oder das Gefühl, das ich damit verbinde."? [116]

Er: Das hört sich als Zugabe an Subjektivem an und erinnert mich an den oft mit vibrierendem Pathos angemahnten „Einklang mit der Natur", ein Ausdruck, der sich als affektives Ventil für Verdrängtes lesen lässt. Weshalb?

In unserem vorherrschenden Aristotelischen Logik-Universum untersteht alles Denken, Handeln und Verhalten, das mit dem Anspruch auf „Rationalität" daherkommt, dem Identitätszwang des binären Denkens. [117] Binär – oder zweiwertig –

---

[116] Baudelaire, Charles: in „Curiosités esthétiques" der Artikel „Paysage", Salon von 1859, VIII

[117] Bierter, Willy: a.a.O; und ders: „Denk-Wege – Gotthard Günthers Geburtsarbeit an einem neuen Format von Menschsein", in: http://www.vordenker.de/wbierter/wb_Denk-Wege.pdf

denken heisst, in sich gegenseitig ausschliessenden Gegenüberstellungen, in Antithesen zu denken. Der zugrunde liegende Algorithmus lautet: Aus zwei mach eins, von zweien ist immer nur eines wahr. Ihr Operator ist das ausschliessliche Ja-oder-Nein, das Entweder-Oder. Entweder ist etwas wahr und dann existiert es auch, oder es ist nicht wahr, also falsch, dann existiert es eben nicht. Also Subjekt *oder* Objekt, Leib *oder* Seele, Geist *oder* Materie, das Eine oder das Andere – etwas Drittes ist ausgeschlossen. Es ist die Zweiwertigkeit der Erkenntnissituation des einzelnen Subjekts als Beobachter, die zur Folge hat, dass es sich als das erkennende Ich der objektiven Welt als das zu Erkennende unmittelbar gegenübersieht. Doch mit der strikten Trennung von Subjekt und Objekt, mit Bewusstsein / Geist / Gewissen/ Gefühl einerseits und der „Objektivität" von Materiellem und der Natur andererseits, fällt alles, was ein identitätslogischer Geist aus unserer Erfahrung ausklammert oder verbannt, in ein tiefes Loch.

Die klassisch-zweiwertige Logik kann nur auf das tote Objekt – das irreflexive Sein – reflektieren, sie beschränkt sich ausschliesslich auf bereits Gewesenes und das, was „ist". Mit der Fokussierung auf das Vergangene sichert sie sich ihren Anspruch auf Eindeutigkeit. Den Preis, den diese Logik für ihre Eindeutigkeit in der Bestimmung von Aussagen über bereits Gewesenes bezahlt, ist aber beträchtlich. Mit Subjektivität, Werden und Leben kann sie sich nur in einer zu kristalliertem Sein geronnenen Form befassen: Das Werden erstarrt und selbst (Lebens-)Prozesse werden als tote „Dinge" beobachtet und beschrieben. Nur über das tote, ewige, aber zeitlose Sein kann sie eindeutige und „objektive" Aussagen machen. Widersprüche, die es in jedem lebendigen Prozess gibt, die auch in jeder lebendigen individuellen und kollektiven Vergangenheit stecken, erschweren ihre Analyse und fallen letztlich der Eindeutigkeit zum Opfer. In die Sinn- und Bedeutungshaftigkeit komplexer Lebensprozesse kann die zweiwertige Logik nicht hineingelangen.

Sie: Ich glaube zu verstehen: Weil die klassische Rationalität nur mit einem Thema – also *monothematisch* – arbeiten kann, spricht man entweder über *Objektives* mit dem Subjektiven als Hintergrundfolie, oder umgekehrt nur über *Subjektives*, muss jetzt aber das Objektive zum blossen Kontrastmittel herabstufen. Menschen sind in der klassisch-zweiwertigen Logik somit Objekte, denn „Ich" ist das Subjekt und folglich ist alles Objekt, was „Nicht-Ich" ist.

Er: Richtig. Die Wissenschaft, insbesondere die Naturwissenschaft, wollte zu Aussagen über die objektive Welt kommen und hat sich daher sinnvollerweise für ersteres entschieden, also Menschen mit Dingen gleichzusetzen. Dies ist der tiefere

Grund dafür, dass die klassische Rationalität mit der Ausblendung von Subjektivität einhergeht, das Subjekt sozusagen im Nichts verschwindet. Damit aber liegt der Beobachtungsort menschlicher Erkenntnis „ausserhalb" der dinglichen, objektiven Welt.

Sie: Das heisst, das Denken des Subjekts richtet sich nur auf das Sein, dem es unmittelbar gegenübersteht, nicht jedoch auf das Verhältnis von Subjekt und Objekt. Wenn sich vom Standpunkt der Logik aus gesehen Sein und Nichts gegenüberstehen, so ist das Nichts nur der indirekte Ausdruck für das Subjekt, das in der Reflexion auf das Sein die Freiheit hat zu entscheiden, ob etwas „ist" oder „nicht ist". In diesem Negativen wird das Subjekt aber nicht als Subjekt gedacht, das denkende Subjekt tritt im Bilde, das es sich vom Seienden macht, nicht auf. Die klassische Logik kodifiziert sozusagen das Verhältnis von Subjekt und Objekt in einer Weise, in der für das Subjekt selbst kein Platz ist.

Er: So ist es. – Noch zwei ergänzende Anmerkungen: Erstens darf nicht vergessen werden, dass die Wissenschaft noch immer dem Auge vertraut. Die empirischen Wissenschaften, d.h. die Erfahrungswissenschaften, gewinnen ihre Erkenntnisse aus der Beobachtung. Sie verallgemeinern die im Experiment mehrfach gemachten Beobachtungen zu allgemeinen Gesetzmässigkeiten, gleichgültig ob diese Beobachtungen tatsächlich direkt in der Natur gewonnen werden oder mit Hilfe modernster Apparate.

Zweitens hat sich die klassisch-zweiwertige These von der harmonischen Übereinstimmung zwischen Gedanken und Realität (Gedachtem) sich Jahrtausende lang sowohl empirisch wie spirituell bewährt hat. Andernfalls besässen wir weder eine kommunizierbare – wenn auch klassische – Wissenschaft noch eine sich im Handgreiflichen immer wieder bewährende Technik.

Sie: Aus dem bisher Gesagten schliesse ich: Solange wir es mit leblosen Dingen zu tun haben, ist eine zweiwertige Logik nicht nur völlig ausreichend, sie ist in ihrer Klarheit, Einfachheit und Eleganz unschlagbar. Entweder steht ein Glas auf dem Tisch oder es steht kein Glas auf dem Tisch. Beides zusammen oder keines von beiden ist logisch unmöglich. Deshalb hat objektives naturwissenschaftliches Denken auch derart überragende Erfolge erzielt, jedenfalls dort, wo legitim auf den Beobachter als eigene Kategorie verzichtet werden kann. Doch sobald Leben und Subjektivität ins Spiel kommen, wenn *Prozesse* und *Menschen* im Fokus sind, ist es damit vorbei.

Er: … Weil wir seit mehr als einem Jahrhundert in unserem Kosmos Phänomenen begegnen, die diesen erprobten und selbstverständlichen Grundvoraussetzungen des abendländischen Geistes zu widersprechen scheinen. Mit dem Vordringen der Wissenschaften in den Mikro- und Makrokosmos, in die Grundlagen der Zeit und des Werdens (Evolution), der Prozessualität des Lebens und des Bewusstseins wird der forschende Mensch mit einer ungewohnten, neuen Situation konfrontiert: Mitten im Drang, Objektives zu erkennen, ist er gezwungen, sich selber ins Auge zu blicken, sich selber in Augenschein zu nehmen. Und siehe da, wo bislang das klassisch-zweiwertige Denken Monopolinhaber unumstrittener und absoluter Art zu sein schien, erfährt dieses Denken die Grenzen seiner Gültigkeit. Nichts mehr von hier das Subjekt „Forschender" und dort das ins Visier genommene gegenübergestellte Forschungsobjekt. Die wissenschaftlich Forschenden, die die Welt beschreiben, sind als Beschreiber in ihren Beschreibungen immer schon mit anwesend. Es gibt keine Beschreibung ohne denjenigen, der sie anfertigt; die Theorie als objektive Aussage über die Welt ist immer schon gefärbt vom Subjekt der Aussage, vom Theoretiker.

Ein Beispiel für das Überschreiten der Grenzen der klassischen Rationalität liefert die Quantenphysik. Mit der Einführung der Heisenberg'schen Unschärferelation war es gänzlich unmöglich geworden, für Elementarteilchen am klassischen Identitätsbegriff festzuhalten. Ein gegebenes subatomares „Objekt" ist nicht mehr völlig identisch mit sich selbst. Das Kant'sche „Ding an sich" ist begrifflich nicht erreichbar, der absolut isolierte Gegenstand, sagt Heisenberg, hat „prinzipiell keine beschreibbaren Eigenschaften mehr". Gleichzeitig hat sich gezeigt, dass es auch theoretisch gar nicht mehr möglich ist, den Beobachter wegzudenken. Der Physiker Werner Heisenberg hat das einmal so ausgedrückt: „Die Naturwissenschaft beschreibt und erklärt die Natur nicht einfach so, wie sie an sich ist. Sie ist vielmehr ein Teil des Wechselspiels zwischen der Natur und uns selbst. Sie beschreibt die Natur, die unserer Fragestellung und unseren Methoden ausgesetzt ist." [118]

Sie: Damit kommt auch der Aspekt der Sprache in den Fokus. In unseren „kulturellen" Breitengraden sind es die indoeuropäischen Sprachen, die sich – im Gegensatz zu anderen Sprachen – vor allem durch eine Trennung von Substantiven und Verben auszeichnen. Aus dieser Zweiteilung wurde ein Gesetz der Vernunft gemacht. Diese hat in der Logik viele verschiedene Fassungen gefunden: Subjekt und Prädikat, Täter und Tätigkeit, Dinge und Beziehungen zwischen ihnen, Objekte und

---

[118] Heisenberg, Werner: „Physik und Philosophie", Frankfurt a. M. 1959, S. 60 f.

ihre Attribute, Quantitäten und Operationen. Was wir zur Kenntnis nehmen müssen: Vernunft, Logik und Denken haben einen sprachlichen und damit kulturellen Hintergrund. Damit ist auch die Grammatik einer Sprache nicht nur ein neutrales Instrument zum Ausdruck von Gedanken, sondern formt vielmehr selbst die Gedanken. Mit anderen Worten: Die Formulierung von Gedanken ist kein unabhängiger, bewusst oder rational reflektierter Vorgang, sondern er ist beeinflusst von der jeweiligen Grammatik. Unser Geist organisiert den kaleidoskopischen Strom von Eindrücken mit Hilfe seines sprachlichen Systems, was dazu führt, dass Benutzer verschiedener Grammatiken zu jeweils anderen Wahrnehmungen fähig, aber auch an sie gebunden sind. So entstehen verschiedene Ansichten von Welt.

Er: In indoeuropäischen Sprachen ist der grammatikalische Gegensatz von „Substantiv-Verb" und die zweiwertige Form der klassischen Logik mit ihrer strikten Trennung von Subjekt und Objekt deckungsgleich. Mit dem einfachen Kernsatz *„Ich denke Etwas"* lässt sich damit kurz und knapp die Grundstruktur unseres Denkens beschreiben: Das „Etwas" repräsentiert den positiven Wert und „Ich" die Negation. Ein dritter Wert ist von vornherein ausgeschlossen: *Etwas ist* oder *es ist nicht*! In der Aussage „Ich denke Etwas" wird zwischen dem „Ich" und diesem „Etwas" eine Beziehung hergestellt, nämlich das Denken. Um Gegenstand des Denkens zu sein, muss dieses „Etwas" als unveränderlich angenommen werden, als mit sich identisch im Gegensatz zu der Verschiedenheit des Erlebnisereignisses, in dem es unmittelbar erfahren wird.

Sie: Daran anknüpfend können wir den Bogen zu Descartes spannen: Sein berühmtes „Ich denke, also bin ich" zeigt mit aller Deutlichkeit, wie Denken zur Begründung des Ich, zum Bestimmenden einer Ich-Identität herangezogen wird, die festlegt, dass „ich" eben bin. Im Wort „Ich" setzt sich das abendländische Identitätskonzept im Alltagsbewusstsein fort. Es ist mehr als ein Personalpronomen, sein Gebrauch ist Ausdruck einer Lebensauffassung, in der die Ereignisse auf Erden in objektive und subjektive unterteilt werden, und damit zugleich in wahre und falsche, neben denen ein dritter Wert nicht existiert. Wenn ich also „Ich" sage, ist eine grundlegende Trennung zwischen Selbst und Welt, zwischen Subjekt und Objekt bereits vorgenommen und zum sprachlichen Ausdruck gebracht, und diese Trennung steckt wie gesagt bereits in unseren indogermanischen Sprachen. Inwieweit die Evolution des Ich-Bewusstseins mit der Entwicklung der Sprachen verknüpft ist, diese Frage lassen wir hier einmal offen. Jedenfalls wurde die Trennung des Denkaktes von seinem Inhalt, seinem Gegen-stand, zur Grundlage der abendländischen Rationalität.

Er: Das prägt unsere Ansicht und Beschreibung von Welt zutiefst, dringt aber nur selten in unser Bewusstsein ein. Da die Form der Logik aus der Struktur indoeuropäischer Grammatiken abgeleitet ist, kann sie allerdings keine universale Gültigkeit beanspruchen, sondern bleibt – wie jede Grammatik – in den Bereich der kulturellen Bedingtheit verwiesen. Carl Friedrich von Weizsäcker spricht von der „Sprachbezogenheit der Denksysteme der grossen Kulturen" und weist darauf hin, „dass die Philosophien (...) eng mit den grammatischen Strukturen ihrer Sprache zusammenhängen. Das Subjekt-Prädikat-Schema der aristotelischen Logik entspricht der grammatischen Struktur des griechischen Aussagesatzes." [119] Und bereits früher merkte Nietzsche an, dass sich die „wunderliche Familienähnlichkeit" westlichen Philosophierens „einfach genug" erkläre: nämlich durch die „unbewusste Herrschaft und Führung durch gleiche grammatische Funktionen." [120]

Sie: Sprachlich bleiben wir meist auf der einfachsten Ebene und befolgen mechanisch die grammatikalischen Regeln, die uns von Kindsbeinen an eingetrichtert worden sind. Allenfalls in einem lichten Moment kommen in uns heimliche Zweifel an der Abbildungstauglichkeit von Sätzen hoch, weil wir uns eingestehen müssen, noch nie etwas erlebt zu haben, was wirklich einem ganzen Satz entsprach. Wir können dann sagen: „Sicher, an manchen Tagen ist man disponiert, Erlebnisse anhand der Form von Subjekt, Prädikat, Objekt ‚abzubilden' – aber nur so, wie man Tücher zum Trocknen auf die Leine hängt. Die Leine und die Wäschestücke sind nicht isomorph." [121] Doch alsbald reden wir wie gewohnt weiter daher – und wissen manchmal nicht so genau, was wir wie und weshalb sagen. Es scheint, als ob unser Gehirn mit den eintrainierten und abgelagerten kulturell-sprachlichen Elementen derart infiziert ist, dass es gar nicht anders kann als in der bisherigen „automatischen" Manier weiter zu operieren.

Er: Jetzt müssen wir noch kurz die Brücke ansprechen, die über den tiefen Graben zwischen den beiden Pfeilern „Wahrnehmungsakte" und „sprachliches Ausdrücken" führt. Im Allgemeinen überqueren wir sie unbemerkt, weil der Graben von unseren alltäglichen Sprachroutinen zugeschüttet wird. Nur selten sind wir uns bewusst, dass zwischen der sinnlichen Gewissheit auf der einen Seite und dem, was

---

[119] von Weizsäcker, Carl Friedrich: „Die Einheit der Natur", München 1971, S. 84 f.

[120] Nietzsche, Friedrich: „Jenseits von Gut und Böse. Zur Genealogie der Moral", Kritische Studienausgabe (KSA), Band 5, herausgegeben von Giorgio Colli und Mazzino Montinari, Berlin/New York 1967, S. 30

[121] Sloterdijk, Peter: „Neue Zeilen und Tage. Notizen 2011 – 2013", Berlin 2018, S. 72

wir auf der anderen Seite in Sätzen zum Ausdruck bringen, kein bequemer und schon gar kein eindeutiger Übergang besteht. Ein uns ständig durchfliessender sprachlich artikulierter Bewusstseinsstrom täuscht uns vor, Wahrnehmung und Sprache seien zur Deckung gebracht. Doch es ist eine Illusion zu glauben, alle unsere Wahrnehmungen liessen sich in den vertrauten Sprachroutinen einfangen und dingfest machen. Wir stossen beim Reden wie beim Schreiben andauernd auf ein unüberwindbares Hindernis: Es ist das *Wort*.

Sie: ... Vieles ist eben kaum mit Worten auszudrücken, übersteigt unsere Ausdrucksmöglichkeiten, ist unaussprechlich – wie beispielsweise Komplexes, Situatives oder Atmosphärisches. Man sieht sich konfrontiert mit einem enormen Übermass an Nuancen im Wahrnehmungsprozess und gleichzeitig mit den beschränkten Möglichkeiten des Wortschatzes, was manchen Malern und Schriftstellern immer wieder aufgefallen ist. Obendrein würden Farbphysiologen uns darauf hinweisen, dass der menschliche Sehapparat bis zu 10 Millionen Farbnuancen unterscheiden kann. Das heisst: Auch wenn nur jeweils tausend davon ein sprachliches Äquivalent hätten, müsste man zehntausend Farbwörter lernen. Nur ist menschliches Leben zu kurz, um dies einigermassen erfolgreich zu lernen und in sein sprachliches Repertoire einzubauen. In diesem Zusammenhang sei nur noch daran erinnert, dass die meisten Menschen lediglich über ein aktives Vokabular von drei- bis fünftausend Wörtern verfügen, mit dem sie ihre ganze Existenz bestreiten. Von daher kommt man sprachlich nur dank extremer Vergröberung durch die Wahrnehmungswelt hindurch.

*

Er: (lacht) ... Wir sind etwas von unserem ursprünglichen Weg abgekommen und sollten mit dem von dir zitierten Satz von Baudelaire wieder auf unseren Weg zurückfinden. Wenn ich mich recht entsinne, wolltest du damit so etwas anregen wie: Unmittelbarkeit der Empfindung, mehr Projektion von Gefühlen in die Wahrnehmung von Landschaft hineintragen? Mancher Betrachter tut das sicherlich. Nur: es befreit die Landschaft zwar von der Autorität des Objekts, aber nicht vom Schwanken zwischen den beiden Polen „Subjekt" und „Objekt" – die Landschaft bleibt im Dazwischen von einem zum anderen, ohne je die eine oder andere Komponente zu befriedigen. Die wirklich interessante Frage, was verschiedene Sprachen mit der fliessenden Natur – und damit auch der Landschaft – in ihrer Bewegung, Farbigkeit und wechselnden Form, mit Wolken, Ufern und dem Flug der Vögel tun, bleibt zumindest vorläufig unbeantwortet.

Sie: Einverstanden. … Nach unserem langen Umweg versuche ich mal, mein „Sehen" dieser Landschaft in ein vorläufiges Zusammenspiel zu bringen. Für mich taucht Landschaft immer dann auf, wenn mein Blick zerstreut ist, umherschweift und sich in Bewegung setzt. Nichts Dominierendes drängt sich mir auf und nimmt meinen Blick in Beschlag. Kein ausgewähltes „Objekt" als etwas gleichsam „Vorgeworfenes" zieht meine Aufmerksamkeit auf sich, versperrt den Blick auf anderes und degradiert den es umgebenden Rest zum blossen Dekor. Entfalten sich die verschiedenartigen Elemente – der gegenüberliegende, über eine steile grau-melierte Wand ins Tal rauschende Wasserfall, die knorrigen Steineichen mit ihren stachligen gräulich-grünen Blättern dort drüben, die im lauen Wind schwankenden und bebenden Grashalme, bereits halb dürr geworden, ihre goldenen Hälse dem Boden zuneigend, das stachlige Dornengestrüpp, die Stimmen unsichtbarer Vögel, die zwischen Himmel, Büschen und Bäumen dem Wind halb gehorchen, halb mit ihm spielen, Wacholderbüsche mit ihrem eher düsteren Grün, das Brummeln von Bienen und Insekten – in ihren nicht enden wollenden Gegensätzen und zugleich Wechselbeziehungen, so beginnt der Blick in steter Änderung der Betrachtungsweise sich zu öffnen, ruht nicht mehr „auf" etwas, sondern gleitet von einem zum andern, bewegt sich – getragen von ihren wechselseitigen Gegensätzlichkeiten – zwischen ihnen hin und her, gedankenverloren in ihrer Fülle.

Er: Ich möchte den von dir ausgelegten Faden etwas weiterspinnen. Siehst du die kleine alte Kapelle da drüben?

Sie: Ja, sie gefällt mir, ihre herbe Schlichtheit, das ockerfarbige Trockenmauerwerk mitsamt dem einfachen Glockengiebel.

Er: Fokussieren wir unseren Blick auf ein Objekt – die Kapelle –, so gibt es „Ansicht" und sie geht immer mit einer Ortsbestimmung einher – in unserem Fall haben wir drei Orte: die Kapelle dort drüben, sowie du und ich, wo wir sitzen; über diese in logischer Hinsicht etwas vertrackte Situation können wir uns im Detail später noch unterhalten. Anders gesagt: Solange der Blick auf ein Objekt, auf Wahrgenommenes gerichtet ist, gibt es eine Ansicht, eine Gegend, aber keine Landschaft – die Trennung von Ich und Welt, von Subjekt und Objekt ist dann geradezu perfekt. Doch damit etwas zu einer Landschaft wird, muss jegliches Dominierende verblassen, das ein Anhaften-Fixieren eines Betrachters hervorruft. Die Ortsbestimmung wird eher vage, denn das Vorherrschende sind jetzt die im Sichtbaren entstehenden Abstände, welche Spannungsfelder und in der Folge nicht enden wollende

Wechselspiele zwischen den mannigfaltigen Elementen entstehen lassen – du hast das vorhin bereits angesprochen.

Sie: Man kann „Ansicht" und „Landschaft" – die eine wird beschrieben, die andere hervorgerufen – durchaus auseinanderhalten. Doch wird der gesunde Menschenverstand nicht am offensichtlichen Faktum hartnäckig festhalten, dass wir nur durch Schauen Zugang zu Landschaft haben?

Er: Guter Einwand. Er gibt zur Frage Anlass, was wir mit „anschauen/betrachten" eigentlich meinen. Das heisst, es taucht nochmals die Frage auf, ob ich eine Landschaft wie ein „Objekt" betrachte, so wie die Kapelle dort drüben, die Steineichen neben uns oder gar die Kondensstreifen am fernen Himmel. Ich glaube, die Antwort liegt in der Doppelbedeutung von „betrachten": Je nachdem, ob ich „beobachte" und mein Blick „vor" etwas stehenbleibt, oder ob ich durch meinen Blick in eher diffuser Weise aufnehme, was mir aus der Welt zufliesst, mich davon überwältigen lasse und meine Aufmerksamkeit sich darin verliert. In Bezug auf diese Doppelbedeutung im sprachlichen Gebrauch hat sich Platon gefragt, ob man „mit den Augen" oder „vermittels der Augen" betrachtet. Wenn ich einerseits sage, ich schaue „mit den Augen", so sind die Augen Agierende – sie sind autonom und verfügen über eine aktive Fähigkeit –: Ich „beobachte" und suche die Objekte mit dem Blick zu bestimmen und zu beschreiben. Sage ich aber andererseits ich schaue „vermittels der Augen", so sind die Augen lediglich Instrumente oder besser Vermittler im Dienst einer in uns befindlichen Instanz, die sich ihrer bedient – man kann sie „Herz" oder „Seele" nennen. Jetzt „beobachte" ich nicht mehr etwas, sondern schaue kontemplativ mit einem wohl aufmerksamen, doch zugleich eher vagen, meditativen und nachdenklichen Blick.

Sie: Mit deinen Erörterungen verstehe ich etwas besser, was eine „Landschaft" ausmacht: Erst wenn die gewöhnliche Art des Wahrnehmens – jene des observierenden „ich beobachte", auf der Jagd nach Identifikationsmerkmalen oder Informationen – sich unmerklich verwandelt und sich in die Netze aus spannungsgeladenen Gegensätzen-Wechselbeziehungen hineinziehen lässt, der Blick gedankenverloren von einem zum anderen gleitet und auch zwischen ihnen verweilen kann, aktiviert sich „Landschaft". Ich kann auf Einzelnes im Vielfältigen und auf Vielfältiges im Einzelnen aufmerken, oder wie Montaigne dies ausdrückt: „Ich bin das Verbindende zwischen vielem Verschiedenem". Dort drüben die eine über Jahrzehnte von starken Winden gekrümmte Steineiche, da unten in der Schlucht die im Schatten herausragende Felsnase, um die sich der schmale Fluss windet, zwischen beidem ein Abstand, der für mich eine Distanz ins Spiel bringt und eine Spannung erzeugt, woraus Polaritäten erwachsen. In diesem *Zwischen* – zwischen der Steineiche hier oben und dem Felsen mit dem Fluss da unten – entfaltet sich Landschaft. Damit wird auch deutlich, dass Landschaft im Grunde genommen nirgendwo isolierbar, keinem Ort zuschreibbar ist, sonst hätten wir bloss „Gegend" und „Ansicht".

*

Er: Eine wiederum nuancierte Ausführung, der ich nur zustimmen kann. ... Lass uns diesen Ausflug ins „Betrachten" für den Moment beenden. Mir gefällt übrigens, dass du von dieser Landschaft nicht gesagt hast, sie sei „schön".

Sie (lacht): Weshalb? Fast hätte ich es nämlich gesagt.

Er: Würdest du die Kapelle dort drüben als schön bezeichnen?

Sie: Ja, sie gefällt mir, vor allem ihre herbe Schlichtheit.

Er: Für uns beide gibt es eine *Ansicht* auf diese Kapelle. Der Blick ist ausschliesslich auf dieses Objekt gerichtet. Sie gefällt uns beiden, also mag es gerechtfertigt sein, sie als „schön" zu bezeichnen. Ob man aber eine Landschaft als „schön" etikettieren kann, da bin ich mir keineswegs sicher.

Sie: Beim Betrachten einer Landschaft geht mir durchaus dann und wann das Wort „schön" über die Lippen, aber ich glaube, es ist eine zu simple Art der Bezeichnung. Vielleicht gebrauche ich sie, weil mir im Moment sonst nichts einfällt, aus Gewohnheit oder aus Sprachfaulheit.

Er: Mit der Etikettierung „schön" bleibt man visuell – du kannst auch sagen ansichtsmässig – an der Oberfläche kleben, wodurch alle in der Landschaft verborgenen Prozesse, Wechselbeziehungen und Faktoren, die eine Landschaft ausmachen, reduziert werden bzw. verborgen bleiben. Man entbindet sich damit von der Aufgabe, sich mit ihr auseinanderzusetzen, in uns selbst herauszufinden, was plötzlich dazu geführt hat, dass sie uns „anspringt".

Sie: Das Wort „schön" umfasst eben ein derart breites Spektrum an möglichen Bedeutungen, dass wir alsbald zum Hausverstand zurückkehren, der uns sagt, worauf sich die Alltagssprache verständigt hat: angenehm für Augen und Ohren, was einen Genuss in der Wahrnehmung hervorruft, etwas begrenzter als ungeteiltes Gefühl der Bewunderung oder Zufriedenheit oder was einem bei einem Objekt als vollendet und gelungen scheint. Wir kennen es: „eine schöne Frau", „ein schönes Auto", „eine schöne Geschichte". Nun sind weder das Auto noch die Geschichte „schön". Mehr Klarheit ist auch nicht zu erreichen, wenn man zum Substantiv übergeht und die engere Bedeutung des Schönen isoliert: Das Schöne, die Schönheit, ist die *Eigenheit* dessen, was „schön" ist – und das man dann „ästhetisch" nennen kann. Die Definition bleibt verschwommen, um nicht zu sagen hilflos. Bei Homer kann man lesen, dass ein „schöner Hafen" ein gut gelegener Hafen oder ein „schöner Wind" ein günstiger Wind ist. Wir können nicht definieren, was das Schöne ist, aber wir „glauben" unbeirrt an seine Existenz. Diderot bestätigt dies kurz und bündig: „Alle Welt beschäftigt sich mit dem Schönen, doch fragt man, was seine genaue Definition oder sein wahres Wesen sei, dann geben die einen ihre Unwissenheit zu, und die anderen stürzen sich in den Skeptizismus." [122]

Er: Eine kurze Ergänzung zu dem, was du soeben ausgeführt hast: Wir bezeichnen als „schön" oft auch etwas, das sich für eine Verwendung anbietet, was in einer bestimmten Situation von Nutzen ist, ohne dass der eine oder andere beteiligte Sinn – Auge oder Ohr – dieses „Etwas" als gleichsam „selbstlosen Selbstzweck" von der dinglichen Funktionalität ablöst, zum Beispiel auf See der „schöne" Wind in den Segeln. Hingegen wird „das Schöne" für eine spezifische Eigenschaft gehalten, die von jeglichem Nutzen losgelöst ist – sei es eine physische oder moralische Schönheit. Es ist ein eigenständiges Verlangen nach einem reinen und klar definierten Genuss ohne jedes gegenständliche Interesse.

Sie: Hat das Verlangen nach einem reinen Genuss nicht dazu geführt, aus dem „Schönen" – zumindest in Europa – eine Statue zu machen und auf einen Sockel zu stellen, die wir dann aus der Ferne bewundernd betrachten?

Er: Um einer Antwort auf deine Frage vorsichtig näher zu kommen, muss man sich das dualistische Denken in Europa wieder in Erinnerung rufen: Es hat im „Schönen" so etwas wie ein „Verbindungsstück" gefunden, um dem einen Zusammenhalt zu geben, was seine Dualismen einander entgegengesetzt haben: das sinnlich Wahrnehmbare und das Verstehbare, das Empirische und die Idee. Weil das „Schöne" in jeder der beiden Seiten anzutreffen ist – es wird bekanntlich sowohl von der schönen Blume, vom schönen Leben als auch vom schönen Text gesprochen –, hat das „Schöne" die Aufgabe, das zu verbinden, was der Verstand oft trennt.

---

[122] Diderot, Denis: „Traité du Beau", Paris 2006

Sie: Interessant an deiner letzte Aussage sind die zwei miteinander verbundenen Momente von *Trennung* und *Vermittlung*: Beide sind – in Anlehnung an früher Diskutiertes – miteinander chiastisch verbunden und das Schöne vermittelt gleichermassen beide von der einen wie von der anderen Seite. Passend dazu sagt Schiller: „Durch die ‚Schönheit' wird der sinnliche Mensch zur Form und zum Denken geleitet; durch die ‚Schönheit' wird der geistige Mensch zur Materie zurückgeführt und der Sinnenwelt wieder gegeben." [123]

Aber: Du wirst jetzt etwas überrascht sein, dass ich zur vermittelnden Funktion des „Schönen" selbst Widerspruch einlegen muss, auch wenn unsere Debatte über „schön" und „Schönheit" – zumindest vorläufig – dadurch im Sand verläuft. Der Grund ist: Es führt zu Widersprüchen, denn auch wenn das „Schöne" die beiden entgegengesetzten Zustände des Sinnlichen und des Denkens verbindet, so gibt es laut Schiller „schlechterdings kein Mittleres zwischen beiden", und nicht nur das, für ihn ist es ganz und gar unmöglich, dass sie miteinander verschmelzen können. „Dies ist der eigentliche Punkt, auf den zuletzt die ganze Frage über die Schönheit hinausläuft." [124] Das heisst im Klartext: Das „Schöne" bleibt ein rätselhaftes Wesen, eine offene „Frage"!

Er: Es mag ja schon sein, dass das „Schöne" existiert. Wenn, dann allerdings nicht als Form, sondern als eine Empfindung. Denn wie oft sagt so mancher Zeitgenosse „Ich liebe die Natur", bemächtigt sich ihrer unter dem Vorwand der Schönheit, als bräuchte die Natur seinen Blick, seinen bemerkenswerten Auftritt und wäre dadurch geschmeichelt. Wie auch immer: das „Schöne" ist für mich eher eintönig und neigt zudem dazu, sich der Zeit anzupassen. Schaue ich in diese karge, rauhe Landschaft, die von aller Undurchsichtigkeit geläutert und von jeder Schwere entlastet ist, wo nichts anzuregen oder zu verführen sucht, die weder den Blick festhält noch Aufmerksamkeit erzwingt, so empfinde ich sie nicht als schön. Sie hat nichts ausgesprochen Erhabenes an sich wie das Gebirge oder das Meer, nichts „Idyllisches", das man Touristen als „traumhaften Landstrich" anpreisen würde – auch Romantiker würden sie wohl kaum überschwänglich im Namen der Natur verehren; ihren wenigen Bewohnern bietet sie zudem keineswegs ideale Lebensbedingungen. Jedenfalls würde ich sie eher als schmucklos oder gar als fade bezeichnen, weil sie mich von übermässigen sinnlichen Reizen befreit und das Auge

---

[123] Schiller, Friedrich: „Briefe über die ästhetische Erziehung des Menschen", Stuttgart 2013, 18. Brief
[124] Schiller, Friedrich: a.a.O., ebd.

so die wesenhafte Ungeteiltheit zu erfassen vermag, die allen Unterschieden zugrunde liegt. Eine geistvolle Äusserung von Dschuang Dsi widerspiegelt wohl am eindrucksvollsten meine Gefühle: „Lass dein Herz sich entfalten in der Fadheit-Loslösung, sammle deinen Lebenshauch zu allgemeiner Ungeteiltheit. Wenn du dich der spontanen Bewegung der Dinge anpasst, ohne dir individuelle Vorlieben zu gestatten, wird die ganze Welt in Frieden sein." [125]

*

Er: ... Das alles gibt uns Anlass, einen Sprung ins alte China zu wagen. Dieser kann uns einen völlig anderen Zugang zu dem verschaffen, was wir in Europa „Landschaft" nennen. Unmittelbar auffallend ist nämlich, dass die chinesische Sprache keinem einzigen semantischen Element den Vorrang gibt. Sie bringt nicht mit einem monopolhaften und geradezu ausschliesslichen Begriff „schön" das Empfindende zum Ausdruck, das Ohren und Augen Genuss bereitet. [126] Sie benutzt im Gegenteil eine grosse Anzahl von Termini, die sich teils klar und deutlich voneinander abgrenzen oder auch kaum zu unterscheiden sind. So werden Nuancen und Entsprechungen eines reflektierten Genusses von Augen und Ohren nicht in unpassender Weise zugedeckt oder gar ausgelöscht, indem der Hut des Schönen über sie gestülpt wird.

Im *Buch der Wandlungen* (I-Ging) wird in keinem der 64 Figuren explizit das Schöne behandelt. Es gibt nichts, das herausragt, sich abhebt und die Aufmerksamkeit auf sich lenkt, was den Blick hinreisst oder verführt, wie wenn man sagt „das ist schön". Ob „Himmel" und „Erde", „hart" und „weich", oder was auch immer: Das eine existiert nur in Gegensatz und zugleich in Untrennbarkeit zu seinem anderen – es „ist" tatsächlich nur in Beziehung zu dem anderen. Da ist also kein substantielles „Etwas", das als in sich isoliert, getrennt und wie eine Statue im Ruhezustand gedacht wird, das man dem sich fortsetzenden Prozess mit seinen ihn regulierenden Faktoren entreisst, aus dem Wahrnehmbaren herauszieht und als „das Schöne" wie eine ideale Norm bezeichnen würde.

---

[125] Dschuang Dsi: „Das wahre Buch vom südlichen Blütenland", aus dem Chinesischen übertragen und erläutert von Richard Wilhelm, München 1988, S. 98

[126] In der chinesischen Sprache gibt es das Wort *mei*, das heute meistens mit „schön" übersetzt wird, aber nicht dominiert.

Sie: Für mich stellt sich die Frage, was es denn ist, das in China sich der Herrschaft des Schönen widersetzt? Tauche ich in die reiche künstlerische Tradition der chinesischen Malkunst ein – sei es in die Tusch- oder in die höchste Form der Landschaftsmalerei –, so fällt mir auf, dass die Malerkünstler das Schöne nicht befördern oder explizit machen. So beschreibt beispielsweise der bedeutende Maler Mi Fu [127] aus dem 11. Jahrhundert ein Gemälde mit „hervorragend", „lebendig", „vortrefflich" oder „geglückt", aber nie mit „schön" allein, allenfalls mit „schön-geglückt", d.h. mit einem Binom, das Gegensätze verbindet und damit jede einheitliche Perspektive verunmöglicht. Dies kann meiner Meinung nach zu einer ersten tastenden Antwort auf meine Frage führen: Ein mit verdünnter Tusche und schmaler Farbskala gemaltes Bild als „schön" zu bezeichnen ist eine allzu oberflächliche Benennung. Sie blendet die schöpferischen Paarungen der oft nur angedeutet-gemalten Elemente aus, die getrennt sind und doch miteinander korrelieren, ihr Spiel der sich bis ins Unendliche fortsetzenden Polaritäten organisieren – und mein Blick eine fasziniert-interessierte Verbindung zu diesen lebendigen Interaktionen ist, aus denen Landschaft erst hervorgeht.

Er: Die schöpferischen Paarungen, die du ansprichst, sind für das chinesische Denken von „Landschaft" grundlegend, nämlich als verbindende Gegensätze, beispielsweise von „Berg(e) – Gewässer" (*shan shui*): Einerseits gibt es den Berg als das Hinaufragende, das gelassen Beharrliche, und andererseits das Wasser, unaufhörlich wellend und sich abwärts ergiessend. Sehen und hören sind dabei gleichermassen im Spiel: das Auge betrachtet den Berg und das Ohr vernimmt das Rauschen des Wassers. Der Mensch bleibt in diesem zwischen den Polen sich Eröffnenden – mit seinen vielfältigen Folgen, den endlosen Wechselspielen verschiedener, einander entgegengesetzter und doch zusammenwirkender Faktoren – eingebunden, gleichsam *zwischen* den „Bergen" und den „Gewässern". Es gibt mit anderen Worten kein dominierendes Subjekt, kein inselgleiches „Ich", das mit einem monopolisierenden Blick die Landschaft und die Welt seinem voreingenommenen Gesichtspunkt unterwirft, und kein „Objekt", das als Gegenüber seinem Blick entgegensteht und passiv seiner Prüfung unterbreitet ist.

Sie: „Berg(e) – Gewässer", dieses Binom für Landschaft ist passend, wenn ich an meine Eindrücke beim Aufstieg hierherauf denke. Landschaft kann nur in *aktiver*

---

[127] Einen Einblick in die Bilder von Mi Fu gibt Rohner, Daniel: „Dialog mit Mi Fu", Heidelberg/Berlin 2017

Weise angegangen werden, durch Gehen, Durchqueren und Erkunden von einem Ende zum anderen, sie fast bis zur Erschöpfung durchwandernd erfahren. Der Berg gibt sich zu erkennen, indem man ihn bergauf/bergab begeht, und das Wasser lässt sich in seinem Lauf flussauf- wie flussabwärts verfolgen. Durch Hinauf- und Hinabsteigen betritt man Landschaftliches; indem man es durchquert, bringt man es zur Entfaltung.

Er: Dieses Binom, das von einem Spannungsbogen spricht, bringt deutlich zum Ausdruck, dass Landschaft niemals nur lokal wie eine Ecke der Welt ist, sondern ebenso global geprägt ist, der nichts entgeht und die „Berge" und „Gewässer" gemeinsam beinhaltet. Damit entgeht man der Zweideutigkeit von „Teil", der zugleich ein solcher und ein Ganzes ist. Denn – so würde ein Chinese sagen – was Landschaft zu einer solchen macht, ist, dass sie zwar ein Teil ist, aber sich von vornherein als Ganzes aufdrängt, man in ihr alles und von allem etwas findet – das Fliessen und das Feststehende, das Horizontale und das Vertikale, das Verstreute und das Massive, das Nahe und das Ferne, das Gesehene und das Gehörte – , in ihr alles kontrastiert und sich verbindet. Es ist so etwas wie eine Logik der Paarbildung am Werk, d.h. das eine geht nicht ohne „das andere", aber mit ihm verbunden findet es in ihm sein entsprechendes Gegenstück.

Sie: Eine analoge Logik der Paarbildung wie bei „Berg(e) – Gewässer" lässt sich bei der Tuschzeichnung einer nur vage gemalten Landschaft gut erkennen. Man sieht, wie die Ausführung des Pinselstrichs zwischen dem „Offenen" und „Geschlossenen", dem „Lichten" und „Schattigen", dem „Leeren" und „Vollen", dem „Verstreuten" und „Dichten", dem „Niedrigen" und „Hohen" wechselt und sie verknüpft. So wachsen aus einem gestaltlosen Nichts intermittierend und teilweise im Leeren schwebend die Konturen einer Landschaft heraus. Ihre Gegenständlichkeit reicht von nebliger Irrealität der Bergwände bis zu messerscharfen Konturen der Gipfellinien und der Baumstämme im Vordergrund. Individuellstes Detail kontrastiert mit gestalt- und wesenlosem Nichts, aber man bekommt zu fühlen, dass es dieses Nichts selber ist, das sich hier zu eindeutiger Gestalt und intensivster gegenständlicher Wirklichkeit zusammenballt. Der landschaftliche Gegenstand ist nicht in der Leere als ihr indifferenter Inhalt, sondern er ist die Essenz dieser Leere, ihre geoffenbarte Bedeutung und dingliche Existenz. Sinn und Sein treten beide aus dem Nichts hervor, weil sich der Maler-Künstler der objektiven Erscheinung mit geniesserischer Subtilität bemächtigt und sie in sich hineinzieht.

Ein europäischer Ästhetiker hat die Unterschiede in der seelischen Haltung und zu dem als ontologische Existenz empfundenen Gegenstand in China und Europa trefflich auf den Punkt gebracht: „Der europäische Künstler verlegt die Durcharbeitung des Bildes in dieses selbst. Die Idee wird auf die Leinwand gebracht und, häufig mit exaktem Studium aller Einzelheiten, in langer Arbeit zur Vollendung geführt. China legt die Durcharbeitung in die Seele des Künstlers. Erst wenn sie ganz voll von Erlebnis ist, schreibt er mit möglichst wenig Strichen alles im Wesentlichen – und nur dieses – hin. (...) Als einmal ein fürstlicher Besteller ungeduldig wird, weil ein Bild nicht fertig wurde und drängte, zeigte ihm der Künstler eine ganze Kammer voller Skizzen und warf dann sofort mit ein paar Strichen das Bild fertig auf die Seide. So sehr war es sein inneres Eigentum geworden, so sehr beherrschte er seine Form. Für diese seelische Essenz ist die chinesische Tusche so das vollkommene Material wie Ölfarbe und Tempera für Europas bemühte Beherrschung des einzelnen. Denn die Seide saugt beim Strich die Tusche ein und duldet keine Korrektur, geschweige denn ein Radieren. Was der Künstler malt, muss gleich vollkommen sein.“ [128]

Er: Landschaften der chinesischen Malerei sind für mich Seelenlandschaften. Sie geben nirgends das Gefühl einer handgreiflichen materiellen Existenz. Der Künstler hat die Idee des Baums, die Idee des Berge gemalt, aber sein Pinsel enthüllt uns nicht das Geheimnis, wie diese Idee sich in Empirie und die Zufälligkeit des physischen Stoffes umsetzt – nicht ein einziger Baumzweig ist faktisch. Ich habe den Eindruck, die Maler nehmen das physische Dasein nicht allzu ernst – es ist immerzu ein phantastisches Spiel. Der funktionelle Sinn chinesischer Landschaftsbilder liegt deshalb nicht in dem, was sie objektiv darstellen, sondern im subjektiven Zustand, den sie im Betrachter auslösen. Sie fordern ihn zu einer Arbeit am Ich heraus, aber nirgends zur Tätigkeit am Objekt.

„Die Bilder sind das, was die Bedeutung darstellt, die Worte sind das, was die Bilder klarmacht ... Die Bedeutung wird durch die Bilder erschöpft, die Bilder werden durch die Worte erschöpft. Wer also spricht, um die Bilder klarzumachen, der erlangt die Bilder und vergisst darüber die Worte; wer Bilder macht, die die Bedeutung enthalten, der erlangt die Bedeutung und vergisst darüber die Bilder. Das ist so, wie wenn man einer Spur folgt, um einen Hasen zu fangen. Hat man den Hasen, so vergisst man die Spur. Oder wie wenn man Reusen aufstellt, um Fische zu fangen.

[128] Cohn-Wiener, Ernst: „Asia. Einführung in die Kunstwelt des Ostens.“, Berlin 1929, S. 9 f.

> Hat man den Fisch, so vergisst man die Reuse. Die Worte aber sind die Spuren der Bilder, und die Bilder sind die Reusen der Bedeutung. Wer also nur die Worte bewahrt, der begreift die Bilder nicht; wer nur die Bilder bewahrt, der begreift die Bedeutung nicht ... Das Erfassen der Bedeutung besteht im Vergessen der Bilder, das Erfassen der Bilder besteht im Vergessen der Worte ...“ [129]

Sie (lächelnd): Auch das Begehen einer Landschaft kann zur Arbeit am Ich herausfordern. Du erinnerst dich an meine Äusserung von vorhin, dass Landschaft nur in aktiver Weise angegangen werden, ich sie nur durchwandernd erfahren kann. Im Durchwandern ist meine Wahrnehmung mit meiner Leiblichkeit verknüpft. Wie ich mich im Raum der Landschaft situiere und bewege, bestimmt weitgehend, wie ich Landschaft *und* mich selbst wahrnehme. Landschaft wird zum „Milieu“, zu einem spezifischen Ambiente, das mich einhüllt und nährt, darin ich weile und wandere. Sie spricht meine Gemütsverfassung an, verwandelt mein sinnhaftes-sinnliches In-der-Welt-sein. Ich bemerke, wie beim circumperspektivischen Betrachten einer Landschaft in mir Sehnsüchte emporsteigen: „Sinnen auf ein In-die-Ferne-blicken“, „Sinnen auf ein mussevolles Sich-ergehen“, ja sogar „Sinnen-auf-ein-hier-wohnen“. Sie ergreift mich in meiner ganzen Existenz, spricht mich in meinem innersten Kern an und bietet mir in meiner lebensweltlichen Gestimmtheit einen Ort zum Aufenthalt und zur Entfaltung meiner Existenz an – meistens setze ich mich dann hin, auf einen Stein oder einen am Boden liegenden Baumstrunk, staune und träume vor mich hin. Die Anrührung reicht tief, erfasst meinen lebendigen Atem und sogar meinen Pulsschlag – das Gefühl einer unerschöpflichen *Vitalität* macht sich breit. Es ist das Binom „Atemhauch-Energie“ und zugleich „innere Resonanz“, die meine Gestimmtheit trefflich ausdrücken, beide eine Polarität bildend, aus der „Leben und Bewegung“ hervorgehen. Lasse ich mich auf diese sich entfaltenden Polaritäten ein, kann ich Atem holen, Energie gewinnen und neue Kräfte schöpfen – die Fesseln des Gesellschaftlichen, die vergängliche Schwärmerei, das „Getöse“ und der „Lärm“ dieser Welt, die meine Vitalität beeinträchtigen oder gar erschöpfen, kann ich abstreifen.

Er: Ich bin tief beeindruckt. Während deiner Ausführungen fühlte ich mich wie in eine Tuschzeichnung versetzt, wo die Dynamik der Pinselführung das Spiel von Wesensverwandtschaften, Wechselbeziehungen, Polaritäten und damit das Vitale

---

[129] Wang Bi in: Wilhelm, Hellmuth: „Die Wandlung. Acht Essays zum I-Ging“, Zürich 1958, S. 88

jeder Landschaft hervortreten lässt und mich mobilisiert, sowohl was die Augen entzückt als auch was von ihr in die Ohren dringt. Eine Tuschzeichnung oder ein Landschaftsbild repräsentieren nie etwas Gesehenes. Vor allem anderen rufen sie in mir eine *lebenspraktische Wirkung* hervor. Solche Gemälde *schenken* etwas, aber weder *Erkenntnis* noch genussreiches *Schauen* sind ihre leitenden Prinzipien. Es war der Maler Guo Xi, der als Ziel der Betrachtung von „Berg(e) – Gewässer"-Bildern die *orthafte, leibhaftige Verwirklichung des Menschseins in seiner Welt* mit Nachdruck herausgestellt hat. Für ihn trifft das auch für Landschaften zu, allerdings nur für jene, in denen man „umherwandert" oder die man „bewohnt", während Landschaften äusserlich bleiben, wenn man sie bloss durchquert oder aus der Ferne sinnend betrachtet. Landschaften sind – wie du sagst – zum *Milieu* geworden, zu einem Ort des Austauschs und der *Nicht-Trennung*, was im Sinne von Interdependenzen und Ko-Entwicklung bedeutet, dass Milieus Lebendiges mitorganisieren wie umgekehrt auch Lebendiges Milieus mitorganisieren.

Sie: Ich glaube, es war der Maler Guo Xi, der das Spiel von Korrelationen und Polaritäten in einer Landschaft auf poetische Weise zum Ausdruck gebracht hat, wenn er sagt, dass eine Landschaft „kommt" und „geht", zugleich sich ausbreitet und sich zurückzieht, sich verdichtet und entfaltet, sich genauestens in Einzelteilen aufteilt und sich vage betrachten lässt, sich „frontal" und indirekt auf Umwegen darbietet:

> „Von vorne zeichnen Wasserfälle und Berge, Gehölz und Wälder ineinander verschlungene Kurven: durch diese Anordnung kommt die Landschaft heran, man wird ihrer Einzelheiten nicht müde und das Auge ist zufrieden in seiner Suche aus der Nähe.
>
> Aus der Schräge verdoppeln und türmen sich entsprechend einer entfernten Gliederung Bergspitzen und Gipfel: durch diese Aneinanderreihung geht [die Landschaft] fort, indem sie sich auflöst, man wird dieser Distanzierung nicht müde und das Auge ist offen für das Äusserste der unendlichen Weite." [130]

Er: Eindrücklich, wie du eine Landschaft mit den Worten von Guo Xi skizzierst. Das erinnert mich an fliessende Gewässer, wo ein lebhafter Wind sein Spiel treibt, an

---

[130] Zitiert aus Jullien, François: „Von Landschaft leben", Berlin 2016, S. 71

der Oberfläche schräg fliessende Wellenlinien entstehen lässt, die sanft kräuselnd ans sandige Ufer aufschlagen, eine weissliche Schaumspur ablegen, bevor sie fast lautlos wieder zurückströmen – eine endlos sich wiederholende Bewegung, eine Art des Miteinanders von Wasser und Wind, die meinen Blick wie mein Gehör in dieses Spiel des Vorwärtsdrängens und Zurückziehens hineinzieht. Das Gewässer scheint zu atmen – ebenso die Landschaft.

Sie: Da ist es wieder, das Binom „Atemhauch-Energie" und zugleich „innere Resonanz"! Dieses metaphorische Bild macht deutlich, wie die Grenze zwischen Äusserem und Innerem durchlässig wird und wie beim Atmen ein „Zwischen" entsteht. Es gibt für mich Landschaft, wenn ich *fühle*, während ich *wahrnehme*. Nehme ich Innerliches und Äusserliches zugleich wahr, beginne ich als unabhängiges Subjekt allmählich zu verblassen. Wie beim Hören eines Musikstücks bringt Landschaft einen Grundakkord zum Erklingen, erzeugt eine ihr angepasste Stimmung, sie berührt mich, nicht zufällig oder beiläufig, sondern grundsätzlich – sie offenbart mein Innerstes.

Er: … und du wirst sicherlich bemerkt haben, wie der leise aufkommende Wind die halbverdorrten Grashalme und dort die Zweige in den Steineichen wiegt. Dabei kommt mir ein weiteres uraltes chinesisches Binom in den Sinn, nämlich „Wind-Licht" (*feng-jing*). Es betont die Bewegungsmomente und Lichtverhältnisse und damit Zeitliches und Sinnliches einer Landschaft. Wir hören das Wispern oder Brausen des Windes, er weht vorüber, lässt Blätter erzittern und Gräser sich neigen – aber wir sehen ihn nicht. Unentwegt überträgt er mit seinem manchmal kontinuierlichen, manchmal böig-turbulenten Verlauf Einflüsse und bringt in Verbindung – jeder Gedanke von Isoliertheit und Undurchdringlichkeit löst sich auf. Das Gegenstück zum sich unsichtbar verbreitenden und eindringenden *Wind* ist das *Licht*, das durchflutet, anstrahlt, Schatten und Helligkeit abwechseln lässt und Sichtbarwerdung herbeiführt. „Wind-Licht" spricht die Stimmung von Landschaft in ihrer Ausstrahlung an, von ihrer sanften Berührung, die sich nuancenreich auf alle Manifestationen der Existenz auswirkt und sie zum Hervorquellen bringt.

Sie: Was du mit „Stimmung der Landschaft" ansprichst, lässt die Beziehung von Landschaft und Gefühl anklingen: Die Landschaft bringt Gefühle hervor und Gefühle Landschaft. Zwischen diesen beiden Polen setzt ein Fliessen ein, einerseits zwischen dem hervorgerufenen Gefühl und andererseits zwischen der Körperlichkeit der Welt. Was in mir Landschaft hervorruft, erwächst aus meinem Innersten.

Es versetzt mich in einen Zustand der Sensibilität, des Vibrierens, des „In-Schwingung-versetzt-seins", ohne dass ich ihn präzis beschreiben oder dafür genaue Gründe angeben könnte.

Er: Sobald sich Landschaft ereignet, stürzt jene Mauer ein, hinter die sich das auf Souveränität pochende Ich-Subjekt inselgleich zurückgezogen hat, aber auch die Trennung zwischen dem sensiblen Inneren – das man „Seele" nennen mag – und der Körperlichkeit der Welt löst sich auf. In diesem Ineinanderfliessen von Landschaft und Gefühl lässt sich das eine nicht mehr vom anderen fein säuberlich auseinanderhalten – jedes verliert seine Identität.

Sie: … und die Frage wie Psychisches und Physisches zusammenhängt scheint sich zu erübrigen, zumal „Ich" und „Welt", Individuelles und Subjektives auf der einen Seite, Berge, Gewässer, Täler, Hügel, Wälder, Wind und Licht auf der anderen Seite miteinander in wechselnder Beziehung sind und – jedenfalls in China – zur selben „Realität" gehören, die aber nichts rein Substanzhaftes ist.

Er: Kann es in der „Realität" nicht vielleicht einen Übergang vom Physischen zum Geistigen geben, gar zu einem „Geist" einer Landschaft? Mit dieser Frage betrete ich ziemlich heikles Terrain, dessen bin ich mir bewusst. Man könnte mir vorwerfen, entweder dem „Spiritualismus" wieder Tür und Tor zu öffnen, indem ich auf das alte Rezept der Trennung von „Physischem" und „Metaphysischem" zurückzugreife – du magst dich möglicherweise erinnern, wie im Zusammenhang mit moralischen Prinzipien der Begriff „Geistiges" unter dem Terminus „spirituelle Werte" hochstilisiert wurde –, oder einfach eine billige Metapher in die Welt setze.

Sie: Begeben wir uns doch einfach in die Niederungen all dessen, was so alles aus dem Physischen hervorquillt und herausströmt. Darf ich daran erinnern, dass wir beim Dekantieren eines Weins zunächst riechen und dann schmecken, ob der „Geist des Weines" uns anspricht und damit der Wein uns mundet, oder wir beim Würzen vom „Geist des Salzes" oder anderer Gewürze sprechen, oder auch vom „Geist des Parfums", der um Nasen weht – und sich alsbald in die Atmosphäre verflüchtigt.

Er: (lacht) … Reale und gute Beispiele, die aufzeigen, wie der „Geist" aus der Flasche kommt. Werkeln wir am Automotor herum, so sprechen wir wahrscheinlich nie vom „Geist des Schmierfetts", auch wenn wir es riechen. Spass beiseite. Was man als „Geist" bezeichnen kann, der aus dem Physischen ausströmt und sich verdunstend entfaltet und verbreitet, trennt sich nicht von ihm, sondern bildet mit

ihm eine Einheit. Unverhofft entdecken wir eine vergrabene Möglichkeit, „Geist"
und „Materie" wieder miteinander in Verbindung zu bringen, eine Verbindung, die
im bisherigen Dualismus zwischen diesen beiden Wesenheiten logisch strikt verboten war – wir haben dies früher eingehend thematisiert.

Sie: Hört ein halbwegs gebildeter Westler beispielsweise vom „Geist des Weins",
so wird er – geimpft mit seinem allzu verehrten hellenischen Sinn: Der Geist (*nous*)
ist das immaterielle Sein und als solches vom Materiellen getrennt – sofort wort-
reich erklären, dass dieser „nur" aus materiellen Molekülen besteht, in der Nase
des Weintrinkers mit dessen (materiellen) Geschmacksnerven in Kontakt tritt und
in seinem (materiellen) Gehirn entsprechende Empfindungen – wiederum materi-
elle Prozesse – auslöst, während der sogenannte „Geist", so es ihn denn überhaupt
gebe, allenfalls dem Jenseitigen zugehöre. Fazit: Er bleibt im binären Gefängnis
stecken! Für ihn ist der grundlose Grund des Unsichtbaren, der durch eine Landschaft hindurchzieht, nicht spürbar. Er ist nicht nur vom Weg – dem *dao* – abgekommen, er hat ihn noch gar nicht betreten. Dass Landschaft ihn zu „Geistigem"
erziehen kann, im Schoss der Welt und ihrer Wahrnehmung, wenn er in die Welt
von Berge und Gewässer, von Wind und Licht eintaucht und gegenüber dem
Wechselspiel von Undurchsichtigem und Transparenten, von Sichtbarem und Hör-
baren aufmerksam wird und bleibt, wird er nicht verstehen – er beklebt dies alles
höchstens mit Sentimentalem!

… Was hat es auf sich, wenn wir auch in Bezug zu Landschaft von „Geist" sprechen?
Keinesfalls ist es im Sinn einer billigen Metapher zu verstehen. „Geist" ist das, was
„sich erregt" und sich befördert, und zwar zunächst im Menschen im Zusammen-
treffen mit den unzähligen Anregungen eines Landschaftsgewebes, seinen aktiven
Korrelationen, den Spielen von „Wind" und „Licht", wodurch unerwartete Verbin-
dungen sichtbar werden. Wenn also vom „Geistigen" einer Landschaft die Rede
ist, so ist es als etwas Prozesshaftes und eben nicht als „Sein" aufzufassen, das sich
dem Werden und seinem Verlauf entgegensetzt, nicht als etwas aus dem Jenseitigen kommend und vom Sinnlichen getrennt, und schon gar nicht als eine Flucht in
irgendeine andere Welt.

Landschaft lässt sich nur denken, wenn man in ihr die beiden Wesenheiten des
„Physischen" und „Geistigen" miteinander verbindet, die Trennung von greif- und
tastbar Physischem und von Geistigem aufhebt. Für China scheint es nicht schwierig gewesen zu sein, die Entfaltung des Geistigen inmitten des Physischen zu kon-
zeptualisieren. In ihrer Sprache wird dies mit dem Zeichen *qi* (氣) zum Ausdruck
gebracht. Dieser wohl elementarste Begriff bezeichnet sowohl dasjenige, aus dem

sowohl alle Lebewesen und Dinge sich herleiten, als auch den Energiefluss, der sie durchströmt und in Schwung hält. Da das entsprechende Schriftzeichen an die Form einer sich laufend verändernden Wolke erinnert, ist es wie kein anderes geeignet, das Ausströmen beim Übergang vom Wahrnehmbaren zum Nicht-Wahrnehmbaren auszudrücken – die Textpassage von Zhang Zai [131] zeichnet dies im weitesten Sinn nach:

> „Atem-Energie [*qi*] ausgebreitet als die uranfängliche
> Grosse Leere hebt und senkt sich und entwickelt sich
> ununterbrochen:
> Dies ist die Spannkraft vom Leeren und Vollen, von
> Bewegung und Ruhe, vom Austritt des Yin und des Yang,
> des Harten und des Formbar-Weichen.
> Schwebend und aufsteigend: das ist die Klarheit des
> Yang; sich beugend und absteigend: das ist das Trübe des Yin.
> Durch Anstoss und Kommunikation, Zusammenschluss
> Und Zerstreuung entstehen Wind und Regen, Raufrost
> Und Schnee, der beständige Lauf des unzähligen Seienden,
> die Fusion-Konzentration der Berge und Gewässer."

Er: Einmal mehr beeindruckst du mich zutiefst! Zunächst eine wahre Philippika, dann einfühlsam und klar, wie du vom „Geist einer Landschaft" sprichst. Indem du den Dualismus von Geist und Natur auflöst, d.h. diese beiden Bereiche nicht länger als zwei getrennte „Seiten" auffasst, wie es der klassisch-zweiwertige Verstand tut, solange er sich an den eintrainierten Dualismen von „Geist" *oder* „Materie", „Seele" *oder* „Leib" usw. festklammert, hast du eine erste Brücke hin zu einer Umgestaltung der Auffassung von „Geist" gespannt. Wie in China müssen wir Natur – und damit auch Landschaft – nicht mehr länger vom Geist trennen, was zu dem hinführt, was du den „Geist einer Landschaft" nennst.

Sie: Doch was ist mit dem „Geist einer Landschaft" gemeint? Wie kann diese Landschaft, in der wir sitzen, mit den fernen Berggipfeln, der Schlucht da unten, dem fast unhörbar dahinwellenden Fluss, mit den vereinzelten Bäumen und Sträuchern, deren Blätterwerk im vorbeiziehenden Wind erzittern, wie kann sie „Geist" in sich tragen? Du erinnerst dich an das Binom „Berg(e) – Gewässer". Exemplarisch

---

[131] Zhang Zai, in: „Jinsilu", zusammengetragen von Zhu Xi, Kap. 1, zitiert aus Jullien, François: „Von Landschaft leben", Berlin 2016, S. 104

bringt es das Spiel der Polaritäten, das Gewebe und die Interaktionen zwischen dem Geformten (die Berge) und dem Ungeformten (die Wasser), dem Hohen und Tiefen, dem Horizontalen und Vertikalen, dem Verstreuten und dem Massiven, dem Nahen und Fernen, dem Unbeweglichen und dem Sich-Bewegenden, dem Undurchsichtigen und Durchsichtigen, dem Fliessenden und dem Feststehenden zum Ausdruck, also alles das, was in einer Landschaft kontrastiert und sich verbindet, ihr innewohnt und sie belebt. Eine Antwort auf unsere Fragen lassen sich in chinesischen Texten zur Landschaftsmalerei finden, wo gesagt wird, dass „die Landschaft in sich die Materialität enthält, aber zum Geistigen tendiert". [132] Da ist weder eine Dualität von Geist und Materie zu finden – sie ist aufgelöst –, noch ist die in Europa angenommene Gewohnheit angesprochen, „durch einfache Projektion und Metaphorisierung den Geisteszustand eines Subjekts in die Dinge, welche blosse ‚Dinge' sind, hineinzulegen – wobei allein das Subjekt ihnen Leben ‚verleiht'." [133]

Er: Eindrücklich wie du indirekt und diskret von einer geistigen und als solchen unsichtbaren Dimension sprichst, die nicht in luftigen Höhen oder sonstwo im Abstrakten schwebt, sondern ihren Sitz im sinnlich Wahrnehmbaren hat und so Anteil an den wechselseitigen sinnlichen Empfindungen nimmt, die den Lauf der Dinge hervorbringen, anstatt sich von ihnen abzulösen. Wie aber kann etwas Physisches, etwas Greifbares, mit etwas Geistigem oder Ideellem verschmelzen?

Sie: Dazu möchte ich nochmals an das chinesische Schriftzeichen *qi* erinnern, dessen eine Bedeutung „Atemhauch – Energie" ist und – wie bereits gesagt – die Form einer Wolke hat, die sich über den Bergen erhebt, wächst oder sich zerstreut, jedenfalls laufend sich verändert. Diesen Prozess drückt das Verb „verschmelzen" prägnant als Übergang aus, wo sich etwas undurchsichtig Physisches auflöst und entweicht, seine Grenzen verliert und sich in der Folge zum nicht Wahrnehmbaren und zum Unbegrenzten hin öffnet. Alles, was existiert, der Mensch ebenso wie der Berg ist folglich eine Ausformung dieses im Grunde unsichtbaren „Energie-Atems", vom dem alles seine greifbare Form erhält.

Er: … weil die Chinesen nicht in Begriffen des Seins denken, sondern in jenen des Prozesses, nicht in Begriffen der Eigenschaft, sondern vielmehr des Vermögens

---

[132] Zong Bing: „Hua shanshui xu", Leibian, S. 583
[133] Jullien, François: „Die fremdartige Idee des Schönen", Paris 2010, S. 53

(*de*) und der Wegbarkeit (*dao*), was letztlich zur Entfaltung der lebensspendenden Energie *qi* befähigt.

Sie: … und im Verb „verschmelzen" deutlich zum Ausdruck kommt, dass in ihm nichts von einem absoluten Gegensatz zwischen dem Physischen, dem sinnlich Wahrnehmbaren, und dem davon isolierten Denken steckt. Geradezu beiläufig, ohne Absicht und Aufsehen, wird mit seinem Gebrauch die Urszene des zweiwertigen Duells von Sein und Denken begraben.

Er: …Will man nicht wieder in den alten Dualismus zurückfallen, so sind „Geist" und „Materie" eben nicht länger als zwei getrennte Wesenheiten aufzufassen. Vielmehr haben wir es mit Prozessen der Materialisierung einerseits und der Vergeistigung andererseits zu tun, die sich wechselseitig in Gang setzen und damit in ständigem Übergang von einem zum anderen sind.

So wie du früher vom „Geist des Weins" gesprochen hast, der aus dem Physischen herausströmt und sich alsbald verflüchtigt, bis er nicht mehr wahrnehmbar ist, so wird „Geist" im alten China verstanden. Bereits dieses Beispiel zeigt deutlich, wie die lebensspendende Energie *qi*, indem sie sich konzentriert, das eine Mal das Greifbare, das Konkrete, gleichsam das Ergebnis einer Gerinnung erzeugt, und das andere Mal sich gleichzeitig ausbreitet und als kommunizierendes und regulierendes Vermögen den „Geist" bildet. Beide Prozesse bleiben dabei miteinander untrennbar verbunden und alles Wirkliche kommt nur durch ihr Zusammenwirken zustande.

Sie: … Wir sind derart intensiv in unser Gespräch versunken, dass wir kaum bemerkt haben: Es ist Abend geworden, der Tag altert, die Sonne neigt sich dem fernen Horizont zu, orange Farbtöne und lange Schatten verbreiten sich in der Landschaft und fangen unseren Blick ein – eine belebende Spannung, aus der Leben erwächst und die am Leben erhält.

5. Das Du und die Wirklichkeit

> Ein Windhauch zieht durch den Abend. Die weissen Rosen beginnen leise zu beben.
>
> SHIKI

Er: Es ist spät geworden und mein Magen knurrt. Ich nehme nicht an, dass du hier oben in deinem Schlafsack übernachten willst. Es wird nachts ungemütlich kalt.

Sie: Und was machst du?

Er: Ungefähr eine halbe Wegstunde von hier gibt es einen kleinen Weiler. Von Frühling bis Herbst wohne ich da in einem kleinen alten Haus. Lass uns dahin aufbrechen. Ich koche uns was und zu später Stunde kannst du dich in einem eigenen Zimmer zur Ruhe legen.

Sie: Eine gute Idee ...

Er: ... Also lass uns aufbrechen.

Am Horizont im Westen glüht noch ein magisches, oranges Leuchten, durchzogen von rosafarbenen Streifen, wie ein letztes Aufflackern eines Feuers. Am fernen Ende der Schlucht dunkelt die Talebene, vereinzelte strohfarbene Felder sind noch das einzig Helle. Bedächtig und schweigsam schreiten sie auf einem schmalen Pfad – eingesäumt von niedrigen Mäuerchen aus geschichteten Steinen von unterschiedlicher Gestalt, dahinter vereinzelte Weissdornbüsche und Strauchheiden, im wilden Gras schaukeln Mohnblumen wie kleine rote Fähnchen – zunächst an der Kapelle vorbei und dann hinauf in einen lichten Wald. Ein stark auffrischender Wind wiegt die Äste der knorrigen, düsteren Waldkiefern. Von Altersschwäche geknickte steingraue Stämme, mit silbrigen Flechten und gelblich-grünen Moosen übersäte Felsbrocken liegen auf dem mit Blaubeergestrüpp bedeckten Waldboden herum. Da und dort ein kurzes Rascheln, sonst ist kein Laut zu vernehmen. Noch können sie im fahlen Abendlicht den Weg erkennen, nur Baumwurzeln und Gesteinsbrocken mahnen zu einem behutsamen Gehen. Als sie den Wald verlassen, sehen sie von weitem den Weiler, einen kleinen Weltausschnitt mit wenigen dicht gedrängten Häusern aus unverputztem Bruchsteinmauerwerk und angebauten

Ställen. Dämmriges Licht aus einigen Fenstern, das nichts beleuchtet, aus Schornsteinen aufsteigender Rauch, der sich alsbald verliert, vermitteln fast tröstliche Zeichen, dass hier Menschen wohnen und leben. Von irgendwoher durchbrechen aufgeregtes Hundegebell und das heisere Blöken von Schafen die Stille.

„Wir sind da, komm rein ins Haus" ist der erste Satz des alten Mannes, seit sie vom Rand der Schlucht den Weg unter die Füsse genommen haben und er jetzt die Türe öffnet. Sie treten in das halb aus graumeliertem Mauerwerk, halb aus Holz bestehende Haus, direkt in einen grossen Raum mit einem groben Dielenboden. Früher muss es für Schafe und Ziegen gebaut worden sein. Eine geländerlose Treppe führt steil ins obere Geschoss, dem ehemaligen Heuboden, wo mit ein paar Zwischenwänden zwei Zimmer hergerichtet wurden. Unten im grossen Raum sieht sie zur Linken einen Tisch mit einer Eckbank; zwei Fenster geben den Blick nach draussen frei. Hinten in der Ecke steht ein Holzherd, daneben ein Küchenschrank.

„Setz dich dort an den Tisch, wo es dir gefällt. Ich stelle mich inzwischen an den Herd und mach uns was zu essen." Es gibt Wildschweinragout mit Salbei, Karotten und Kartoffeln; dazu trinken sie herben Rotwein. Er erzählt ihr von der Geschichte dieses Weilers, von den Menschen, die früher hier oben vom Frühjahr bis in den späten Herbst hinein Schafe und Ziegen gehütet, auf kleinen Äckern Lavendel, Dinkel und etwas Hafer angepflanzt und geerntet haben. Jetzt seien nur noch drei ältere Ehepaare da; in den übrigen Häusern herrsche höchstens noch an Wochenenden Betrieb, wenn die früher hier ansässigen Bewohner oder deren Nachkommen aus dem Tal heraufkommen.

*

Sie: ... Wir wollten noch unseren gedanklichen Ausflug ins „Betrachten" fortsetzen, als wir am frühen Nachmittag vom Rand der Schlucht zur alten Kapelle hinübergeschaut haben – erinnerst du dich noch?

Er: Du meinst, als wir darüber gesprochen haben, dass es immer „Ansicht" gibt, sobald wir den Blick auf ein Objekt fokussieren, und dass „Ansicht" immer mit einer Ortsbestimmung einhergeht: heute Nachmittag war es die Kapelle, du und ich, alle drei an jeweils verschiedenen Orten.

Sie: ... und in diesem Zusammenhang hast du von einer in logischer Hinsicht etwas vertrackten Situation gesprochen, über die wir uns im Detail noch unterhalten sollten – was wir hier in dieser warmen Stube mit Wein und seinem „Geist" jetzt angehen können, ich bin gespannt darauf.

Er: Eine gute Idee. Die Reise wird allerdings zu einem anspruchsvollen und anstrengenden Unterfangen. ...

Sie: ... was mich keineswegs abschreckt. Lass uns beginnen!

Er: Was sich hinter dem Dreigespann „Kapelle, du und ich" mit ihren je eigenen Orten verbirgt, ist das „Problem des Du", das zu den zentralsten philosophischen und wissenschaftlichen Fragestellungen gehört. Während langer Zeit blieb die Du-Subjektivität im Schatten der Ich-Theorien, welche die Beziehung zwischen der Ich-Subjektivität bzw. dem individualisierten Intellekt und dem Absoluten (Gott) privilegierten. Neben Fichte, Feuerbach und Buber war es hauptsächlich der Philosoph und Logiker Gotthard Günther, der in seinem 1959 erschienenen Buch *„Idee und Grundriss einer nicht-Aristotelischen Logik"* dem „logischen Problem des Du" ein ganzes Kapitel gewidmet hat. Diese Thematik ist das Herzstück seiner Arbeiten und zieht sich durch sein gesamtes Werk hindurch. [134] Bereits ein Vierteljahrhundert vor Günther hat John Cullberg, ein Theologe mit philosophischem Hintergrund, in seiner umfassenden Arbeit „Das Du und die Wirklichkeit" auf die Bedeutung des Du-Problems verwiesen und pointiert festgehalten: „Unter den Fragestellungen, die der modernen ontologischen Diskussion ihr Gepräge geben, dürfte es kaum eine von grösserer prinzipieller Tragweite geben als die mit dem *Du-Problem* zusammenhängenden." [135] Diese Fragestellungen lauten: Wie kommt man von einem Ich zu einem Du? Wie ist die Wirklichkeit des Du zu verstehen? Welches ist das Verhältnis zwischen der Gegenstandswirklichkeit und der Du-Wirklichkeit, zwischen dem Ich-Es-Verhältnis und der Ich-Du-Beziehung. Diese Fragen berühren ganz grundsätzlich die Beziehungen zwischen Ich, Du und „Welt". Dass da auch Logik ins Spiel kommt, mag für den Alltagsverstand ungewohnt, abwegig oder gar abstrus erscheinen – überfordern tut es vermutlich viele. Doch will man sich ernsthaft mit dieser Thematik auseinandersetzen, lässt sich das nicht ändern. Lass es uns also behutsam und schrittweise angehen.

---

[134] Günther, Gotthard: „Idee und Grundriss einer nicht-Aristotelischen Logik. Die Idee und ihre philosophischen Voraussetzungen", Hamburg 1978; ders.: „Beiträge zur Grundlegung einer operationsfähigen Dialektik", Band 1, 2, 3, Hamburg 1976, 1979, 1980;

[135] Cullberg, John: „Das Du und die Wirklichkeit. Zum ontologischen Hintergrund der Gemeinschaftskategorie", Uppsala Universitetes Årsskrift, 1933, in: www.vordenker.de (Edition: Sommer 2010), Paul, Joachim (Ed.): http://www.vordenker.de/ggphiloso-phy/j-cullberg du-und-wirklichkeit.pdf; von Cullberg habe ich auch den Titel dieses Essays „geklaut".

Zum Thema „Logik" lautet die Schlüsselidee von Günthers Philosophie: „Jede Logik ist eine formalisierte Ontologie!". Damit bringt er zum Ausdruck, dass Logik die geschichtliche Form ist, in der sich entscheidet, wie das, was der Fall ist, überhaupt der Fall ist bzw. der Fall sein kann. Daraus folgt erstens: „Logik ist eine Doppeldisziplin. Jede logische Form enthält mindestens zwei Rätsel. Neben die Formfrage, die kalkültechnisch-operativ beherrscht sein will, tritt jetzt gleichberechtigt die Frage nach dem Sinn dieser Form. Jede Logik ist von nun an ein heimliches Psychogramm. Sage mir, mit welcher Logik du operierst, und ich sage dir, wer du bist, d.h. wie für dich Welt Welt, Geist Geist, Seele Seele, Materie Materie, Subjekt Subjekt, Objekt Objekt, ja sogar wie Gott Gott sein kann. Das aber heisst zweitens: Logik avanciert zu einem Schlüsselinstrument jeder Geistes- und Kulturgeschichte. Welt-Geschichte wird als logische Form-Geschichte rekonstruierbar, die Geschichten des Gottes, des Geistes, des Subjekts, der Seele, der Materie – sie alle entpuppen sich plötzlich als Dramen logischer Formgesetze. Geistesepochen, Weltzeitalter sind logische Formepochen und umgekehrt. Daraus folgt drittens: Krisenepochen der Logik sind immer auch Krisenzeiten der Seele und logische Revolutionen entsprechend seelische Revolutionen. Wenn die logische Form einen Sprung macht, dann springen Seele und Subjekt mit, und zwar nur und erst dann. Denn ein Bastillesturm allein macht noch keine Revolution. Vielmehr beginnt die heisse Phase von Weltrevolutionen erst in dem Moment, wo die neue Welt und der neue Geist ihr Neusein in einer neuen Logik formal behaupten können. Frei und neu können sie nur heissen in dem Masse, wie sie die Logik der Vergangenheit, des ‚ancien régime' überwunden haben. Und das kann lange dauern, so lange, dass wir heute von Revolutionen in der Vergangenheitsform reden, die vielleicht gerade erst begonnen haben. Denn was, wenn Neuzeit noch gar nicht begonnen hat? Und was, wenn sich in ihr eine ganz andere Revolution verbirgt als wir dachten? Sie ahnen es bereits und Sie sollen recht behalten. In der Tat: Günthers Erfindung der sog. ‚mehrwertigen Logik' will genau dies – sie versteht sich als Arbeit an einer solchen *Weltrevolution im eben markierten logisch-psychologischen Doppelsinn*: Sie ist *Geburtsarbeit*, insofern die neue Logik ein neues Format von Menschsein bzw. Subjektivität zur Welt bringt. Und sie ist zugleich *Bestattungsdienst*, insofern dieses neue Subjekt nur über die Leiche des alten Subjekts, der alten Seele kommen kann. Nur wer das Alte beerdigt, wird Neues gebären können." [136]

---

[136] Werntgen, Cai: „Geburt der Logik aus dem Geiste des Steins", Eröffnungsvortrag anlässlich der Ausstellung der Werke von Klaus Becker vom 15. März 2002, Westwerk, Hamburg

Sie: Ich habe keine Ahnung, wohin uns die Reise treiben wird. Was mir beim „Du" spontan in den Sinn kommt: Alltäglich begegnen wir anderen Menschen und treten mit ihnen auf unterschiedlichste Art und Weise in Kontakt – wir reden und diskutieren miteinander, stellen zwanglos unsere Erlebnisse dar, alle Kleinigkeiten, die das Alltagsleben erfüllen, manchmal tragen wir Meinungsverschiedenheiten aus, streiten sogar oder flüstern uns liebevolle Worte zu.

In der Begegnung mit einem anderen Menschen setze ich voraus, dass er nicht nur ein Moment der aufgefassten Aussenwelt ist, sondern als erlebender, deutender und oft auch widersprechender Anderer eine analoge Stellung zu eben dieser Aussenwelt hat wie ich selbst. Wenn ich also einen anderen als mögliches Subjekt meiner eigenen Welterlebnisse betrachte, so hebe ich ihn offenbar aus der Welt der physischen und psychischen Dinge, die mir als meine Aussenwelt gegeben ist, heraus. Dass wir bei zwischenmenschlichen Begegnungen und Begebenheiten zwischen Ich und Du unterscheiden, dabei einem Du zugestehen, dass es aus seiner Perspektive auch ein Ich ist und Du wie Ich grundsätzlich verschieden sind von Dingen, scheint mir selbstverständlich zu sein.

Er: Dem ist nur auf den ersten Blick so. Wenn wir mit anderen Menschen in Kontakt treten und uns mit ihnen austauschen, so bleibt das Ich von aussen gesehen, aus der Sicht eines anderen Menschen, nicht erreichbar. Für das einzelne Ich gehört das Du zur Umwelt. Gleichwohl – da stimme ich dir zu – ist das Ich in der Lage, dem Du die Fähigkeit des Denkens und Fühlens, also die Eigenschaften eines Subjekts zuzugestehen, auch wenn es nicht in dessen Inneres schauen kann.

Sie: Wenn im Gespräch ein Du zumindest etwas von seinem Inneren mitteilt oder preisgibt, so ist es doch möglich, sich in das Seelenleben des Anderen einzufühlen? Durch innere Beobachtung meiner mentalen und seelischen Vorgänge kann ich doch sekundär Rückschlüsse auf das fremde Ich ziehen, d.h. auf das, was sich während unseres Austauschs im Du gedanklich und gefühlsmässig möglicherweise abspielt bzw. abgespielt hat?

Er: Du meinst, wir bräuchten uns nur in echter Tiefenschau in uns selbst zu versenken, um beim Nachdenken über unser eigenstes Wesen auch Kenntnis des Du zu gewinnen, wie es sich verhalten wird oder zu verhalten hätte? Solcherart gewonnene Ergebnisse mögen für die eigene Einsicht und das eigene Verhalten wertvoll sein, objektiv ontologische Verbindlichkeit haben sie in dieser Gestalt nicht. [137] Zudem findet in der inneren Beobachtung immer eine Bevorzugung der eigenen Innerlichkeit statt und wie du gesagt hast, wird das fremde Ich – das Du – nur sekundär erschlossen. Das gleiche gilt für die Methode der Einfühlung in das Seelenleben des anderen – primäre Basis ist auch hier das eigene Gefühl.

Den Ausruf „Versetze dich in meine Situation" wirst du sicherlich schon mal gehört oder gar selber ausgesprochen haben. Doch wie soll das funktionieren, wenn ich mir bloss vorstellen kann, wie es ist, wenn ich du wäre? Was ich dann habe, ist bloss eine Vorstellung und durch diese Vorstellung imaginierte Erlebnisse von deiner Situation, jedoch nicht von dir selbst – schon gar nicht bin ich bei dir. Keine Einfühlung führt letzten Endes von mir zu dir, du verbleibst mir nur als fiktionalisiertes Objekt, als virtuelle Identität. Fazit: In unserem Alltag hat die normale empirische Verständigung zwar praktische und subjektive Relevanz, doch für eine objektiv verbindliche Verständigung und Übereinstimmung reicht sie nicht aus – es bleiben immer Differenzen bestehen, wie wir aus alltäglicher Erfahrung zur Genüge wissen oder eigentlich wissen müssten.

> „Die grenzenlose Freiheit des Verstehens ist nicht nur eine Illusion, die durch philosophische Besinnung aufgedeckt wird; wir erfahren diese Grenze der Freiheit des Verstehens vielmehr selber, indem wir zu verstehen suchen. Dadurch, dass sich die Freiheit des Verstehens begrenzen muss, gelangt das Verstehen erst eigentlich zum Wirklichen, dort nämlich, wo es auf sich Verzicht tut, d.h. vor dem Unverständlichen. Ich meine damit nicht irgendeine fromme Bescheidung vor dem Unerforschlichen, sondern ein Element unserer sittlichen Lebenserfahrung, das wir alle kennen: das Verstehen im Verhältnis von Ich und Du. Da lehrt die Erfahrung: nichts steht einer echten Verständigung von Ich und Du mehr im Wege, als wenn jemand den Anspruch erhebt, den anderen in seinem Sein und seiner Meinung zu verstehen." [138]

---

[137] Die *seienden Dinge* heisst griechisch *ta onta*, und unter dem Namen *Ontologie* gehen die Philosophen seit Aristoteles der Frage nach, was das Wesen der aus Stoff und Form zusammengesetzten Dinge ausmacht.

[138] Gadamer, Hans-Georg: „Hermeneutik II. Wahrheit und Methode", Gesammelte Werke Bd. 2, Tübingen 1986, S. 35

Sie: Das bedeutet: Der andere Mensch, das Du, ist mir transzendent, will heissen unerreichbar. Das Du bleibt für ewig das gedachte Ich. Es ist uns so fern und in seiner ihm allein eigenen Innerlichkeit so unerreichbar wie das Jenseits selbst. Die seelische Distanz zwischen Ich und Du wird von uns zwar als Faktum erlebt, aber ihr Wesen bleibt unverstanden. Umgekehrt muss das Du ebenso als transzendent zum Ich betrachtet werden, weil es nicht ohne Rest in das Ich überführbar ist.

Er: Ja, und der Grund dafür liegt in der aristotelisch geprägten abendländischen Denktradition. Dazu muss ich kurz ausholen. Von seinen Anfängen an kreist das abendländische Denken um die Frage nach dem „wahren Wesen" der Wirklichkeit. Es genügt hier, den Grundgedanken festzustellen, der damit in das abendländische Denken eingeführt ist, um es dann jahrtausendelang im Wesentlichen zu beherrschen. Im abendländischen Denken kreist dieser Grundgedanke von Plato über Kant bis Hegel um die Unterscheidung von zweierlei Welten: Einerseits die Welt der Sinne, der „Erscheinungswelt", die oft als Welt des Scheins und des Trugs apostrophiert wird, und andererseits die übersinnliche Welt, die Welt der Vernunft, die Welt der „wahren Wirklichkeit". Zwischen diesen beiden Welten steht der Mensch, der an beiden teilhat. In der Renaissance nimmt die immerwährende Frage, wie der Mensch sich denn zwischen diesen beiden Welten, zwischen Sinnlichem und Übersinnlichem verorten soll, eine unerwartete Wende. Die Morgendämmerung einer neuen Betrachtung des Menschen setzt ein, der Blick wird von nun an nach innen, auf das Individuum, auf das Ich gerichtet – es war Jakob Burckhardt, der mit den Worten „die Entdeckung des Menschen" eine der wichtigsten Leistungen der Renaissance charakterisiert hat.

Jetzt nimmt die vom souveränen Ich-Gedanken beherrschte Epoche ihren Lauf. Erkenntnis der Wirklichkeit bedeutet von nun an primär Kenntnis vom denkenden Ich und seinen Bestimmungen her. Allerdings ist das Ich, welches als Erkenntnisprinzip in den Mittelpunkt gestellt wird, nicht das individuelle, zufällige Ich, sondern das überindividuelle, allumfassende, absolute Ich, an dem die einzelnen Ichs irgendwie teilhaben. Anders ausgedrückt: In der abendländischen Denktradition mit ihrer zweiwertigen Logik ist das Subjekt der Erkenntnis ein hypostasiertes universales Subjekt – ein „Subjekt-überhaupt" oder ein „Bewusstsein-überhaupt" –, das unserem Denken Allgemeingültigkeit verleihen soll.

> „Der Algorithmus, welcher der klassisch-zweiwertigen Logik zugrunde liegt lautet: Aus zwei mach eins, von zweien ist immer nur eines wahr. Ihr Operator ist das ausschliessliche Ja-oder-Nein, das Entweder-Oder. Entweder ist etwas wahr und dann

existiert es auch, oder es ist nicht wahr, also falsch, dann existiert es eben nicht. Also Sein oder Nicht-Sein, das Eine oder das Andere – etwas Drittes ist ausgeschlossen („*tertium non datur*"). Binär – oder zweiwertig – denken heisst demnach, in sich gegenseitig ausschliessenden Gegenüberstellungen, in Antithesen zu denken: Subjekt *oder* Objekt, Leib *oder* Seele, Geist *oder* Materie. Die Urszene dieses zweiwertigen Duells findet sich bei Aristoteles und man lernt da, was Sein, was Identität heisst, nämlich absolute Eindeutigkeit, Unerschütterlichkeit und Zeitlosigkeit: A ist identisch mit A: ein Stuhl ist ein Stuhl und weder ein Tisch noch ein Sofa. Es ist verboten, dass A und zugleich Nicht-A gilt: Es kann nicht zugleich ein Stuhl im Zimmer sein und kein Stuhl im Zimmer sein. Entweder gilt A oder Nicht-A, etwas Drittes gibt es nicht: Von zwei Aussagen, von denen eine das vollständige Gegenteil der anderen aussagt, muss eine richtig sein. Der Satz vom zureichenden Grund: Alles hat seinen Grund, warum es so ist, wie es ist, auch wenn die Gründe nicht zu erkennen sind. Mit diesen Basissätzen *der Identität, des verbotenen Widerspruchs, dem Satz vom ausgeschlossenen Dritten* sowie *dem Satz vom zureichenden Grund* hat Aristoteles in seiner *Metaphysik* das Grundsatzprogramm einer Logik kanonisiert, die bis heute nahezu ungebrochen das „rationale" Denken des Abendlandes regiert: die Aristotelische oder klassisch-zweiwertige Logik, also unsere Logik." [139]

Sie: Das bedeutet: Das Ich als Erkenntnisprinzip ist die allumfassende, göttliche Vernunft, womit auch die ontologische Bedeutung des Ich-Prinzips gegeben ist. Die Ich-Wirklichkeit ist das Gott-Ich, die „wahre Wirklichkeit" ist Gott, gedacht als absolutes Bewusstsein, als absolute Vernunft – ein Erkenntnisprinzip, das man durchaus als „Ich-Monismus" umschreiben kann.

Er: … und die Frage, die sich sofort stellt: Wie kommt man von einem Ich zu einem Du? Diese Frage ist im Rahmen der abendländischen Denktradition nicht zu beantworten, denn sie kennt methodisch nur die beiden Realitätskomponenten Subjekt und Objekt. Ich und Du sind Gegenteile voneinander: „Ich" ist das Subjekt und folglich ist alles Objekt, was „Nicht-Ich" ist. Anders gesagt: Das Subjekt wird als Ich interpretiert und das Du der Objektseite zugeschlagen. Logisch gesehen ist dies gleichbedeutend mit der Bezeichnung und Behandlung eines Du als unbelebtes, totes Ding.

Somit steht ein einsames Ich der Welt gegenüber. Die Welt ist das mir äusserlich seiende Objektive, wozu auch die Dus gehören. Das Ich ist die eigene Innerlichkeit.

---

[139] Bierter, Willy: „Denk-Wege – Gotthard Günthers Geburtsarbeit an einem neuen Format von Menschsein", in: http://www.vordenker.de/wbierter/wb_Denk-Wege.pdf, S. 5

Etwas schematisch ausgedrückt: In der Ich-Welt-Beziehung hat das der Welt gegenüberstehende Ich Bewusstsein von ihr. Vorstellungen sind Vorstellungen von etwas. Zeichen sind Zeichen für etwas in der Welt. Ein Modell modelliert die Realität, die Sprache ist eine Repräsentation der Realität. Es gilt die Hierarchie von Gedanke – Vorstellung – Rede – Schrift der Welt.

Sie: Diese Situation würde ich als „Eine Welt – eine Logik" [140] mit einem einzigen Identitätsprinzip bezeichnen: Auf der einen Seite die irreflexive Identität eines Objekts und auf der anderen Seite die „lebendige", in sich selbst reflektierte Identität eines sich vom Objekt ausdrücklich absetzenden Ichs. In einer derartigen Weltanschauung gibt es für ein „Ich" nur eine Realität und eine Rationalität, d.h. ein Original und ein Spiegelbild davon (in seinem Geist). Es geht davon aus, dass es eine allgemeingültige Sichtweise auf die Realität gibt, und dass es ohne jegliche Anstrengung einer empirischen Präzisierung und Verifikation beanspruchen kann, dass seine Aussage immer wahr ist, egal, was da draussen in der Welt los ist und was andere Subjekte dazu äussern mögen. Ihm bleibt allerdings verborgen, dass erstens Wahrheit nur als isolierter subjektiver Prozess widerspruchsfrei ist, also im Monolog, während sie sich erst im Dialog zwischen einem Ich und einem Du, d.h. beim Durchgang durch ein objektives Medium, zu einem Umtauschverhältnis möglicher Bewusstseinsstandpunkte entwickelt.

Auf deine vorherige Äusserung bezogen meine Frage: Was in der klassischen Gegenüberstellung von Ich und Welt immer fehlt, ist der „Spezialfall", dass ein Objekt auch ein Subjekt, eben ein Du sein kann?

Er: Auf das, was du so eindrücklich dargelegt hast, würde ich gerne etwas später zurückkommen – du wirst dann erkennen weshalb.

Doch jetzt zur Antwort auf deine Frage: Die Welt vom Standpunkt eines irreduziblen Du her zu beschreiben, widerspricht der cartesianischen Kernidee, die das denkende Ich (Ich) und das gedachte Ich (Du) zusammenfallen lässt im „Ich denke, also bin ich" („*cogito ergo sum*"). Das wiederum bedeutet, dass Bewusstsein überhaupt nur als subjektives Bewusstsein zugelassen wird, das die Beschreibung der Erfahrung des Du schon deshalb überflüssig macht, weil jedes Du ja „für sich selbst"

---

[140] Kaehr, Rudolf: „Weltentwurf durch Sprache – Diamond-Strategien – Buch des Wandels", in: www.vordenker.de (Edition Sommer 2017, J. Paul, Hrsg.) – URL: http://www.vordenker.de/rk/rk_Diamond-Strategies_Weltentwurf-durch-Sprache_1997.pdf, S. 137 f.

dann ein Ich ist und also alles das, was vom Standpunkt eines Ich gesagt wird, für jedes beliebige Du in gleicher Weise gelten soll. „Ich" ist dann nur der Name für die generelle Kategorie der Subjektivität, die in jeder denkenden Person in gleicher Weise auftritt.

Doch das Phänomen der Subjektivität, wie es sich in Denkprozessen und Entscheidungsakten äussert, ist nicht etwas, was man innerhalb der Haut eines individuellen belebten Körpers beobachten kann. Subjektivität ist nicht nur ein zufälliges Ich, das gerade denkt, sondern als Ich und Du mit verschiedenen ontologischen Wurzeln auch eine prinzipiell unendliche Vielfalt von Ichs, die im Denken über das reflektierende Subjekt hinausgeht, in eine Dimension, in der der ursprüngliche Gegensatz von Subjekt und Objekt hinfällig wird.

Sie: Daraus schliesse ich: Mit der gleichen Deutlichkeit, mit der wir uns von der Welt der Objekte distanzieren, wissen wir aber, dass das Du, obwohl es in der Dingwelt als objektive Grösse auftritt, selbst subjektiv ist. Sobald wir einem Du zugestehen, dass es aus seiner Perspektive auch ein Ich ist und Du wie Ich grundsätzlich verschieden sind von Dingen und gleichzeitig akzeptieren, dass Du und Ich verschieden sind, so kann dieser Gegensatz in der klassisch-zweiwertigen Logik unmöglich dargestellt werden. Aus der Perspektive eines „Ichs" behandelt sie ein anderes Subjekt („Du") lediglich als Objekt, d.h. sie kann das Du nicht als ein zweites, anderes Subjekt, sondern nur als Objekt denken. Der andere Mensch, das Du, ist mir transzendent, ein mir äusserlich Seiendes und damit unerreichbar. Und umgekehrt muss auch das Du als transzendent zum Ich betrachtet werden, weil es nicht ohne Rest in das Ich überführbar ist.

> Kitaro Nishida hat diesen logischen Sachverhalt geradezu poetisch auf den Punkt gebracht: „Denn im Grunde meiner eigenen Existenz existiert der Andere, und im Grunde der Existenz des Anderen existiere Ich. Ich und Du sind füreinander absolut andere. Es gibt kein Allgemeines, das Mich und Dich in sich subsumiert. Allein indem ich dich anerkenne, bin Ich Ich, und indem Du Mich anerkennst, bist Du Du; in meinem Grunde existierst Du, in deinem Grunde existiere Ich; Ich vereinige mich durch den Grund meiner selbst hindurch mit Dir; Du vereinigst mich durch den Grund deiner selbst hindurch mit Mir; gerade weil wir füreinander absolut andere sind, vereinigen wir uns in innerlicher Weise." [141]

---

[141] Nishida, Kitaro, „Ich und Du", in: Elberfeld, Rolf (Hrsg.): „Kitaro Nishida – Logik des Ortes", Darmstadt 1999, S. 170

Er: Das Du als zweites, anderes Subjekt kann aus dem Grund nicht dargestellt werden, weil die klassische Logik den Unterschied von subjektiver und objektiver Reflexion [142] nicht kennt. Dies ist ein ganz entscheidender Punkt: Die Reflexion auf das „Du" – als ein dem reflektierenden Subjekt äusserliches „Ich" – ist nicht zu vergleichen mit der Reflexion auf die ebenfalls äussere Dingwelt, z.B. auf den Stuhl, auf dem du sitzt. In der Reflexion auf ein „Du", welches etwas anderes ist als ein Ding und einen eigenen logischen Ort einnimmt, bleibt ein „logischer Rest" bestehen, der sich aus der logischen Differenz zwischen „Ich" und „Du" ergibt.

Sie: … Was ich glaube verstanden zu haben: Dieser „logische Rest" kann im klassischen Denken nicht aufgelöst werden, er führt zu Widersprüchen, da es das Du nicht als zweites, anderes Subjekt, sondern nur als Objekt denken kann. Das wiederum bedeutet: Reflexion ohne Berücksichtigung des objektiven Du kann unweigerlich zu Dogmatismus, Ideologie und den daraus erwachsenden gesellschaftlichen Problemen führen, weil das Du, welches im Widerspruch zum Ich steht, nicht existieren darf. Deshalb tritt in der Geschichte immer wieder der Fall ein, dass das Du, der Andere, zum Ding degradiert wird.

> „Das Problem (…) ist nicht wie jedes ‚Ich' *für sich* denkt (dafür ist die klassische Logik unüberbietbar!), sondern wie sich für jedes beliebige Ich der gesamte rationale Zusammenhang zwischen Subjekt-überhaupt und Objekt-überhaupt darstellt, wenn das *andere* Ich im eigenen Denken als ‚Du' thematisch festgehalten und ausdrücklich nicht *als Ich* (aber auch nicht als Objekt!) gedacht wird!" [143]

Er: Zur Verdeutlichung des soeben Gesagten passt die Frage von Kant: „Was ist der Mechanismus, der den Schein produziert, der unser Denken immer wieder irritiert? und zwar in einer Art des Betrugs der ‚unhintertreiblich' ist." Nun, die „Unhintertreiblichkeit" des Betrugs begründet sich in der scheinhaften Objektivierung,

---

[142] Das Wort „Reflexion" hat drei Bedeutungen. „Erstens bezeichnet es das physische Abbild im Spiegel. Zweitens designiert es den Gedanken. Und drittens meint es das Denken als Prozess, als Subjekt, als ‚Seele'." In: Günther, Gotthard: „Beiträge zur Grundlegung einer operationsfähigen Dialektik", Band 1, Hamburg 1976, S. 75

[143] Günther, Gotthard: "Beiträge zur Grundlegung einer operationsfähigen Dialektik", Band 1, Hamburg 1976, S. 27

die dann notwendig ist, wenn ein „Ich" über ein anderes Subjekt spricht. Denn dieses andere Subjekt wird, indem ich über es spreche, zum Gegenstand, und selbst dann, wenn ich diesen Schein für mich aufgedeckt habe, unterliege ich ihm weiter, kann nicht aus ihm heraus. Ebenso wenn das Subjekt über sich selbst nachdenken will, bleibt ihm nichts anderes übrig, als sich selbst zum Objekt zu machen und sich damit scheinhaft zu verkleiden – womit wir beim „Denken des Denkens" angekommen sind, doch davon später.

*

Sie: Wir wissen aus Erfahrung, dass es im Leben immer wieder Momente gibt, wo es angezeigt ist, die (Stand)Orte zu wechseln, um so andere Sichtweisen und damit neue Einsichten auf gestellte Fragen zu erhalten, oder auch mit einiger Überraschung zu entdecken, dass noch ganz andere, neue Fragen als die bisher gestellten von Bedeutung sind.

Wir beide befinden uns in einem triadischen Gesprächsmodell von Ich – Du – Es mit unserem Thema „Das Du und die Wirklichkeit", führen einen Dialog, in dem jeder von uns bemüht ist, sein Denken und Argumentieren auf das Thema *und* den anderen zu beziehen. Dies setzt beiderseitig einen jeweiligen Willensakt voraus, also Entscheidungen, die Unterschiede und damit neue Umgebungen schaffen, darin sich „Nachbarschaften" zu bereits Gesagtem ergeben können, bei denen sich beide – manchmal verwundert – an ähnlichen wie neuen Einsichten erfreuen können. Versteht jeder von uns nicht auf Anhieb, was der andere äussert oder meint verstanden zu haben, so müssen wir wiederholen, um beharrlich und auf Umwegen doch zu verstehen versuchen.

So können wir erleben, dass die Wiederholung – gleich dem musikalischen Stilmittel eines Menuetts – eine Änderung der Ansichten und des weiteren Gesprächsverlaufs bewirkt. Jetzt kann jeder von uns allmählich begreifen, dass vom „Verstehen-ergriffen-werden" erst in der Absetzung vom Ich eine andere Form des Verstehens findet. Diese Form des wechselseitigen Verstehens und Verstanden-werdens „löst sich in der Klarheit auf; sie hat gewirkt; sie hat ihre Aufgabe erfüllt; sie hat gelebt." wie Valéry sagt. [144] Jetzt verstehen wir beide auch, dass man sich verstehen kann, indem man sich auf *die Wiederholung* versteht. Jede Wiederholung bedeutet eine Verschiebung in der Zeit, so dass ein Unterschied geltend gemacht werden kann, der nicht im „Ich" und „Jetzt" aufgehoben ist, weil er der Augenblick

---

[144] Valéry, Paul: „Zur Theorie der Dichtkunst", Frankfurt 1962

der Wiederholung ist. Das ist eine Wiederholung, die – wie in der Kybernetik – verschlungene, labyrinthische Pfade einschlägt, wenn sie damit beginnt, „sich selbst als Prozess" und nicht mehr als Ausdruck einer ich-haft privaten, aber überall gleichen Subjektivität zu interpretieren. „Wenn sie im Unterschied von Ich und Du ein *objektives*, allen individuellen Ichs sowohl in gleicher Weise bekanntes als auch in gleicher Weise fremdes Modell der Subjektivität annimmt. Objektiv nicht im Allgemeinen, was nur auf dasselbe hinausliefe, sondern einzeln und auch gemeinsam, wie es nur eine *in gleicher Weise bekannte und fremde Umgebung sein kann.*" [145]

Er: Beeindruckend, was du vorgetragen hast. Beim Zuhören deiner filigran dahinwellenden Gedanken fühlte ich mich wie am Ufer eines Flusses, das faszinierende Spiel des kontinuierlichen, lebhaften und immer zur Selbsterneuerung bereiten Fliessens bestaunend. [146]

Denn fliessen scheint mir ein passendes Stichwort für unser Gespräch zu sein. Es entfaltet sich nicht unilinear von *einem* Ursprung aus, wird von keinem Zentrum aus „gesteuert", sondern bahnt sich seinen Weg von verschiedenen „Orten" – von dir und mir – mit ihren je eigenen (Lebens)Geschichten seinen Weg durch manchmal schwieriges Gelände. Indem unser Gespräch das Eine von wechselnden Seiten als das Andere beleuchtet, werden Vernetzungen und vielschichtige Interdependenzen sichtbar, die Eines und Anderes mit jedem Wechsel unserer Perspektiven transformieren. Als ständiger Aspekt- und Perspektivenwechsel wirkt es dem Schema von Hierarchisierung und Linearität mit ihrem schrittweisen Takt des Nach-und-Nach entgegen, versucht jeglicher Art von Denken und Argumentieren in dualistischen Werthierarchien von Begriffen und Sätzen zu entgehen. So bricht unser Gespräch unermüdlich ins Unbekannte, ins Unbegangene auf und webt sich von Ort zu Ort, von einem Anknüpfungspunkt zum nächsten, einer nicht sichtbaren Ordnung folgend.

*

Sie: Lass uns in diesem Sinne die Gesprächsfäden weiterspinnen. Doch bevor wir das Thema *Subjektivität* weiter vertiefen, muss ich für mich Klarheit haben, was

---

[145] Meyer, Eva: „Der Unterschied, der eine Umgebung schafft: Kybernetik, Psychoanalyse, Feminismus", Wien 1990, S. 12
[146] Bierter, Willy: „Erzählende Wasser", Zug 2018

und ob ich alles verstanden habe. Also: Die einfachste logische Stufe ist das objektive Sein, es ist reflexionslos und einwertig. Jede erlebende Subjektivität jedoch, die über ein objektives Sein reflektiert, sich also auf ein Anderes bzw. Verschiedenes bezieht, um sich dessen zu vergewissern, es somit zu denken, ist generell zweiwertig. Reflexion ist somit die zweiwertige Stufe der Logik. „Alles Denken eines erlebenden Subjekts ist und bleibt in alle Ewigkeit zweiwertig." [147] Denn nur im Rahmen dieser zweiwertigen Erkenntnisform kann die Kommunikation und die potentielle Verständigung zwischen verschiedenen Subjekten sichergestellt werden. Sie hat also durchaus ihre Berechtigung, denn wie sonst könnte das denkende Bewusstsein sich Ordnungen in der Welt des Seins verschaffen und wie sollte Kommunikation verlaufen, wenn das „Etwas", das gedacht und über das gesprochen und verhandelt wird, nicht durch Identität charakterisiert wäre. Der Weg zum Selbstverständnis des Menschen führt also über das allen gemeinsame Nicht-Ich, das heisst die Dimension der Objektivität. Auch künftig wird die Idee der Objektivität grundlegend bleiben; hier ist durch das klassische Denken Endgültiges erarbeitet worden.

Doch die in unserem traditionellen zweiwertigen Denken verwurzelte einfache Dichotomie von *Ich-Welt* bzw. *Subjekt-Objekt* stösst für die Beschreibung der Seinsverfassung an ihre Grenze. Es ergeben sich daraus nur sehr eingeschränkte Möglichkeiten, den vollen Text der Wirklichkeit zu erfassen und zu verstehen: Der relationale Aufbau ist zu arm, um dem Reichtum der Realgestalten auch nur einigermassen gerecht zu werden. Deshalb ist es auf der Grundlage der klassischen Seinslehre offensichtlich nicht möglich, den Charakter und die Vielfalt der möglichen Verhältnisse zwischen *Ich*, *Du*, *Wir*, *Ihr* und *Welt* thematisch zu fassen.

Er: ... Dass diese thematisch nicht zu fassen sind, hat – wie bereits mehrfach gesagt – mit der klassischen Trennung zwischen dem die Welt wahrnehmenden Subjekt und der wahrgenommenen Welt zu tun. Diese Trennung verhält sich isomorph zur Trennung zwischen Denken und Denkinhalt. Wir treffen damit auf einen logischen Sachverhalt, der in die Frage mündet „Was geschieht, wenn sich das Denken auf sich selbst richtet?". Diesen Sachverhalt gilt es unbedingt zu verstehen, denn die Antwort darauf wirft ein erhellendes Licht sowohl in den früher erwähnten „logischen Rest" zwischen Ich und Du als auch auf den Kant'schen „unhintertreiblichen Betrug".

---

[147] Günther, Gotthard: „Das Bewusstsein der Maschinen", Baden-Baden 1963, S. 46

Die Antwort auf diese Frage lautet: Nimmt sich das Denken selbst zum Gegenstand, so entsteht eine paradoxe Situation: Der *Denkprozess* macht sich selbst zum Gegenstand, wird also als Objekt vorgestellt und behandelt. Mit anderen Worten: So wie innerhalb der klassischen Logik das Du als Objekt gleichrangig zum unbelebten Ding bezeichnet werden muss, kann das zweiwertige Denken seinen eigenen Denkprozess nicht einfangen, weil die Qualifizierung seiner Denkgegenstände nur den einen Objektivitätscharakter annehmen kann, nämlich den des toten, vom Subjekt völlig losgelösten und unerreichbaren Dinges an sich. In diesem Zusammenhang verweist Günther auf Fichte: „Fragen wir (...) danach, woher das Ich die Kraft nimmt zu denken, so müssen wir, wie schon Fichte wusste, sagen: Der Anfang des Denkens besteht nicht darin, dass ich denke, sondern dass Es in mir denkt. Wo aber das Es in mir denkt, dort bin ich nicht von der Welt geschieden und das Denken ist Subjekt und Objekt zugleich." [148] Doch was Subjekt und Objekt zugleich ist, kann weder Subjekt noch Objekt sein. Der Begriff *Denken* spaltet sich beim Denken über das Denken. Wir landen bei der Selbstreferenz bzw. beim dialektischen Denken – und da implodiert der klassisch-zweiwertige Formalismus. Mit ihm bekommt man den Denkprozess, also das Denken über das Denken, nicht in den Griff. Denken kann in einem zweiwertigen Erkenntnismodell immer nur als Denkobjekt thematisiert werden.

Sie: Wenn man also sagt „Ich denke Etwas" oder verallgemeinernd „Subjekt denkt ein Objekt", dann hat man es mit einem unmittelbaren Denken eines Gegenstandsbereiches zu tun, einer einfachen Reflexion – Hegel würde sagen der „Reflexion-in-anderes". Jeder Gedanke ist ein Objekt des Denkens und gehört somit dem objektiven Bereich der Realität an.

Er: Als Gedachtes ist „Etwas" nie Prozess, sondern immer schon Ergebnis eines Denkprozesses, der an sich aus dem zweiwertigen Erkenntnismodell systematisch ausgeschlossen ist. Dieses Defizit bringt Günther mit folgender Aussage auf den Punkt: „Es kommt diesem Denken nirgends der Gedanke, dass Realität vielleicht nicht mit der objektiv gegebenen, sinnlich und gegenständlich erfahrbaren Welt

---

[148] Günther, Gotthard: „Das Ende des Idealismus und die letzte Mythologie", unveröffentlichtes Manuskript (1950) im Besitz der Staatsbibliothek Preussischer Kulturbesitz, Nachlass 196, Handschriftenabteilung, Berlin; online: http://www.vordenker.de/ggphilosophy/gg_ende-idealismus.pdf, S. 61

identisch ist. Dass der objektive Tatbestand der Welt vielleicht nur eine Teilkomponente des gesamten Wirklichkeitszusammenhanges ist. (...) Dass die Wirklichkeit Seiten haben könnte, denen man niemals zu begegnen vermag." [149]

Sie: Damit ich es richtig verstehe: Wird der Denk*prozess* zum Objekt des Denkens gemacht, also das Denken über das Denken, dann wird es komplexer, weil das bedeutet: „Ich denke wie ich Etwas denke" oder wiederum verallgemeinernd „Ein Subjekt denkt wie es ein Objekt denkt" – das entspricht der doppelten Reflexion bzw. der „Reflexion-in-sich-und-anderes", d.h. man denkt jetzt nicht mehr über die Dinge selbst nach, sondern über die Gedanken, in denen sich die angeblich denkunabhängigen echten Gegenstände spiegeln. Mit anderen Worten: Jetzt ist das Denkobjekt kein physisches Objekt mehr, sondern der Prozess des Denkens macht sich selbst zum Inhalt, wird selbst zum „Gegenstand" des Denkens. Während im ersten Fall der Gegenstand der Reflexion ein Etwas ist, ist im zweiten Fall der Reflexions-Gegenstand das gedachte Etwas, also die Reflexion selbst.

Der Unterschied zwischen Denken und Sein ist ganz offensichtlich nicht „nichts", sondern ist in der Reflexion subjektiver Prozess, der aber im Rahmen der zweiwertigen Logik nicht angemessen dargestellt werden kann, sondern eben nur als Reflexionsobjekt. Mit anderen Worten: Subjektivität oder Denken kommt nur in objektivierter Form als Gedachtes vor. Damit verliert Subjektivität genau das, was sie von Objektivität eigentlich unterscheidet: Ihr geht das spezifisch Subjektive verloren, nämlich ihre Prozessualität. Somit erschöpft sich die Reflexion in der Abbildung des mit sich selbst identischen Seins: „Ein Subjekt denkt ein Objekt". Dem Nicht-Sein, also der Reflexion, bleibt in diesem dualistischen Weltbild keine Möglichkeit, eine Rolle zu spielen oder gar verändernd einzugreifen. Anders gesagt: Damit das „Sein" identifiziert werden kann, muss es von *„etwas"* unterschieden werden. Dieses *„etwas"* ist das Nichts, oder die Reflexion. [150] Dabei entsteht das Dilemma, dass über das „Nichts" nichts gesagt werden kann – es entzieht sich vollkommen jedem denkbaren Zugriff. Mit anderen Worten: Eine zweiwertige Logik kennt zwar die beiden

---

[149] Günther, Gotthard: „Idee und Grundriss einer nicht-Aristotelischen Logik. Die Idee und ihre philosophischen Voraussetzungen", Hamburg 1978, S. 140

[150] Das Wort „Reflexion" hat drei Bedeutungen. „Erstens bezeichnet es das physische Abbild im Spiegel. Zweitens designiert es den Gedanken. Und drittens meint es das Denken als Prozess, als Subjekt, als ‚Seele'." In: Günther, Gotthard: „Beiträge zur Grundlegung einer operationsfähigen Dialektik", Band 1, Hamburg 1976, S. 75

Realitätsthematiken Sein und Nichts, ontologisch kommt jedoch nur das Realitätsthema Sein zum Tragen. Und objektives Sein ist so wie es ist – es ist so irreflexiv wie etwa ein Stein. Demgemäss kann Welt im Grunde nur als „fertige" Welt beobachtet werden.

Er: … Eine kurze Wiederholungsschleife: Will man den Prozess des Denkens in den Griff bekommen, muss die strikte Trennung von denkendem Subjekt auf der einen Seite und dem gedachten Objekt auf der anderen Seite aufgegeben werden. Doch damit entsteht im Rahmen der klassisch-zweiwertigen Logik wie gesagt eine paradoxe Situation: Während man Denk- oder Wahrnehmungsinhalte – also das was gedacht oder wahrgenommen wird bzw. gedacht oder wahrgenommen werden kann – sequentiell, d.h. Schritt für Schritt und daher mit Hilfe der klassischen Denkwerkzeuge positiv-sprachlich beschreiben und modellieren kann, gilt dies nicht für die Denk- oder Wahrnehmungsprozesse selbst.

Sie: … weil wir es dann mit der Relation einer Relation („Ich denke wie ich Etwas denke" bzw. „Ein Subjekt denkt wie es ein Objekt denkt") zu tun haben, d.h. das zu untersuchende Objekt (hier: „Ich denke Etwas" bzw. „ein Subjekt denkt ein Objekt") stellt selbst eine Relation dar, was logisch gesehen eine völlig neue Qualität darstellt. Da eine Relation aber etwas Abstraktes, d.h. das zu untersuchende Objekt kein *echtes* Objekt mehr ist und deshalb auch nicht gegenständlich gedacht werden kann, haben wir es nicht nur mit einem logischen, sondern auch mit einem Kommunikationsproblem zu tun.

Er: … Du überraschst mich als eine veritable Logikerin. … Jedes klassische Theoriegebäude, welches auf einem Fundament fusst, das prinzipiell Subjektivität aus der Betrachtung ausschliesst, erweist sich für die Beschreibung und Modellierung von Denkprozessen oder ganz allgemein mentaler Prozesse als völlig ungeeignet. Um diese beschreiben oder modellieren zu können, benötigt man eine standpunktabhängige Theorie, wie sie beispielsweise durch Günthers transklassische Logik gegeben ist. Erst damit kann das Denken des Denkens als Beobachterperspektive dargestellt werden.

Spätestens mit dem Denken des Denkens ist man beim „Leben" angelangt. Damit taucht nämlich die nächste Wurzel des Problems in der Ich-Du-Beziehung auf: Leben als kooperativ-kompetitiver Prozess, wobei die Betonung auf dem Begriff „Prozess" liegt – was übrigens selbst die (Lebens)Wissenschaften langsam zu entdecken beginnen. Dass das wissenschaftslogische Problem des Du etwas mit den

– zunächst gegensätzlich erscheinenden – Begriffspaaren Kooperation versus Konkurrenz, Nebenordnung versus Unterordnung oder allgemeiner Heterarchie [151] versus Hierarchie zu tun hat, müsste eigentlich jedem halbwegs intelligenten Menschen einleuchten. Diese auf dem „Entweder-Oder" fussende Gegensätzlichkeit ist nämlich eine der Wurzeln des logischen Problems, denn diese Begriffspaare werden in der Ich-Du-Beziehung zu komplementären Begriffspaaren, also zu einem „Entweder-oder-*und*-sowohl als auch". Da stossen wir auf einen Teil des Problems, denn aus logischer Sicht ist eine derartige Forderung zunächst einmal reiner Unfug.

Sie: … und du wirst jetzt diesen Unfug erklären und auflösen!

Er: Gemach, gemach! Lass uns erst einmal das Gesagte kurz Revue passieren. Die Rückbezüglichkeit des Denkens, von der wir gesprochen haben und die bei der Infragestellung des Denkens angesichts seiner Grenzen – denke ich oder denkt *es* in mir? – entsteht, stellt das Denken vor zwei Möglichkeiten: [152]

1. Erster Fall: Das Denken bezieht sich auf sich selbst und vollzieht einen Selbstbezug im Modus der durch das Denken selbst bereitgestellten Form der Identität, d.h. der Ausgangspunkt des Denkens ist das Ich: „Ich denke (mich)" bzw. „Ich denke etwas und dieses etwas bin ich." Dieser Modus der Identität garantiert dem Selbstbezug des Denkens seine Rationalität. Mit anderen Worten: Die Selbstbezüglichkeit des Denkens geht vom Ich aus und erkennt anderes Denken nur in Ich-Form als Analogie seiner selbst. Es trägt die Last der Herleitung des Anderen und die Widersprüche, in die es sich dabei verstrickt, werden verdrängt, eliminiert oder emphatisch domestiziert.

2. Zweiter Fall: Das Denken bezieht sich ebenfalls auf sich selbst, aber nicht im Modus der Identität, d.h. der Selbigkeit, sondern im Modus der Gleichheit als Andere ihrer selbst. In diesem Fall ist das Denken selbst der Ausgang und das Ich ein Produkt, eine Kristallisation des Denkprozesses selbst. Wir haben es mit der Selbstreflexion des Denkens zu tun, die vom Denken ausgeht und so die Anerkennung anderen Denkens als Du-Subjektivität einräumt, dadurch aber

[151] von Goldammer, Eberhard: „Heterarchie – Hierarchie. Zwei komplementäre Beschreibungskategorien", in: www. vordenker.de, August 2003

[152] Kaehr, Rudolf: „Disseminatorik. Zur Dekonstruktion der Techno-Logik.(1995)", in: www.vordenker.de (Sommer Edition, 2017) J. Paul (Ed.), URL: http://www.vordenker.de/rk/rk_Zur-Dekonstruktion-der-Techno-Logik_1995.pdf, S. 5

das sichere Terrain der klassischen Seinslehre mit ihrem reflexionslosen Sein verlässt. Damit vermeidet die Selbstreflexion widersprüchliche Situationen, verliert jedoch die Garantie – d.h. jegliche Form egologisch fundierter Evidenz –, dass sie sich in ihrem Selbstbezug nicht selbst verfehlen kann.

Sie: Deine Auslegeordnung über die Rückbezüglichkeit des Denkens leuchtet mir zwar ein, nur steht für mich im Moment die Frage nach dem Du immer noch unbeantwortet im Raum, obwohl es jedem vernünftig denkenden Menschen eigentlich sofort einleuchten muss, dass Menschen, solange sie von Müttern geboren werden, soziale Wesen sind.

Er: Selbstverständlich sind die Dus eine Gegebenheit der Lebenswelt und solange Menschen von Müttern geboren werden, fundieren Ich-Du- und Wir-Beziehungen alle anderen Kategorien des Menschseins. [153] Das von denkenden und kommunizierenden Subjekten gemeinsam Erlebte, Vorgefundene, Vorgestellte usw. ist ein Ergebnis ihrer kognitiv-volitiven Fähigkeiten. Eine besondere Fähigkeit ist jene zur Kooperation: Sie ist für Ich-Du- und Wir-Beziehungen essentiell. Für ihre Beschreibung sind nebengeordnete, also heterarchische Betrachtungs- und Beschreibungsweisen zwingend erforderlich, die durch eine hierarchische Setzung allerdings umgehend torpediert würden.

Sie: … Irgendwie scheint mir, und das irritiert mich, dass auf dem Boden einer Ich-Philosophie das Du-Problem sich ständig als störendes Moment bemerkbar macht und als prinzipiell unlösbares Problem erscheint. Vielleicht lässt sich das ausräumen, wenn wir uns der neuen Idee der Subjektivität zuwenden, die sich in ihrer klassischen Form ja aufgelöst hat.

*

Er: Ich höre bei dir eine Prise Ungeduld heraus. Manche Anmarschwege sind eben lang und man muss sie gehen, will man an den ersehnten Bestimmungsort gelangen – Abkürzungen können sich als fatale Sackgassen herausstellen.

Packen wir also die neue Idee der Subjektivität an. Wir haben eingehend die Ich-Du-Antithese erörtert und festgestellt, dass es kein absolutes Subjekt mehr gibt – etwa im Sinne des Kant'schen Transzendentalsubjekts oder des Hegel'schen absoluten Geistes. Das Phänomen der Subjektivität, wie es sich in Denkprozessen und

---

[153] Schütz, Alfred: „Das Problem der Transzendentalen Intersubjektivität bei Husserl", Philosophische Rundschau, Band 5, Heft 2, 1957, S. 81-107

Entscheidungsakten äussert, ist nicht etwas, was man innerhalb der Haut eines individuellen belebten Körpers beobachten kann – darauf habe ich bereits früher hingewiesen. Subjektivität ist vielmehr über viele verschiedene Ich-Zentren verteilt. Somit gibt es eine Ich-Subjektivität *und* eine Du-Subjektivität. Auch jedes „Du" nimmt einen eigenen logischen Ort ein. Weil dem so ist, ist die Autonomie einer Du-Subjektivität nicht mehr in einem absoluten Subjekt aufhebbar – im Mittelalter nannte man es das Absolute, Gott oder sprach schlicht vom Jenseits, das von Nikolaus von Kues (1401-1464) in die abendländische Kultur eingeführt wurde, wo alle Gegensätze sich endgültig versöhnen, mithin auch die Gegensätze von Ich und Du.

Sie: Was ich allmählich begreife: Wird die Autonomie der Ich-Subjektivität gegenüber der Du-Subjektivität nicht in einem absoluten Subjekt aufgehoben – was in der klassischen Logik der Fall ist –, so kann man nicht länger bei der blossen Unterscheidung zwischen Subjekt und Objekt stehenbleiben. Denn nur das Objekt ist einheitlich und mit sich selbst identisch, während das Subjekt als Ich und Du mindestens doppeldeutig ist. Dies ist gleichbedeutend mit der Aufgabe des Universalsubjekts, dem nichts in unserer Erfahrung entspricht.

Er: … Sobald eben das absolute Universalsubjekt als Garant allgemeiner Subjektivität fehlt, sind wir nicht mehr berechtigt, vom Ich-Charakter des denkenden Subjekts auf den Ich-Charakter des gedachten Subjekts *zu* schliessen. Das heisst: Für jedes jeweilige denkende Ich ist jedes andere Ich nicht als Ich, sondern ausschliesslich als Du – als Objekt der Welt – gegeben. Zwei beliebige Iche sind einander niemals logisch äquivalent, weil im logischen System das eine immer das denkende, das andere das gedachte sein muss.

Sie: Das heisst, wir müssen in Betracht ziehen, dass Subjektivität in einer Vielzahl von Ichzentren verteilt ist, was wiederum bedeutet, dass das zweiwertige Verhältnis von Subjekt und Objekt sich in einer Vielzahl von ontologischen Stellen abspielt, die nicht miteinander zur Deckung gebracht werden können. Ich erinnere mich an Flusser, der diesen Sachverhalt einmal auf poetische Weise ausgedrückt hat: „Das Ich ist das, welches vom Du Du genannt wird, das Ich ist das Du des Du". [154] Oder in Kurzform kann man auch sagen: „Ohne Du kein Ich".

---

[154] Flusser, Vilém: „Die Informationsgesellschaft, Phantom oder Realität?", Vortrag auf der CulTec in Essen vom 23. 11. 1991, Suppose-Verlag, Köln 1999

Er: ... Eine menuettartige Wiederholung meinerseits: Weil die zweiwertige Logik den Unterschied von subjektiver und objektiver Reflexion nicht kennt, kann sie den Gegensatz von Ich und Du unmöglich darstellen. Das wiederum heisst: Die klassische Logik zeigt zwar präzise die Zweiwertigkeit der Reflexion, versagt hingegen in der Annahme, die Darstellung der Reflexion auf das „Du" sei im gedachten Ich erschöpfend erledigt.

Sie: ... weil eine solche Darstellung immer ein objektives Ich meint, die für alle Iche gleichermassen gelten soll. Die Doppelläufigkeit von subjektivem und objektivem Ich wird nicht unterschieden. Doch wie du soeben dargelegt hast, hat die ichhafte Reflexion eine subjektive *und* eine objektive Komponente. Die objektive Reflexion ist für jedes erlebende Ich immer in dem anderen ihm in der gegenständlichen Welt begegnenden Ich, also dem „Du", lokalisiert, und die subjektive Reflexion ist die des lebendigen, ichhaften Subjekts im Vollzug des eigenen Denkvorgangs selbst.

Er: Damit sind wir endgültig bei der „Drei" angelangt, und Gotthard Günthers zentrales Theorem lautet demgemäss: *„Subjektivität ist ein Phänomen, das über den logischen Gegensatz des ‚Ich als subjektivem Subjekt' und des ‚Du als objektivem Subjekt' verteilt ist, wobei beide eine gemeinsame vermittelnde Umwelt haben."* [155]

Subjektivität bedeutet von nun an *Zweiwertigkeit* und nicht mehr Einwertigkeit wie im Falle des absolut gesetzten Ich-Subjekts. Günther hat dies eindrücklich zum Ausdruck gebracht: „Kein Ich ist je ganz das, was es ist. Es ist nie völlig identisch mit sich selbst, weil es in sich reflektiert und damit in seiner Identität gebrochen ist. Alles Bewusstsein spiegelt sich, wie der Name schon sagt, im Sein und kann sich nur in diesem nicht-ichhaften Medium fassen. Es widerspricht deshalb dauernd sich selbst." [156] Das wiederum bedeutet, dass das Ich im Gegensatz zum Ding eine zweiwertige Existenz hat, was mit Günther zur nächsten Schlussfolgerung führt: „Deshalb ist Bewusstheit ein permanenter Widerspruch mit sich selbst. Falsche Dinge kann es nicht geben, wohl aber falsche Bewusstseinsinhalte. Deshalb lehrt die klassische Tradition mit Recht, dass das Subjekt die Quelle allen Irrtums ist und dass Wahrheit erst dann in ihrer endgültigen Gestalt in Erscheinung tritt,

---

[155] Günther, Gotthard: „Cognition and Volition – Erkennen und Wollen. Ein Beitrag zu einer kybernetischen Theorie der Subjektivität", in: http://www.vordenker.de, S. 8
[156] Günther, Gotthard: „Das Bewusstsein der Maschinen", Baden-Baden 1963, S. 27

wenn sie sich selbst im Medium der Objektivität zum Ausdruck gebracht hat. Einwertigkeit ist nur ein theoretischer Ausdruck für Unfehlbarkeit. Man kann mit den toten Dingen und mit Gott nicht argumentieren. Zweiwertige Existenz aber manifestiert sich in Handlungen, respektive Entscheidungen, und letztere können, wenn konfrontiert mit der unfehlbaren Positivität des Seins, wahr oder falsch sein." [157]

Sie: Gehe ich also von der (metaphysischen) Tatsache aus, dass wir der Subjektivität überhaupt nicht in einem einzigen universalen Ichsystem begegnen, sondern dass innerliche Ichhaftigkeit auf den Gegensatz von Ich und Du verteilt ist, so ist ein drittes in sich reflektiertes System des Seins erforderlich. Mit anderen Worten: Um Subjektivität in einer exakten, begrifflich einwandfreien Weise darzustellen, braucht man eine zweite Logik, eine Logik, die zwei einander gegenüberstehende Perspektiven des Denkens, nämlich die Richtung unseres Denkens auf das Objekt und die auf das Subjekt, miteinander vermittelt.

> „Ich" und „Du" haben ein Gemeinsames, in dem sie sich begegnen. „Das ist ihr Sein in der Welt. Das Ich, das der Tod uns entrückt hat und dem wir nicht mehr begegnen können, ist, wie der Sprachgebrauch bezeichnend und doppelsinnig sagt, „verschieden". D.h., es ist erstens abgeschieden von einer ursprünglichen Gemeinsamkeit, und zweitens ist es verschieden von allen anderen Ichen. Diese Verschiedenheit des Toten besteht darin, dass der Boden der bisherigen Kommunikation, das objektive Sein als organisches Leben, jetzt fehlt. Dieses Sein aber muss, wenn es den vermittelnden Grund zwischen „Ich" und „Du" darstellen soll, sowohl als Irreflexivität wie als Reflexion auftreten können." [158]

Er: Richtig. Das Thema „Subjektivität" fächert sich auf in Ich und Du, so dass die Wirklichkeit im idealistischen Sinn nun drei Komponenten enthält: Es (die alte „Objektivität") und Ich und Du (das neue Thema „Subjektivität"). Von da geht es dann weiter zur Pluralität des Wir, Ihr und Sie. Die Architektonik der Vernunft ist also mindestens triadisch (in der Vermittlung von Ich, Du und Es), dehnt sich aber (im Wir, Ihr, Sie) prinzipiell auf eine unendliche Zahl von logischen Stellen aus.

---

[157] Günther, Gotthard: a.a.O., S. 27
[158] Günther, Gotthard: a.a.O., S. 47

Neben den beiden klassischen metaphysischen Komponenten von reiner Subjektivität und reiner Objektivität – oder du kannst auch sagen von Denken und Sein –, stipuliert Gotthard Günther als ebenbürtigen dritten Wert den „Reflexionsprozess". Dieser „ist weder ein objekthaftes Ding, noch ist es ein Subjekt. Im ersten Fall fehlt ihm die Eigenschaft der echten Gegenständlichkeit, im zweiten aber die der Ichhaftigkeit." [159] Mit dem Reflexionsprozess des denkenden Subjekts wird das Sein als einziges Thema der klassischen Logik um das Thema des Sinns erweitert, womit der Grundstein einer transklassischen Logik gesetzt ist.

Mit dem „Reflexionsprozess" als drittem Wert haben wir jetzt drei zweiwertige Identitätsprinzipien von relativer – also nicht absoluter – Gültigkeit, nämlich:

(a) Seinsidentität = Welt (Es),
(b) Reflexionsidentität = Ich (Innerlichkeit),
(c) Transzendentalidentität = Du (objektives System der Reflexion), [160]

mit den drei Grundkomponenten „Objekt", „Subjekt" und „Reflexionsprozess":

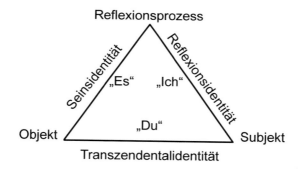

Diese drei Identitätsprinzipien haben folgende Bedeutung:

Er: Die *Seinsidentität* erläutert den Sinn, in dem ein blosses Objekt, ein unpersönliches Es, mit sich identisch ist. Es ist die „tote", d.h. irreflexive Identität eines in sich ruhenden Seins – zum Beispiel der Stuhl, auf dem du gerade sitzt. An diesem Identitätsverhältnis ist das Subjekt oder die Innerlichkeit nicht beteiligt. Reine Subjektivität spielt in dieser Situation die Rolle des ausgeschlossenen Dritten.

Setzt sich das Ich vom blossen Objekt ab, um dieses als das Andere, das Fremde ausserhalb seiner zu begreifen, wendet sich die Reflexion nach innen. Die daraus

---

[159] Günther, Gotthard: a.a.O., S. 18
[160] Günther, Gotthard: a.a.O., S. 22

resultierende *Reflexionsidentität* kann man als reine Innerlichkeit verstehen, aus der jedes Objekt ausgeschlossen ist. Sie stellt das Subjekt dar, das in seiner eigenen Reflexion selbstbeschlossen ruht. Und so wie im ersten Fall der Seinsidentität das Subjekt als reine Innerlichkeit ausgeschlossen war, ist das Objekt als ein für die Reflexion Undurchdringliches ausgeschlossen, denn es ist im eminentesten Sinne Nicht-Ich.

Diese Reflexionsidentität kommt auch jedem Du zu und kann aus der Perspektive des Ich gesehen werden. Das Bild des Du lässt sich als das Bild des Ichs verstehen, das aus dem Verhältnis zwischen objektivem Subjekt und Objekt entwickelt wird. Da das Du innerhalb der Gegenstandswelt des Ich auftaucht und zugleich als Subjekt anerkannt wird, stellt es die unmittelbare Identität von Objekt und Subjekt dar, während wir für uns selbst nur die Identität von Subjekt und Reflexionsprozess sind. *Transzendentalidentität* konstituiert somit das Du, wie es uns in der objektiven Wirklichkeit begegnet. „Im Du ist uns der Reflexionsprozess nicht gegeben. Dort ist er – für unser Denken – eben deshalb ausgeschlossen, weil wir uns selbst mit diesem aktiven Vorgang des Reflektierens identifiziert haben. Denn Denken ist immer unser eigenes Denken. Das Du bleibt für ewig das gedachte Ich, weshalb es unmöglich ist, es mit dem Reflexionsprozess gleichzusetzen." [161]

*

Sie: … Das Ganze entwickelt sich zu einem schwierigen Gang durch ziemlich holpriges Gelände. Trotzdem: Du wirst mir gleich die Grundprinzipien einer transklassischen Logik erklären.

Er: Einstein soll einmal gesagt haben: Mach es so einfach wie möglich, aber nicht einfacher! Ich versuche, mich möglichst daran zu halten!

Was leistet die transklassische Logik? Antwort: Sie normiert und reguliert die Bewusstseinsfunktionen in jedem Einzelsubjekt, das sich der Welt gegenübersieht. Da wir jetzt nicht mehr annehmen dürfen, dass diese Einzelsubjekte in einem metaphysisch hypostasierten Universalsubjekt zusammenfallen, sind wir gezwungen, den logischen Vollzügen in den Einzelsubjekten eine autonome Rolle zuzubilligen – wobei letztere der „eigentliche" Träger der logischen Operationen sind. Jedes Einzelsubjekt begreift die Welt mit derselben klassisch-zweiwertigen Logik, aber es begreift sie von einer anderen Stelle im Sein. Die Folge davon ist: insofern, als alle Subjekte die gleiche Logik benutzen, sind ihre Resultate gleich, insofern aber, als die Anwendung von unterschiedlichen ontologischen Stellen her geschieht,

---

[161] Günther, Gotthard: a.a.O., S. 21 f.

sind ihre Resultate verschieden. Dieses Zusammenspiel von Gleichheit und Verschiedenheit in logischen Operationen wird nun durch die Stellenwert-Theorie der transklassischen Logik beschrieben.

Sie: Aus dem, was du sagst, höre ich heraus, dass auf irgendeine Art und Weise Perspektivität im Spiel ist. Ich verstehe das Ganze so: Ein nicht-klassisches, lebendiges System muss gegenüber seiner Umwelt einen Standort einnehmen Diese Anforderung, einen Standpunkt einzunehmen, bedeutet nun, dass das System in einer perspektivischen Relation zu seiner Umwelt steht. Schauen wir beispielsweise von oberhalb hinunter in ein Dorf: Steht die Kirche links vom Rathaus oder flankiert sie es rechts? Von oben aus gesehen würden wir sagen, die Kirche steht links vom Rathaus. Würden wir vom unteren Dorfrand nach oben schauen, würden wir sagen, sie steht rechts. Anhand dieses – zugegebenermassen trivialen – Beispiels ist es jedermann sofort klar, dass man der Kirche weder die eine noch die andere Eigenschaft zusprechen kann, sondern dass es sich um ein Umtauschverhältnis zweier völlig gleichwertiger Standortbezeichnungen handelt. Wenn wir in diesem Beispiel „rechts" oder „links" sagen, machen wir im Grunde genommen überhaupt keine Aussage über die beiden Bauwerke, sondern nur über den räumlichen Standort, den wir selbst im Augenblick unserer Feststellung einnehmen.

Er: Genau um die Notwendigkeit solcher Standortbezeichnungen geht es, wenn die drei Realitätskomponenten „Ich", „Du" und „Es" nicht mehr mit sich selbst identisch sind, d.h. einfach identifiziert werden können. So besteht bei der Thematisierung des „Du" die grundsätzliche Schwierigkeit darin, dass es nicht gelingt, ihm subjektive oder aber objektive Subjektivität als Eigenschaft zuzusprechen, so wenig wie der Kirche die Eigenschaft „rechts" oder „links" vom Rathaus zu stehen.

Sie: Dies bedeutet: Wenn jedes „Ich" zwar mit denselben klassisch-logischen Möglichkeiten seine Umwelt wahrnimmt, dann nimmt dennoch jedes „Ich" einen anderen Standort ein. Daraus folgt, dass sich hierdurch der Wirklichkeitsbereich bzw. der Objektivitätsbereich für jedes „Ich" verschiebt. Denn für jedes „Ich" stellen alle anderen „Ichs" „Dus" dar, und „Dus" sind für jedes „Ich" objektive Daten der Wirklichkeit. Dies ist eine sehr folgenreiche Konsequenz aus der Perspektive eines nicht-klassischen Systems: Es gibt keine mit sich selbst identische „Objektivität" und „Subjektivität" mehr.

Er: Richtig. Was die Bereiche der Subjektivität und der Objektivität anbelangt, so haben wir eine prinzipielle Uneindeutigkeit. Sie erweist sich nämlich als eine standortgebundene Mehrdeutigkeit bzw. du kannst auch sagen, es wird hiermit eine prinzipielle Perspektivität eingeführt. Die „Du-Reflexivität" bricht sich an zwei Stellen, nämlich an der Aussenwelt, aber auch an der Reflexivität des „Ich", die ihm als objektives Faktum gegenübertritt.

*

Sie: Um das Ganze für mich etwas anschaulicher zu machen, schlage ich vor, dass wir uns beide und unser Gespräch als Beispiel kurz durchexerzieren.

Du und ich sind Gesprächspartner. Unser Gespräch findet hier in der Stube als unserem kleinen Universum statt, in dem wir uns gerade aufhalten, und jeder von uns produziert Mitteilungen. Die vorfindbare Struktur besteht aus:

- Dir, die Stube hier (Umwelt), mir und den Mitteilungen-von-mir;
- mir, Umwelt, dir und den Mitteilungen-von-dir.

Du und ich leben in verschiedenen Umwelten – jeder sitzt auf einem anderen Stuhl, d.h. an einem anderen Ort. Du kannst in meine Augen sehen, aber nicht in deine eigenen. Meine Mitteilungen sind für dich Umwelt, nicht aber für mich, und umgekehrt. Ausserdem bringt jeder von uns seine eigene Vorgeschichte und Lebenserfahrung mit, also seine persönliche Sicht der Welt – ein See stellt für einen Fischer, ein schwimmendes Mädchen und einen am Ufer sitzenden Wanderer jeweils eine völlig verschiedene Umwelt dar.

Die Umwelt besteht aus Objekten, nennen wir sie Es. Damit haben wir Ich, Du und Es als die zentralen Komponenten. Für jeden von uns besteht die Welt also aus Ich, Du und Es, wobei jedes Du von sich aus gesehen wiederum ein Ich ist – jeder von uns sagt von sich: Ich.

Er: ... Damit hast du die Dreistelligkeit eingeführt! Jetzt wird das Du denkbar, denn was zwischen dir und mir – also Ich und Du – vermittelt, ist der Kommunikationsprozess. Zum einen kann ich darin einerseits Ich (für mich) und andererseits Du für dich sein. Von meinem Standort aus gesehen bin ich Ich (Subjekt) und du als auch die umgebende Umwelt sind Objekte. Zwischen dir und dem Tisch, an dem wir beide sitzen, ist zweiwertig dargestellt kein wesentlicher Unterschied.

Wir haben also drei Seinsorte: Ich, Du und Es. Doch in der klassisch-zweiwertigen Logik können wir nur zwei Seinsorte bestimmen: Subjekt und Objekt. Vom Standort des Ich wären dann Du und Es Objekte. Doch ein Du ist etwas völlig anderes als ein Es, denn jedes Du ist für sich ein Ich, ein Es ist aber nie Du oder Ich. Eine zweiwertige Weltsicht reicht also nicht aus. Wir müssen über sie hinausgehen, was du bereits getan hast.

Sie: Zum besseren Verständnis müssen wir noch einen Punkt erhellen, nämlich was deine und meine Position in unserem kleinen Universum betrifft: Es ist offensichtlich, dass die Bewusstseins- und Erkenntnissituation von dir und mir asymmetrisch ist – wir sind nicht vertauschbar –, und sie enthält nur eine symmetrische Komponente, nämlich das kleine Universum – die Wohnstube, in der wir uns aufhalten – als die Umwelt der Objektivität, die dir und mir hier gemeinsam ist.

Allerdings ist ein Vorbehalt anzubringen: Selbst unter der Annahme, dass die je subjektive Weltsicht von dir und mir das gleiche symbolische Abbild der Umwelt darstellt, kann der Prozess der Verständigung nicht zur vollkommenen Deckung kommen, ist eine völlige Konvergenz zwischen zwei Subjekten unmöglich – abgesehen davon, dass es einer dritten Instanz bedürfte, um diese Konvergenz zu konstatieren. Der Grund hierfür liegt in der Natur der Sprache. Denn die Sprache ist zweierlei: Erstens Repräsentation der Welt und zweitens Kommunikationsmittel zwischen verschiedenen Subjekten. Dieser Doppelfunktion der Sprache entspricht, dass sie sowohl Informations- wie Bedeutungsträger ist. Nun ist aber durch die Informationstheorie einwandfrei festgestellt worden, dass Information und Bedeutung nicht dasselbe sind. Der Fluss der Information zwischen zwei Subjekten ist ein völlig objektives Ereignis in der Umwelt, doch sobald er auf ein selbstreferentielles Subjekt trifft, vollzieht sich dort ein geheimnisvoller Vorgang, bei dem Information partiell in Bedeutung transformiert wird. Wieviel Bedeutung dem Informationsprozess durch ein Subjekt aber abgenommen werden kann, das hängt ganz von den selbst-reflexiven Eigenschaften des fraglichen Subjekts und seiner strukturellen Komplexität ab. Die Konvergenz würde also die Aufhebung des Unterschieds zwischen Information und Bedeutung voraussetzen. Diese Aufhebung ist aber für ein erlebendes Subjekt prinzipiell unmöglich.

Er: Bereits für diese einfache Situation hast du nochmals deutlich gemacht: Das Subjekt als Ich und das Subjekt als Du sind ontologisch und damit auch logisch nicht gleichwertige Grössen. Jedes Subjekt kann nur sich selbst als (pseudo-objektives) Ich erleben. Aber ebenso wie es als Ich mit sich allein in der Welt ist, so erlebt es das Du als eine prinzipielle Vielfalt. Und die von dir erwähnte Doppeldeutigkeit der Sprache verkompliziert noch das Ganze.

*

Sie: Jetzt können wir zu dem Punkt zurückkehren, wo du Günther zitierend neben den beiden klassischen metaphysischen Komponenten von reiner Subjektivität und reiner Objektivität – oder von Denken und Sein – als ebenbürtigen dritten Wert den „Reflexionsprozess" eingeführt hast.

Was ich bis jetzt verstanden habe – und wir vorhin bereits erörtert haben – ist, dass Subjektivität auf Ich und Du verteilt ist und sich nicht mehr nur auf das Ich bezieht. Ebenfalls bezieht sich „Objekt" nicht mehr nur auf das Es, sondern ist auf Es und Du verteilt.

Er: Lass uns das in der nachfolgenden Abbildung [162] verdeutlichen:

Das obere Drittel des Kreises mit der durchgezogenen Linie zeigt die Objektivitätskomponenten von „Es" und „Du", das rechte, gepunktete Drittel sowie das linke gestrichelte Drittel zeigen die Verteilungen der Subjektivitätskomponenten von „Es" und „Du" sowie die völlige, aber zweideutige Subjektivität von „Ich". Anders ausgedrückt: Das „Ich" bezieht sich auf das „Du" und zugleich auf das „Es", zwischen dem „Ich" und dem „Du" besteht eine Umtauschbeziehung, da das Verhältnis zwischen „Ich" und „Du" symmetrisch ist; dagegen ist das Verhältnis zwischen „Ich" und „Es" asymmetrisch. Das „Ich" steht also in einer doppelten Beziehung zum „Nicht-Ich", einmal zum „Es" und einmal zum „Du".

---

[162] Diese Abbildung ist entnommen aus: Günther, Gotthard: „Idee und Grundriss einer nicht-Aristotelischen Logik. Die Idee und ihre philosophischen Voraussetzungen", Hamburg 1978, S. 111

Zum besseren Verständnis stelle ich die in der obigen Abbildung enthaltenen Gedanken in etwas anderer Form nochmals dar: [163]

ICH-DU-ES-Funktionalität

Sie: Sehr gut. Aus beiden Abbildungen wird für mich jetzt endgültig klar, dass das „Ich" nicht mit dem klassischen Subjekt gleichzusetzen ist: Das „Ich" ist vielmehr über zwei Subjektivitätskomponenten verteilt, wobei die eine davon reine subjektive Reflexion als Prozess ist, während „Du" und „Es" beide sowohl subjektive als auch objektive Anteile haben. Subjektivität ist also so verteilt, dass alle drei Realitätskomponenten an ihr teilhaben.

Er: Für ein vertieftes Verständnis eines in logischer Hinsicht nicht ganz leichten Sachverhalts soll nochmals systematisch wiedergegeben werden, was die Abbildung darstellt. Zunächst – du hast es bereits gesagt – ist das „Ich" über zwei Subjektivitätskomponenten verteilt. Früher haben wir bereits verschiedene Eigenschaften einer zweiten Form der Reflexivität angesprochen: gemäss der Abbildung kommen diese dem „Ich" zu. Das „Du" teilt mit dem „Es" Objektivität, insofern es das gedachte „Ich" ist, und es teilt Subjektivität mit dem „Ich", insofern es nur das inverse „Ich" ist. Das „Es" kann nicht mit dem klassischen, irreflexiven Objekt oder mit objektiver Objektivität identifiziert werden, denn es teilt Subjektivität mit dem „Ich". Insofern gibt es kein vollkommen denkunabhängiges, objektives Objekt. Seine Objektivität teilt „Es" wiederum mit dem „Du", insofern es Gedachtes, also abgeschlossener Prozess ist. Das „Ich" steht ausserdem in einer reflexiven, also negierenden Position beiden, dem „Es" wie auch dem „Du", gegenüber, ebenso wie das „Du" sowohl das „Es" als auch das „Ich" reflektieren bzw. negieren kann. Das Reflexions- oder Negationsverhältnis zwischen „Ich" und „Es" ist jedoch ein

[163] Diese Abbildung ist entnommen aus: Kaehr, Rudolf: „PolySystemics®", in: http://www.thinkartlab.com, Glasgow 2003, S. 55

anderes als das das zwischen „Ich" und „Du". (...) Was dieses Schema aus technischen Gründen nicht abbilden kann, ist die grundsätzliche Vertauschbarkeit von „Ich" und „Du", womit deutlich würde, dass beide über die zwei Komponenten der Subjektivität bzw. Reflexivität verfügen können, da dies nur eine Frage der Perspektivität ist.

Sie: Wenn ich in der Abbildung „Ich" und „Du" vertausche, wird erkennbar, dass das „Du" nur das inverse „Ich" ist. Jedes „Du" ist für sich selbst ein „Ich". Jedes „Ich" reflektiert jedes „Du" als „Du", aber auch umgekehrt reflektiert jedes „Du" jedes „Ich" als „Du". Jedes „Du" verfügt als „Ich" über beide Subjektivitätskomponenten.

Er: ...und jedem „Ich" ist das „Du" ebenso fremd wie jede andere objektive Gegebenheit, d.h. jedes „Du" wird von jedem „Ich" als Objekt wahrgenommen, wobei jedoch jedes „Ich" jedes „Du" als Subjekt anerkennt, ihm also unterstellt, dass es ebenfalls Subjektivität sei.

Sie: Und weil – wie aus der Abbildung zudem deutlich wird – Subjektivität komplexer ist als Objektivität, können beide nicht mehr miteinander völlig zur Deckung gebracht werden.

Er: Dem ist so, weil dieses Schema kein identitätslogisches, sondern ein reflexionslogisches Modell darstellt. Der entscheidende Punkt dabei ist: Realität kann nicht mehr als die objektiv seienden Dinge aufgefasst werden. Realität ist nicht mehr „Es", Realität ist aber auch nicht die Zusammensetzung von „Ich", „Du" und „Es", sondern, da alle diese drei Komponenten nicht mehr mit sich selbst identisch sind, vielmehr der *Zusammenhang* dieser Komponenten selbst. Jetzt kann „Ich" nicht mehr mit „Subjekt" und „Es" mit „Objekt" verwechselt werden.

> „Die Inder, die soviel bessere Metaphysiker sind als wir Europäer, besitzen ein Gleichnis, das Buddha zugeschrieben wird und das den Sachverhalt trefflich erläutert. Wirklichkeit wird dort den Ährengarben verglichen, die zur Zeit der Ernte aufrecht aneinandergelehnt auf den Feldern aufgestellt werden. Damit sie aufrecht stehenbleiben, sind gerade drei Garben nötig. Buddha vergleicht nun die Wirklichkeit nicht mit den Garben, sondern mit dem Aufrechtstehen, das durch das Aneinandergelehntsein der drei Garben zustande kommt. Das Gleichnis hat mit unserer Denkweise gemein, dass hier die Wirklichkeit ganz unontologisch interpretiert wird. Die Wirklichkeit ist nicht die seienden Garben, sondern das stofflich nicht existie-

> rende Aufrechtstehen. Wir gehen nicht ganz so weit und geben zu, dass die Wirk-
> lichkeit auch als Sein gedacht werden müsse, fügen aber mit Hegel hinzu, dass das
> ihr geringstes und unwesentlichstes Moment ist. (...) Was wir Wirklichkeit nennen,
> ist das Gewebe aus diesen drei Komponenten – und nicht die Komponenten selbst.
> Das Gesetz aber, nach dem jenes Gewebe gesponnen ist, ist der ‚Gegenstand' der
> mehrwertigen Logik." [164]

Sie: Wenn wir also sagen, das „Du" hat zugleich objektive und subjektive Bestand-
teile, dann bedeutet das nicht, dass das „Du" eine Misch- oder Hybridform ist, sondern vielmehr, dass es in verschiedenen Hinsichten unterschiedlich fungiert.

Er: So ist es, und hier können wir mit Günther anschliessen, der ausdrücklich die
logische Relevanz des „Du" betont, indem er darauf hinweist, dass sich die klassische Unterscheidung zwischen Sein und Reflexion im Subjekt wiederholt, insofern
beide ihre Positionen vertauschen können, aber gleichwohl eine andere Unterscheidung darstellen, weil in ihr die eine Komponente lebendige, prozessierende
Reflexivität ist statt nur kontemplative Reflexion. Das „Du" befindet sich in einem
grundsätzlichen Unterschied zum „Ich", das immer nur reflexiv ist: „Seine Existenz
[die des „Ich"] ist unerreichbar, weil es sich von Reflexion zu Reflexion in immer
tiefere Schichten der Innerlichkeit zurückzieht. Soweit die Reflexion ihm auch
folgt, es bleibt stets Denken und enthüllt sich nimmer als Sein." [165] Damit ist gezeigt, dass beide Komponenten der Subjektivität, „Ich" und „Du", zwei genuine
Komponenten sind, die nicht ineinander übergehen können, d.h. nicht auf eine
Komponente reduzierbar sind.

Sie: Im reflexionslogischen Erkenntnismodell sind Subjekt und Objekt also über
drei Realitätskomponenten („Ich", „Du", „Es") verteilt und nicht mehr mit sich
selbst identisch. Aber auch in einer solchen triadischen Konstellation ist doch
gleichzeitig jede Komponente *für sich* mit sich selbst identisch? Oder habe ich da
etwas falsch verstanden?

---

[164] Günther, Gotthard: „Idee und Grundriss einer nicht-Aristotelischen Logik. Die Idee und
ihre philosophischen Voraussetzungen", Hamburg 1978, S. 121 f.

[165] Günther, Gotthard: „Idee und Grundriss einer nicht-Aristotelischen Logik. Die Idee und
ihre philosophischen Voraussetzungen", Hamburg 1978, S. 329

Er: Nein, du hast richtig verstanden. Günther fasst diesen Sachverhalt zusammen als: „(...) 1) die Identität des Gegenstandes mit sich selbst, 2) die Identität des Reflexionsprozesses (des Denkens) mit sich selbst, und 3) schliesslich die Identität des erlebenden Subjekts mit sich selbst." [166] Günther bringt damit zum Ausdruck, dass das trans-klassische Erkenntnismodell das klassische immer mitenthält. Denn auch innerhalb dieses erweiterten Systems muss die Möglichkeit vorhanden sein, dass ein „Ich" oder ein Bewusstsein sich mit sich selbst identifizieren, das heisst zwischen sich selbst und seiner Umgebung unterscheiden kann.

Sie: Dies widerspiegelt einmal mehr die Erkenntnis, dass wir nur zweiwertig denken können, auch wenn ein mehrstelliges System die gesamte Realitätsthematik angemessener wiedergibt. Ein „Ich" muss sich stets in einem Umtauschverhältnis zu seiner Umwelt verstehen, da es andernfalls nicht mehr wüsste, was es ist.

Er: Aus der Perspektive eines trans-klassischen mehrstelligen Logik-Systems lässt sich unmittelbar die Frage anschliessen, was Subjektivität oder Bewusstsein dazu bringt, sich selbst als mit sich identisch zu denken, d.h. wie es überhaupt zu der Annahme einer allgemeinen „unendlichen Subjektivität" kam? Die Antwort: Innerhalb des dualistischen Erkenntnismodells ergibt sich die Annahme des mit sich selbst identischen Subjekts zwangsläufig, sobald das Objekt als etwas mit sich selbst Identisches gedacht wird. Die Reflexion kann dann gar nicht anders, als sich mit diesem Objekt zu identifizieren, und indem sie dies tut, wird sie notwendigerweise ebenfalls zu etwas mit sich selbst Identischem. Damit wird sofort klar, inwiefern ein solches „unendliches Subjekt" das Wesentliche *nicht* kann: Denken als aktiven, gestaltenden Prozess zu denken.

Sie: Das bringt mich zur Frage: Da ein trans-klassisches Logik-System die Gültigkeit der klassisch-zweiwertigen Logik nicht aufhebt, sondern diese als Sonderfall einschliesst, ist die Zuweisung der Subjektivität eines „Du" durch ein „Ich" doch nur autologisch möglich?

Er: Richtig. Denn Ich und Du nehmen sich gegenseitig unmittelbar nur als Handelnde wahr bzw. als Wille, nicht als Sein, auf das passiv reflektiert wird, und eben auch nicht als Subjektivität: Dass ein „Du" über Subjektivität verfügt, beruht aus der Perspektive eines „Ich" stets auf einem *Anerkennungsakt*. Somit widerspricht

---

[166] Günther, Gotthard: „Die aristotelische Logik des Seins und die nicht-aristotelische Logik der Reflexion", in: ders.: "Beiträge zur Grundlegung einer operationsfähigen Dialektik", Band 1, Hamburg 1976, S. 171

jegliche Forderung, fremdseelische Subjektivität *an-sich-objektiv* festzustellen, sich selbst – wir haben ganz zu Anfang darüber gesprochen. Die Subjektivität des „Du" für ein „Ich" macht sich eben nicht als Faktum bemerkbar, sondern als Wille und Handlung. Noch deutlicher ausgedrückt: „Im Gegensatz zu den zwischen unbelebten Dingen stattfindenden objektiven (gegebenen) Ereignissen ist die Subjektivität in der Gestalt des Du für uns ausschliesslich als ‚Willens'-Ereignis beobacht- und begreifbar, d.h. als Ausdruck eines subjektiven Willens, der nicht der unsrige und für uns vollkommen unzugänglich ist."[167]

*

Sie: Ich fasse für mich einmal kurz zusammen: Gotthard Günther hat ein nichtklassisches, reflexionslogisches, und das heisst mehrwertiges – oder besser mehrstelliges – Erkenntnismodell entwickelt, welches das seit längerem als unzulänglich empfundene dualistische, klassische Erkenntnismodell ergänzt. Darin hebt er die Beschränkungen der Logik durch die vier Aristotelischen Axiome (Identität, verbotener Widerspruch, ausgeschlossenes Drittes (*tertium non datur*), zureichender Grund) auf und spielt die Möglichkeiten durch, die sich ergeben, wenn man die Logik von diesen Prinzipien befreit, sowie die Konsequenzen, die sich daraus für ein transklassisches Erkenntnismodell ergeben.

Zugespitzt formuliert: *Die transklassische Logik ist das Denken der klassisch-zweiwertigen Logik.* Weil die transklassische Logik es nicht mehr mit Gegenständen zu tun hat, verlieren in ihr auch Begriffe wie „wahr" und „falsch" ihren absoluten Sinn, denn jede wahr/falsch-Entscheidung setzt einen Bestimmungsgesichtspunkt – einen logischen Ort – ausserhalb der jeweiligen logischen Domäne voraus, von dem aus die Entscheidung getroffen werden kann. Der klassische Wahrheitswert spaltet sich gleichsam auf und die klassisch-zweiwertige Logik erhält im Rahmen der Mehrwertigkeit veränderte Stellenwerte zugeteilt.[168] Für die Beschreibung

---

[167] Günther, Gotthard: „Cognition and Volition – Erkennen und Wollen. Ein Beitrag zu einer kybernetischen Theorie der Subjektivität", in www.vordenker.de, S. 8

[168] Jede Kontextur, i.e. jeder logische Bereich, in dem alle Regeln der klassischen Logik gelten, enthält Wahrheit, aber keine Kontextur enthält die ganze oder absolute oder umfassende Wahrheit. Innerhalb jeder Kontextur gelten die Wahrheitskriterien. Jeder Mensch lebt in seiner Wahrheit und drückt diese mit *seinen* Worten aus. Jeder Mensch begreift die Welt mit derselben Logik, aber er begreift sie von einer anderen Stelle im Sein. Benutzen alle Menschen dieselbe Logik, aber von unterschiedlichen Stellen im

der objektiven Wirklichkeit bleibt die klassisch-zweiwertige Logik uneingeschränkt gültig. Denn eine transklassische Logik, die unmittelbar auf die Realität angewandt wird statt auf das diese Realität reflektierende Bewusstsein, würde natürlich eine Welt abbilden, „in der der Wahnsinn regiert" (Günther).

Mit der transklassischen Logik stellt sich das Ganze der Wirklichkeit als „eine Art Konglomerat unendlich vieler ‚ontologischer Orte' dar, die, isoliert betrachtet, durch eine zweiwertige Logik beschreibbar sind; als Gesamt dieser Orte kann Wirklichkeit indes nur durch ein mehrwertiges System abgebildet werden. Die Welt, so liesse sich sagen, besteht aus unendlich vielen Stellen klassischer Rationalität, deren Zusammenspiel aber durch punktuelle Rationalität nicht durchschaubar wird. Der Mannigfaltigkeit der Welt entspräche übrigens viel besser eine ‚Negativsprache'. Zu dieser absurd anmutenden, originellen Idee Günthers lässt sich hier andeutungsweise nur soviel sagen, dass eine Negativsprache durch den Reichtum vielfacher Verneinungen die ‚Hintersinnigkeit der Gedanken' weitaus treffender zum Ausdruck brächte als unsere auf Bejahung beruhende, eher plump-naive ‚Positivsprache'." [169]

> Vielleicht ist es hilfreich, sich Günthers Vorschlag im Vergleich zu Raumdimensionen anhand eines literarischen Beispiels besser verständlich zu machen. In seinem Roman „Flächenland" verdeutlicht E. A. Abbott anhand eines Gesprächs zwischen einer Figur aus Flächenland, einem Quadrat („Ich"), mit einem fremden Besucher, einer Kugel („Der Fremde") aus Raumland, das Problem einer Verständigung zwischen Figuren aus verschieden strukturierten Welten. Die Figur aus der zweidimensionalen Welt reduziert alles Dreidimensionale auf die ihm bekannten zwei Dimensionen, während die Figur aus der dreidimensionalen Welt unter dem Problem der sprachlichen Vermittlung dessen, was die dritte Dimension ausmacht zu leiden hat:
>
> „Ich: ... Aber bevor der gnädige Herr vielleicht weiter in einen ausführlicheren Austausch eintreten möchte, könntet Ihr vielleicht die Neugier befriedigen, die mich fragen lässt, woher mein Besucher kommt?
>
> Der Fremde: Aus dem Raum, aus dem Raum, mein Herr – woher sonst?!

Sein, sind ihre Resultate verschieden. Vgl. dazu Bierter, Willy: a.a.O., Kap. 6 und Anhang I

[169] Hochkeppel, Willy: „Negativsprache zur Erfassung der Welt? – Der Philosoph Gotthard Günther wird 80 Jahre als", in: DIE ZEIT Nr. 25 vom 13. Juni 1980

Ich: Verzeiht, gnädiger Herr, aber befindet Ihr Euch nicht bereits im Raum – sind der Herr und sein untertäniger Diener nicht eben jetzt, im Moment, im Raum?

Der Fremde: Bah! Was wisst Ihr vom Raum? Definiert den Raum.

Ich: Der Raum, gnädiger Herr, ist Höhe und Breite, unendlich verlängert.

Der Fremde: Genau. Da seht Ihr, dass Ihr nicht einmal wisst, was der Raum ist. Ihr denkt ihn Euch als nur aus zwei Dimensionen bestehend, aber ich komme, um Euch anzukündigen, dass es eine dritte gibt: Höhe, Breite und Länge.

Ich: Der gnädige Herr scherzen. Auch wir reden von Länge und Höhe, von Breite und Dicke, und benennen so zwei Dimensionen mit vier Bezeichnungen.

Der Fremde: Ich meine aber nicht nur drei Namen, sondern drei Dimensionen:" [170]

„In diesem Sinne ist es zu verstehen, wenn Günther eine transklassische Logik als eine beschreibt, die die klassische Logik als Spezialfall enthält, so wie der dreidimensionale Raum Zweidimensionalität einschliesst. Er schreibt: ‚Dieser Reflexionsüberschuss ist vielmehr ein Anzeichen für die Existenz einer zweiten Logik, die die erste oder klassische Logik als Spezialthema in sich fasst, die aber in ihrer eigenen Thematik weit über das Thema ‚objektives Sein' hinausgeht und die ihren eigenen formalen Regeln folgt. (...) Da dieser Reflexionsüberschuss, der auf eine zweite theoretische Bewusstseinshaltung des Menschen jenseits seiner bisherigen klassisch-ontologischen hindeutet, in die traditionelle Logik schlechthin nicht hineingehört, richtet er dort nur logisches Unheil an. Er produziert Paradoxien und ruiniert die reinliche Disjunktion der positiv-negativen Alternativen.' [171] " [172]

Er: … Wenn du gestattest, möchte ich deine Zusammenfassung noch etwas erweitern. Das Ergebnis unseres inzwischen schon fast nächtlichen Gesprächs ist, dass Subjektivität eine mehrstellige Beschreibung erfordert, die Subjektivität nicht objektiviert – als Studienobjekt oder Gezähltes einführt und behandelt –, sondern unmittelbar, direkt und damit wieder bewusst im Leben vermittelt und das bisher Verdrängte – die Zeit, die Bewegung, den Körper, das Begehren, das Andere, das Nichts usw. – in den logischen „Kalkül" miteinbezieht. Mit dem Eintritt des Subjekts in die Logik, mit der logischen Drei als erstem Baustein einer „mehrstelligen Logik" ist der Ausbruch aus dem zweiwertigen Entweder-Oder-Duell geschafft.

---

[170] Abbott, Edwin Abbott: „Flächenland", Stuttgart 1989, S. 82 f.

[171] Günther, Gotthard: a.a.O., S. 239

[172] Ort, Nina: „Reflexionslogische Semiotik", Weilerswist 2007, S. 50/51

Setzen wir das Neue der Mehrstelligkeit in Beziehung zu den Grundfunktionen der alten zweiwertigen Objekt-Logik, so beinhaltet Mehrstelligkeit zweierlei:

1. Einen Positionswechsel des Subjekts, also einen Wandel in Raum und Zeit. Ihr *Schlüssel-Operator* ist nicht das Entweder-Oder, sondern der *Sprung*, der *Ortswechsel* [173].

2. Weil zur klassischen Unterscheidung zwischen Subjekt und Objekt zusätzlich jene zwischen Ich und Du, zwischen Subjekt A und Subjekt B hinzukommt, so wird aus der einen und einzigen Objekt-Welt – Günther nennt sie Universalkontextur [174] –, die für alle absolut identisch ist, jetzt ein *Netz* der einzelnen subjektiven Weltbilder und Perspektiven. Das Faktum, dass ein Ich die Welt anders wahrnimmt als ein Du, ist jetzt weder Irrtum noch Fehler oder Sünde, sondern Bedingung für Interaktion und Dialog – und das bedeutet Vermittlung und Verknüpfung von Unterschieden. Das konfrontative Entweder-Oder wird abgelöst durch ein mediales Dazwischen- und Darin-Sein.

Wir sind in der polykontexturalen Logik angekommen. Günther nennt sie polykontextural: *„poly"* deshalb, weil sich die hierarchische Pyramide des Einen und Einzigen in viele verschiedene, verteilte Orte auflöst und „kontextural" deswegen, weil diese Orte kontextabhängige Perspektiven und Positionen markieren, die nur aus ihrer jeweiligen Umwelt heraus zu verstehen sind. Allgemein formuliert erforscht und beschreibt die polykontexturale Logik parallele und nicht-hierarchische, nicht-lineare Relationen in einem dynamisch-offenen und komplexen Pluriversum. Mit dem Sprung, dem Ortswechsel, ist logische Subjektivität Dynamik, was darin zum Ausdruck kommt, dass jetzt Subjektivität nicht mehr bloss passive Kontemplation einer übermächtigen Objektwelt ist, sondern sich als Praxis, als Handlung erkennt und behauptet. So gesehen ist die mehrstellige Logik als Logik des Subjekts eine Logik des Willens, der Praxis, des Zukünftigen, des unaufhörlich Möglichen und Neuen, eine Prozess-Logik des Immer-Unfertigen. Damit eröffnet sich die aussergewöhnliche Alternative, nicht nur kontemplative Reflexionsverhältnisse zur Beschreibung der Welt zur Verfügung zu stellen, sondern die Möglichkeit, Prozesse,

---

[173] Die entsprechenden Logik-Operatoren heissen zweite Negation, Rejektion und Transjunktion; siehe dazu siehe dazu Anhang I in: Bierter, Willy: „Wege eines Wanderers im Morgengrauen. Auf den Spuren Gotthard Günthers in transklassischen Denk-Landschaften", Books on Demand, Norderstedt 2018

[174] siehe dazu auch Anhang I in Bierter, Willy: a.a.O.

Entwicklungen, Veränderungen selbst darstellen zu können, die nicht nur kontemplativ als Prozess- und Entwicklungsergebnisse beobachtet werden können, sondern als aktiver, gestaltender Zugriff auf die Welt formulierbar werden. [175]

---

[175] Für die Beschreibung des Verhältnisses zwischen zwei Du-Subjektivitäten ist die triadische Konstellation von Ich-Du-Es allerdings nicht komplex genug und bedarf einer zusätzlichen Strukturerweiterung zur Vierheit; siehe dazu Anhang I in: Bierter, Willy: „Wege eines Wanderers im Morgengrauen. Auf den Spuren Gotthard Günthers in transklassischen Denk-Landschaften", Books on Demand, Norderstedt 2018, S. 185 f.

6. Wege ins Unbegangene

Der Tag war noch grau, als sie sich nach einem kurzen Rundgang durch die Umgebung des Weilers an den Holztisch zum Frühstück setzen und mit einer ungebrochenen Debattierlust die Gesprächsfäden vom Vortag wieder aufnehmen.

Sie: ... Und was treibst du so den ganzen Tag?

Er: (lacht) ... Was macht ein alter Mann, der bald an jenem Ufer sein wird, von dem aus jeder Mensch dereinst einwegig über den grossen Fluss setzt? So gut es geht, versuche ich mein kommendes Ende in das eigene Dasein einzubetten, das Dasein vom Ende des Lebens her zu ergreifen und zu leben, von seinem *Noch-nicht*, von dem, was noch nicht ist, aber vielleicht auftauchen kann, dem Zukünftigen. Was tue ich also den ganzen Tag? Von alltäglich wiederkehrenden Verrichtungen einmal abgesehen: Unentschieden gehen, wandern, immer und immer wieder, empfangend Neues entdecken und Altes wieder neu entdecken, auch beim Schreiben oder mehrmaligen Lesen von Werken, die schon während langer Zeit meine Weggefährten sind.

Manchmal helfe ich den Nachbarn bei der Feldarbeit und der Ernte, im Stall oder wo sie sonst gerade Unterstützung benötigen. Dabei werden all die Jahre hier oben mich vor allem eines gelehrt haben: Diese „kurzsichtigen" und deshalb umso standhafteren Menschen erkennen besser, was in ihrer Reichweite liegt. Eng verbunden mit den kompakt stofflichen Dingen verliert sich ihr Blick nicht in der Ferne. In ihrem alleralltäglichsten Leben stellen sie sich dem unerlässlich Notwendigen, auch dem Schweren bis in die Entbehrung hinein, mit unerschöpflicher Geduld und ausdauerndem Mut immer wieder aufs Neue, sie nehmen die Arbeit, die Mühe hartnäckig und wortlos hin – und sie begegnen dir als Nachbar und gelegentlicher Mithelfer zwar wortkarg, aber mit ein wenig Wärme und einem milden Leuchten in ihrem schwachen Lächeln.

Sie: Was hat dich bewogen, in diese abgeschiedene Gegend zu ziehen?

Er: ... Diese karge, rauhe Landschaft mit ihrer vibrierenden Stille, die Menschen hier oben, Musse für meine Schreiberei und die Möglichkeit, ein eher selbstgewähltes Leben im Lichte eigener Maximen führen zu können – was leidlich zu bewerkstelligen ist, hat man einmal die schlimmsten Instinkte, Dämonen und die unselige Selbstzufriedenheit überwunden, die die Fäden des Lebens bislang in Händen hielten.

Sie: Höre ich aus deinen Worten eine Prise „Zuflucht vor der Welt" heraus? Früher haben sich Menschen mit einem starken Vorbehalt gegen die groben Wege der Weltkinder oft ins Kloster, ins Gebirge oder in den Wald zurückgezogen; mir kommt da Thoreau in den Sinn, der sich in einer Blockhütte in den Wäldern von Massachusetts niederliess, um einen Lebensstil in einem ausgewogeneren Einklang mit natürlichen Gegebenheiten zu verwirklichen. [176]

Er: (schmunzelt) ... Weder von klösterlichem Rückzug noch von Opferung eines Lebenskomforts kann die Rede sein – ich habe alles Notwendige, was man im Alltag gemeinhin so benötigt, sonst helfen wir unter Nachbarn uns gegenseitig aus. Also: nicht Rückzug, sondern Abstand, Abstand zu einer lärmenden Welt, einer Welt, die mich mit zerfetztem Gesicht anstarrt und der man kaum mehr ins Angesicht sehen kann, mich von all jenen Instanzen abnabelnd, die den Anspruch erheben, in einem allgemeingültigen Sinn mit aufoktroyierten Regeln und törichten Glaubenslehren über das Leben der Menschen bestimmen zu können.

Mich irritiert und beängstigt zu sehen, wie die Menschheit blind durch ein Labyrinth zu taumeln scheint, dessen Ein- und Ausgänge, Sackgassen, Umwege und endlos verschlungenen Windungen sie nicht kennt, wie ziellos auf einem Schiff unterwegs, das von gewaltigen Wellen und schweren Brandungen umhergeworfen wird, doch die Menschen davon unbeeindruckt lachend, grölend und hopsend nach wie vor nur den eigenen materiellen Vorteil und den nächsten Spass-Event im Sinn haben. Vielleicht stösst ein zorniger Gott sie dereinst allesamt ins Meer, damit endlich wieder etwas Stille einkehrt – verzeih diese spontane Eruption.

Erst wenn man sich aus den Wirbeln eines holprigen Lebens befreit hat, kann die Selbstbegegnung, die zugleich immer auch eine Begegnung mit der Welt ist, allmählich eine gewisse Leichtigkeit gewinnen, kann man sich und die Welt im Licht all der Widersprüche etwas unvoreingenommener betrachten, die das Leben oft schonungslos zutage treten lässt – ohne dabei irgendwelchen innerweltlichen Narzissmen nachzuhängen oder Rechtfertigungen für frühere Aktionen in der Welt zu suchen.

Nein, diese Gegend hat einfach unverhofft meine Aufmerksamkeit geweckt, zwischen mir und der Welt eine helle Glut der Daseinsfreude entfacht, so dass ich (fast) alles vergessen konnte, was mich früher bedrückt hat. Nicht dass mir mein früheres Dasein zur Qual geworden wäre, doch hier oben kann ich wieder Atem

---

[176] Thoreau, Henry David: „Walden oder Leben in den Wäldern", Hamburg 2016

schöpfen, ein menschlicheres Leben noch für möglich halten, ein Leben, das der Mühe wert ist, aller Mühen, die das Leben über uns verhängt.

*

Sie: ... Grenzgänger zwischen Siedler und Nomade – dieses Bild von dir beginnt sich bei mir stark einzunisten.

Er: ... Hier oben begegne ich mir selber häufiger als in meinem früheren Leben. So konnte im Laufe der Zeit die Selbstbegegnung eine gewisse Leichtigkeit gewinnen und mir ermöglichen, auf neue Weise mit anderen und anderem in einen vertrauensvolleren Umgang zu gelangen. Dies betrifft auch den Umgang mit dem eigenen Modell der Welt. In meinem Leben war ich mehrmals ganz unerwartet mit Situationen konfrontiert, die meinem eingefleischten Modell der Welt zuwiderliefen. Dies hat zunächst automatisierte Abwehrreaktionen ausgelöst: „Das kann nicht sein" oder „Es ist nicht wahr". Verblüfft über das, was gerade ablief, begann sich später allmählich die Frage Bahn zu brechen, was denn da mit meinem Glauben und Denken nicht stimmte; nur wusste ich damals nicht genau was und warum.

Sie: ... Und so steht jeder eines Tages unversehens inmitten der grundlegendsten Überzeugungen, nach denen er sein Bild und Modell von der Welt entworfen hat, stösst auf die fundamentalen Sätze, die zusammengefasst das ergeben, was seine Sicht der Welt, seine Weltanschauung ausmacht.

Er: Richtig. Wir alle fertigen permanent Bilder und Modelle an, von uns selbst, von anderen, von unserem Verhältnis mit uns und mit anderen, von den Situationen und Dingen, die uns täglich begegnen und wie sie unserer Meinung nach sein sollten.

Sie: ... Wobei zur Anfertigung von Modellen der Welt ebenfalls gehört, dass wir mehr oder weniger häufig gemachte Einzelerfahrung zu Glaubenssätzen verallgemeinern, die als unbewusste Grundannahmen zu den eigentlich tragenden Fundamenten und statisch wichtigen Säulen der Architektur unseres „Modell-Hauses" werden.

Er: Sieht man sich mit grösseren Problemen konfrontiert, die sich mit den eingefleischten Routinen nicht mehr bewältigen lassen, so kann die Frage auftauchen, ob an unserem Verhalten etwas Entscheidendes geändert werden sollte oder nicht. Diese Frage kann durchaus angstbesetzt erlebt werden, zumindest dann, wenn man nicht umhinkommt, einzusehen und anzuerkennen, dass es in der Tiefe liegende Faktoren und Zusammenhänge sind, die für das Problem verantwortlich sind. Da wir alle wohl dazu neigen, unser Ich und das Verständnis unseres Selbst in Kern- und Aussenbezirke zu unterteilen, wird es uns leichter fallen, erforderliche Veränderungen in den Aussenbezirken zuzulassen. Was die Kernbezirke unseres Ichs anbelangt, so werden wir sie in der Regel höchst selten betreten wollen, eher unberührt lassen, denn da könnte Ungemach oder gar Selbstverlust drohen.

Sie: Unabhängig, ob wir bereit sind, etwas an den Kern- oder Aussenbezirken zu verändern, in jedem Fall arbeiten wir an *Modellen*. Von daher stellen sich für mich zwei Fragen: Erstens, was tun wir, wenn wir Modelle von uns und von der Welt bauen? Zweitens: Sollten wir unsere Aufmerksamkeit nicht vorrangig darauf richten, was wir unter Modell verstehen, d.h. den Modellbegriff selbst in den Blick nehmen?

Er: Modelle sind unhintergehbar dafür, wie Menschen sich in der Welt orientieren und bewegen – ob wir es wissen oder nicht; sie gewährleisten Sicherheit für Glauben, Denken und Handeln. „Man kann nicht kein Modell haben", um den bekannten Ausspruch von Paul Watzlawick „Man kann nicht nicht kommunizieren" umzuwandeln. Ohne an dieser Stelle einen Ausflug in die Quantenphysik zu unternehmen – wir haben dies in unserem Gespräch über „Geist der Landschaft kurz getan –, können wir analog postulieren: „Jede Welt ist ein Modell der Welt, in dem der Erbauer des Modells selbst sitzt.". [177]

Sie: So wie in den Naturwissenschaften der Beobachter in den Beschreibungen der Natur längst nicht mehr wegzudenken ist, sondern Teil des Wechselspiels zwischen der Natur und ihm selbst ist, gilt dies auch für mein Modell der Welt und des Selbst: Ich bin der – nicht immer vollbewusste – Erbauer und damit immer Mit-Teil.

Er: Nur, je ausgeprägter Ich und Modell zusammenfallen, umso schwächer wird der Erbauer in seiner Handlungskompetenz und umso grösser sind Ängste und Widerstände, am eigenen Modell etwas zu verändern. Machen wir uns also nichts vor: Es gibt sicher Leichteres als der Umgang mit dem eigenen Modell der Welt, geht es doch zunächst darum, das eigene Modell *als Modell* zu erkennen; das allein erfordert schon eine gehörige Portion Mut. Aus eigener Erfahrung weiss ich: Noch mehr Mut braucht es, über das eigene Modell hinauszusehen und das Wagnis einzugehen, in unbekanntes Gelände vorzudringen, Wege in Richtung neuer Formen der Selbst- und Welterkundung zu gehen.

---

[177] Grochowiak, Klaus und Castella, Joachim: „Der leichte Tanz", Paderborn 1998, S. 19

Sie: Wie erkennt man das eigene Modell als Modell? Darüber habe ich mir noch nie den Kopf zerbrochen.

Er: Man muss den Modellbegriff selbst in den Blick zu nehmen. Wir sind mit einer inflationären Häufung des Wortes „Modell" konfrontiert, haben unzählige Modelle darüber, was in Zukunft mit dem Klima geschehen wird, wie und weshalb sich Viren ausbreiten, welche Folgen die schiefen Türme der angehäuften Schuldenberge haben könnten – unzählige Modelle und daraus abgeleitete Statistiken sowie Mutmassungen weit und breit.

*

Sie: Lass uns doch unser Gespräch über Modelle zunächst in die Richtung dieses behaglichen Hauses lenken. Mich interessiert der konkrete Weg vom alten Stall zum heutigen Haus. Ich würde gerne mehr erfahren, wie du den Umbau dieses alten Stalls zu diesem Haus bewerkstelligt hast, wie du vorgegangen bist? Hast du ein Modell entworfen und dich dann an dessen Umsetzung gemacht? Und wo hast du während all dieser Zeit gewohnt?

Er: Vorerst zu deiner Frage, ob ich zu Beginn ein Modell, eine Art Blaupause angefertigt habe, wie denn der Stall nach dem Umbau in etwa auszusehen hätte? Kurze Antwort: Nein! Warum? Nun, wenn sich in dir das Gefühl ausbreitet, du wärst wie in einem Labyrinth gefangen, so finden sich in deinem Denken, wo du anfangen sollst, wie du vorgehen willst, keinerlei Hinweise auf eine objektivierbare Methode, kein roter Faden, an dem du dich festklammern kannst, von dem aus das Wie und das Was des baulichen Vorgehens detailliert – gleichsam algorithmisch – abgearbeitet werden kann.

Jedenfalls war das Ganze ein langer und manchmal durchaus anstrengender Prozess. Es gab keinerlei gesichertes Wissen über das Wie des Vorgehens, nicht den *einen* Standpunkt, den übergeordneten Blick, von dem aus das Vorhaben in Gang gesetzt werden konnte, und schon gar nicht die Autorität einer Architektur mit ihren orthogonalen Projektionen von Grundriss, Schnitt und Aufriss als primäres Mittel der Darstellung. Man denke nur an heutige Wohnbauten, die sich aus kubischen Elementen zusammensetzen, mit flachem Dach und grossen Fenstern, ohne irgendwelche Ornamente geradezu verstandesmässig gegliedert. Eine Architektur aber, die nicht mehr den Menschen und seine Bedeutungen repräsentiert, die nicht in der natürlichen Umgebung gründet und als solche definiert und gebaut bleibt, verkommt – wie Peter Eisenmann sagt – zum blossen „selbstrefentiellen Zeichen". [178]

Der alte Stall sollte sich selbst erklären, Auskunft geben, was in ihm innewohnt, was – vielleicht – zu einem ganz besonderen Verhältnis von Haus und Bewohner, von Innen und Aussen führen könnte. Deshalb bin ich anfänglich häufig nur um den Stall herumgelaufen, habe ihn vorsichtig betreten – man konnte nie wissen, wie stabil das Innere ist, zudem lagen auf dem Boden heruntergefallene Mauerstücke und geborstene Ziegelsteine herum –, um ihn anschliessend eingehend von Aussen und Innen in Augenschein zu nehmen, mit meinen Händen das Mauerwerk und das noch vorhandene Tragwerk auf seine Festigkeit zu prüfen. Erst danach begannen erste vage Vorstellungen des Um- und Neubaus Gestalt anzunehmen.

Sie: … Ich vermute mal: Der Um- und Neubau gestaltete sich ereignishaft, gab Schritt für Schritt der Erfindung Raum, wobei rein technische und empirische Teile – wiederum ereignishaft – gewiss auch eine gewichtige Rolle gespielt haben.

Er: Deine Vermutung trifft zu. Die Methode ist eine Technik, ein Verfahren, um den Weg des Vorgehens begehbar zu machen, sie ist eine Technik der Aneignung des Wegs – in der stillen Hoffnung, dass er dorthin führt, wo man ankommen möchte. Doch der Weg selbst ist keine Methode, das gilt es auseinanderzuhalten.

Im gesamten Vorhaben war ich immer unterwegs, bewohnte gleichsam den Weg des Vorgehens, aus dem kein Weg herausführt, wie in ein Labyrinth verwickelt, aus dem es ebenfalls kein Entkommen gibt. Zu Beginn von etlichen Zweifeln geplagt, gelangte ich von Umweg zu Umweg allmählich erleichtert zu der Einsicht, dass auch das Denken immer ein Weg ist, in meinem Fall in Annäherung an eine Architektur begriffen, einer Architektur allerdings, die weder ausnahmslos Technik in Anspruch nimmt noch sich auf den Status einer Repräsentation eines meist linearen Denkens reduzieren lässt. Vielmehr schälten sich fortlaufend Vorstellungen heraus, aber eben keine Vorstellungen im Sinne von Modellen – weder als Vorbild und schon gar nicht als Abbild (dazu hätte ich meine Kamera nehmen können) –, denen ich dann bei der Realisierung eins-zu-eins hätte folgen können, sondern Wahlmöglichkeiten und erste grobe Schätzungen in Bezug auf den zu leistenden Arbeitsaufwand, die sich je nach Stand des Fortgangs der Arbeiten erweiterten oder verengten.

---

[178] Eisenmann, Peter: „Ins Leere geschrieben. Schriften & Interviews 2", Wien 2005

Noch zu deiner Frage, wo ich während der ganzen Bauzeit gewohnt habe: Manchmal kam ich mir vor wie einst Dädalus, der grosse Baumeister von Knossos, der von seinem aufgebrachten Auftraggeber, dem König Minos, in sein eigenes Gebäude geworfen wurde, um es wirklich zu leben – das habe ich getan und damit auch darin gewohnt!

Sie: Die Frage nach der Architektur ist immer auch die Frage nach der Einrichtung einer Stätte, die es vorher nicht gab und eines Tages zu dem Ort wird, in dem man lebt und wohnt. Zwar ist eine Einrichtung immer etwas Technisches, etwas, das vorher nicht da war, und doch gibt es gleichzeitig den Bewohner, den Menschen, dich, der nach dem Ort verlangt, der seiner Einrichtung vorausgeht oder sie nach sich zieht. Wo also soll man den Ursprung des Ortes situieren? In deiner Sehnsucht – nach was? Für mich eine offene Frage nach dem Ursprung, die wir aber für den Moment auch stehen lassen können.

Danke übrigens, dass du mich auf den zweifachen Sinn des Wortes „Modell" aufmerksam machst: Modell einmal als *Abbild*, das einen realen Gegenstand beschreibt, indem er auf seine wesentlichen Aspekte reduziert und das Abbild so zu einer wie auch immer gefertigten Nachbildung eines ursprünglichen Gegenstandes wird; zum anderen Modell in seiner Funktion als *Vorbild*, das in wesentlichen Zügen normativ beschreibt, wie später etwas in der Wirklichkeit sein sollte.

Er: … Und beide – das Modell als Abbild und das Modell als Vorbild – lassen sich in der Regel klar unterscheiden; die jeweilige Zuordnung bereitet kaum grössere Schwierigkeiten. Wer sich einem Maler für ein Bild zu Verfügung stellt, wird Original/Vorbild und die zeichnerische oder malerische Nachbildung eindeutig auseinanderhalten können. Umgekehrt wird ein Bauherr gegenüber dem Architekten kaum nachsichtig sein, falls dieser das Haus/Abbild nicht als maßstabsgetreue Vergrösserung des vereinbarten Modells/Vorbild in die Landschaft setzt.

Üblicherweise setzen wir also Vorbild und Abbild in ein klares Rang- und Abfolgeverhältnis: zuerst das Vorbild, dem wir folgen und nach dessen Massgabe wir unser Handeln und Entscheiden so orientieren, dass in der Realität ein möglichst getreues Abbild entsteht. Wie sonst sollten wir beurteilen können, ob etwas geglückt oder misslungen ist, wenn wir nicht immer schon wüssten, wie es im Idealfall auszusehen hätte.

Sie: Ob das lineare Abfolgeverhältnis von Vorbild und Abbild tatsächlich derart klar in *ideal* und *real* geordnet werden kann? Ich bezweifle es. Denn aus der Ferne können wir bereits das Donnergrollen des Aristoteles vernehmen, hat er doch die Konsistenz unseres klassischen Denkens dadurch zu festigen gesucht, dass es *kein* Drittes und schon gar nicht ein doppeldeutiges Zwitterwesen geben darf: Abbild *oder* Vorbild, ein Drittes ist ausgeschlossen!

Er: Wie gesagt war beim gesamten Stallumbau kein eindeutiges, lineares Abfolgeverhältnis von Vorbild und Abbild im Spiel, aus dem simplen Grund, weil es keinerlei Vorbild als Ideal zur Orientierung meines konkreten Vorgehens und meiner Entscheidungen gab. Im Ideal ist nämlich stets auch die Vorstellung des Originals, des Ursprunghaften mitgedacht – ein solches gab es aber für den Stall nicht, allenfalls eine schemenhafte Ahnung. Auch im Alltag orientieren wir unsere Handlungen und Sichtweisen kaum an Idealen, zumal Ideale als Vorbilder immer nur demonstrieren, dass das, was wir erreichen, eben nur Abbilder der Originale sind.

Also kein Vorbild und eine darauffolgende Entscheidung: So wird es gemacht! Stattdessen „Bilder" (Vorstellungen) im Kopf – und fortlaufende Entscheidungen, angefangen bei den tragenden Elementen und bisherigen Gebäudeteilen bis hin zu den vorgesehenen Räumen unten und im oberen Stockwerk. Nicht selten musste ich meine Vorstellungen ändern, weil die materiellen Gegebenheiten etwas nicht zuliessen oder umgekehrt doch möglich machten. Wie soll ich dem Ausdruck verleihen, was mich bei allem Prozess- und Ereignishaften, bei all den Perspektiven, die sich beim Kommen und Gehen der Gedanken verschoben, bewegt hat: kurz gesagt war es so etwas wie eine *poetische Logik*, die eigentlich nur Dichter kennen, sowie Bricolage und Improvisation. Und nicht vergessen werden darf die gelegentliche Hilfe der Nachbarn und die Besorgung gewisser Teile vom Schreiner unten im Tal.

Sie: Die erstaunliche Konsequenz aus dem, was du schilderst: Vorbild und Abbild ändern sich fortlaufend *und* verlaufen immer in beiden Richtungen. Damit ist auch die eigentliche Zuordnung, was Abbild und was Vorbild ist, alles andere als fix und unumstösslich. Man kann noch weitergehen und sagen: Die Wirklichkeit selbst ist das Abbild, das im Fortgang die Rolle des Vorbilds einnimmt. – Würde im Übrigen das Verhältnis von Vorbild und Abbild immer nur und ausschliesslich in einer Richtung verlaufen, so hätten wir keinerlei Erklärung dafür, wie gesellschaftlicher Wandel, Fortschritt und Veränderung überhaupt stattfinden könnten.

Er: Deine Interpretation „Das Vorbild wird zum Abbild – das Abbild wird zum Vorbild" – ist gewiss nicht falsch, doch sie führt dazu, dass der Übergang vom einen zum anderen chronologisch, als ein Prozess in der Zeit verstanden wird: erst ist das eine, später das andere; erst ist man Sohn, später dann Vater. Wen wundert's: ein solches Verständnis führt wiederum flugs zu Aristoteles und dem ersten Axiom seiner klassischen Logik, dem *Identitätsprinzip*, das festlegt, dass *jedes Ding mit sich selbst identisch ist*. Das Vorbild ist zuerst das mit sich selbst identische Vorbild und später ist es ebenso identisch mit sich als Abbild. Nie aber ist es beides zugleich. Nun mag diese Festlegung vielleicht unsere Logik befriedigen, nicht jedoch unsere Erfahrung – bekanntlich gibt es nicht wenige Väter, die zugleich und noch immer Söhne sind. Jeder Rettungsversuch, das Identitätsprinzip zu wahren, entpuppt sich somit als äusserst problematisch: *Zuerst – später*, doch *wo* bleibt der Übergang, *wann* genau wird das Abbild zum Vorbild, und vor allem *wie* soll sich dieser jeweilige Übergang vollziehen?

Sie: … Tja, ehrlicherweise muss man wohl zugeben, dass man logisch nicht in den Griff bekommt, ob das Abbild im Bruchteil einer Sekunde aufhört das Abbild zu sein und alsbald in seine Rolle als Vorbild schlüpft. Bewegung scheint jedenfalls eine logische Schwierigkeit zu sein, was mich an Zenons Paradox von Achilles und der Schildkröte erinnert. Erhält die Schildkröte einen gewissen Vorsprung und Achilles läuft doppelt so schnell wie sie, dann braucht Achilles eine gewisse Zeit, sagen wir eine halbe Minute, um diesen Vorsprung aufzuholen. Indessen ist die Schildkröte weitergekrochen, und zwar um die Hälfte des Vorsprungs. Um den neuen Vorsprung wettzumachen, benötigt Achilles eine weitere Viertelminute und diese benutzt die Schildkröte, um abermals ein kleines Stück weiterzukriechen. Sooft sich dieser Vorgang auch wiederholt, so bleibt die Situation doch stets die gleiche: Der Vorsprung wird immer kürzer, aber er wird nie aufhören zu sein.

Worin besteht nun der Grund für dieses Paradox? Formal gesprochen: Die Endlichkeit eines Zeitbegriffs – einer Minute – wird einem mathematischen Teilungsprozess unterworfen, der auf Unendlichkeit abzielt, so dass der Teilungsprozess niemals zu Ende geht. Die Endlosigkeit des Teilungsprozesses einerseits und das zeitliche Aufhören einer Minute andererseits führt zur Vermengung von mathematischem Satz und Zeitbestimmung. Verblüfft stellen wir fest: Erfahrung und Logik klaffen auseinander: ein Beobachter sieht die Bewegung und ein Mathematiker berechnet den Stillstand.

Er: Solche Widersprüche entstehen immer dann, wenn unbedenklich logisch verschiedenartige Dinge zu einer Scheingesamtheit zusammengefasst werden, und der Grund dafür nicht gesehen wird, nämlich die Konkurrenz zweier Bezugssysteme, aus der die Paradoxie entsteht. Denn was den empirischen Beobachter und den berechnenden Mathematiker trotz unterschiedlicher Arbeitsweisen eint, ist der Anspruch der Ausschliesslichkeit und Alleingültigkeit der Aussagen, die sie in ihrem jeweiligen Bezugssystem gewinnen: Der Beobachter sieht die Bewegung und der Mathematiker berechnet den Stillstand – und man muss sich entscheiden, was man sein will: *Entweder-oder!* Und wieder verbietet uns das klassische Denken, dass ein eines zugleich und in derselben Hinsicht auch ein anderes sein kann.

Sie: ... Wenn ich mich aber gar nicht entscheiden will? Wenn wir anstatt „Als Beobachter sehe ich die Bewegung, *aber* als Mathematiker berechne ich den Stillstand" einfach sagen „Als Beobachter sehe ich die Bewegung, *und* als Mathematiker berechne ich den Stillstand", d.h. wenn ich *aber* durch *und* ersetze, so sind rein sprachlich gesehen die beiden Teilsätze gleichrangige Aussagen und stehen nicht mehr in Opposition zueinander. Schliesslich kann ich doch beides: beobachten *und* rechnen! Die Paradoxie entsteht doch erst durch die nachträgliche Trennung beider Seiten mit der Aufforderung, mich für die eine oder andere Seite entscheiden zu müssen, sobald sie als eigenständige Grössen etabliert sind. Ist jetzt Bewegung oder Stillstand? Nun, das hängt davon ab, *wer* gerade von wo aus spricht – der Beobachter oder der Mathematiker. – Doch mit dem *und* gelten beide Seiten zugleich, wird aus dem *Entweder-oder* ein *Sowohl-als-auch*.

Er: Selbstverständlich kann sich jeder als empirischer Beobachter oder als berechnender Mathematiker in seiner Rolle wohl fühlen. Menschliche Wesen sind jedoch zu vielschichtig und zu perspektivenreich, als dass die Zuschreibung „Ich bin dieses oder jenes, und wenn ich dieses oder jenes bin, dann bin ich nur und ausschliesslich dieses oder jenes" ihnen auch nur ansatzweise gerecht würde. Von daher sollten wir die überkommene klassische Logik beiseitelassen und uns für die Gleich-Gültigkeit eines *Sowohl-als-auch* entscheiden, statt uns zwanghaft in Entscheidungssituationen des *Entweder-oder* zu begeben, stets alternative Möglichkeiten radikal auszuschliessen und komplexe Sachverhalte auf simple Entscheidungsalternativen zu reduzieren.

Verlassen wir das vermeintlich sichere Rückzugsgebiet der klassischen Logik mit ihrer festen Verwurzelung in unserer Rationalitätskonzeption und ihrem Grundmuster des *Entweder-oder*, wo wir nicht länger zwischen Vorbild und Abbild als festen und klar abgegrenzten Grössen an sich zu wählen haben, dann hindert uns nichts mehr daran, in der alltäglichen Praxis ein Abbild zu sehen, das seinerseits in der Lage ist, unsere Vorstellungen darüber zu bestimmen, was und wie unser Handeln und Entscheiden im Idealfall zu sein hat – das Abbild wird zum Vorbild. Das heisst, wir bestehen jetzt darauf, dass das Vorbild zur Orientierung unseres Handelns sich in Abhängigkeit von der abbildhaften Realität bildet – das Vorbild wird zum Abbild.

Sie: Daran anknüpfend: Wird das Verhältnis von Vorbild und Abbild bzw. von Original und Modell nicht länger als ein eindeutiges Ab- und Rangfolgeverhältnis aufgefasst, so sind Entscheidungen und Überzeugungen nicht nur das Ergebnis eines *linearen Prozesses*, sondern wir befinden uns – bildlich gesprochen – in einem Kreis, in dem Vorbild und Abbild, Original und Modell sich verbinden und permanent wechselseitig bedingen. Nur unser momentaner Standpunkt auf dem Kreis, die Stelle, an der wir uns gerade befinden, entscheidet darüber, wem wir uns gerade zuwenden: dem Vorbild oder dem Abbild. Mit anderen Worten: Beide gibt es einzig und allein in Abhängigkeit vom Ort unserer Perspektive, von unserem Standpunkt auf dem Kreis; beide Teile sind damit keine festen Grössen an sich, weder das eine noch das andere existiert absolut.

Er: (schmunzelt) … Jetzt müssen wir uns nur noch entscheiden, ob wir uns im Kreis rechts herum oder links herum bewegen wollen.

Sie: (mit etwas verdutzter Miene) … Spielt das denn eine Rolle?

Er: Und ob! Immer wenn ich wissen will, was etwas ist, brauche ich zumindest drei Grössen: ein Eines, ein Anderes und die Relation, in der sie zueinander stehen. Vorbild und Abbild haben ohne die Abbildungsrelation keine Existenz, und umgekehrt kann es ohne Vorbild und Abbild keine Abbildungsrelation geben. Lass mich das am Beispiel des Spiegelbildes verdeutlichen. Was steckt eigentlich dahinter, wenn wir von der Widerspiegelung sprechen? Es ist die simple Tatsache, dass es kein Spiegelbild gibt, solange ich mich nicht vor den Spiegel stelle. Und wenn kein Spiegelbild existiert, gibt es auch kein Spiegel-Original. Zwar gibt es mich, doch vielleicht liege ich hinter dem Haus im Gras oder tue sonst etwas – aber als Vorlage für ein Spiegelbild kann ich dann eben nicht fungieren. Spiegelbild und Spiegel-Original existieren als solche nicht ohne die sie verbindende Relation – die Spiegelung. Diese wiederum gibt es ihrerseits nicht, solange niemand vor dem Spiegel steht. Erst wenn ich mich vor den Spiegel stelle, wird mit meinem Davortreten die Spiegelung generiert – und umgekehrt erzeugt die Spiegelung das Spiegelbild und das zugehörige Original. Das heisst: ohne die Abbildungsrelation haben Vorbild und Abbild keine Existenz, und umgekehrt kann es ohne Vorbild und Abbild keine Abbildungsrelation geben.

Sie: ... Da taucht doch sofort die Frage auf: Wie kann es trotz jeglichem Vorbild denn Abbild und Abbildungsprozess geben?

Er: Stellst du die Frage einem Physiker, wird er dir anhand der Gesetze der Optik nachweisen, dass es trotz der enormen Lichtgeschwindigkeit im Abbildungsprozess eine zeitliche Verzögerung gibt, bis du dein Spiegelbild sehen kannst. Dem Physiker müssen wir allerdings entgegnen, dass es sich beim ganzen Prozess nicht um ein physikalisches, sondern um ein logisches Problem handelt. Denn die zeitliche Verzögerung ändert nichts daran, dass Spiegeloriginal und Abbild im Spiegel im Abbildungsprozess aufeinander bezogen sind, der wiederum nur in Erscheinung treten kann, wenn es die beiden von ihm enthüllten Elemente gibt.

Sie: Wenn ich es richtig verstehe, so besteht zwischen den beiden Elementen und der Relation, also dem Abbildungsprozess, das Verhältnis einer *Gleichursprünglichkeit*?

Er: Ja, weil wir es mit einer doppelten oder präziser gesagt gegenläufigen Kausalbeziehung zu tun haben, innerhalb derer sich zwei Daten gegenseitig als Ursache voraussetzen. Erinnern wir uns an das vierte Aristotelische Axiom, den Satz vom Grund: „Jedes Ding hat seinen zureichenden Grund, keine Wirkung ohne Ursache". Er ist uns vertraut als lineare Kausalität, die nur in einer Richtung verläuft, als klare Abfolge eines Ursache-Wirkung-Zusammenhangs, der uns tagtäglich begegnet — aus dem Ei schlüpft die Henne. Im vorliegenden Fall der Gleichursprünglichkeit haben wir es aber nicht mit einer einfachen Umkehrung – die Henne legt das Ei – zu tun, sondern mit einer gleichzeitigen, gegenläufigen Verdopplung des Kausalgefüges, d.h. einer doppelten Kausalität: die Henne legt das Ei, aus dem sie gerade schlüpft. Mit anderen Worten: Wir haben es nicht länger mit einer einfachen Kreisrelation zu tun wie bei kybernetischen Modellen des Regelkreises, wo ein Kreis mit nur einem Richtungssinn an jeder Stelle aufgeschnitten und wieder zur glatten Linie begradigt werden kann, womit das *monokausale* Schema wieder zurechtgerückt wäre, sondern mit einer gedoppelten Kreisbewegung, deren Zirkularität immer auch gleichzeitig gegenläufig, also antizyklisch sein muss.

Sie: Rechts herum oder links herum – das war doch die Frage. Nun hast du überzeugend dargelegt, dass das Geschehen der Widerspiegelung logisch nur in den Griff zu bekommen ist, wenn wir uns teilen, d.h. vom Anfangspunkt aus zugleich rechts herum als auch links herum den Kreis abschreiten, um uns beide am Ende/Anfang wieder zu treffen.

Er: So ist es. Prozesse dieser Art, d.h. Relationen, in denen etwas sich selbst zur Voraussetzung hat, nennt man *selbstreferentielle Prozesse*. Sie verwickeln die Aristotelisch-klassische Logik mit ihren Grundsätzen der Identität, des verbotenen Widerspruchs und des ausgeschlossenen Dritten unausweichlich in Widersprüche, die innerhalb dieses logischen Apparats nicht aufgelöst werden können. Um selbstreferentielle Prozesse aus der klassischen Logik zu eliminieren und so ihr überlebenswichtiges Kriterium der Widerspruchsfreiheit zu retten, hat Bertrand Russell in seinem gigantischen Werk *Principia Mathematica* ein Heilmittel – die sog. Typentheorie – entwickelt, mit dem er dem Problem der Zirkularität entgegentritt, so dass nach unendlichen Schlaufen auf immer höheren logischen Ebenen am Ende selbstreferentielle Strukturen wieder *in der Linie stehen*. Ohne im Einzelnen auf diese Typentheorie einzugehen, ist nüchtern zu konstatieren: Sie hilft nicht weiter, sie endet immer in einem unendlichen Regress oder es entstehen eben Paradoxien wie „Dieser Satz ist falsch!". Ist dieser Satz nun richtig oder falsch? Ein oft kolportiertes Beispiel, das für einen widersprüchlichen Satz – der genau dann wahr ist, wenn er falsch ist und genau dann falsch, wenn er wahr ist – angeführt wird, ist der Satz „Alle Kreter lügen". Die Frage nach der Wahrheit dieser Behauptung führt zu folgenden Antworten: Dieser Satz ist wahr, wenn der Kreter lügt und er ist falsch, wenn der Kreter die Wahrheit sagt, d.h. Wahrheit schlägt um in Nicht-Wahrheit und umgekehrt.

Doch es gibt nun mal selbstreferentielle Phänomene – Selbstbezüglichkeit, Gleichursprünglichkeit, doppelte Kausalität, Antizyklik – und es stellt sich die Frage, wie das zu denken ist? Wie soll die Henne das Ei legen, aus dem sie im selben Augenblick schlüpft?

*

Sie: Der Frage nach dem Verhältnis von Vorbild und Abbild, von Original und Modell ist der Mensch seit jeher begegnet: Wie kommen wir überhaupt zu einem Bild, und was bilden wir überhaupt ab, wenn wir von Wirklichkeit sprechen? Liefert die sinnliche Erfahrung uns das Bild von der Welt, oder erzeugt der ordnende Verstand sich das Bild selbst? Die im Laufe der Zeit formulierten Antworten lieferten uns stets eine zweigeteilte Welt: Auf der einen Seite das Reich der idealen Wesenheit, die Urbilder und Ideen, und auf der anderen Seite die reale Welt, die sich als Abbild ebenso unentwegt wie vergeblich bemüht, die Ideen zu verwirklichen.

Die erste Antwort liefert Platon. Er will sich mit der Relativität der Erkenntnis, des Wissens und der Werte nicht abfinden, weshalb sich seine Suche auf ewige, un- veränderliche Dinge, auf ideale Wesenheiten richtet, die losgelöst vom Menschen absolut existieren. Für ihn sind alle Dinge, die sich sinnvoll als ein *an sich* anspre- chen lassen, unabhängig und vor jeder Erfahrung in einem Reich idealer Wesen- heiten angesiedelt, ob es sich nun um Werte (Gerechtigkeit, Schönheit usw.), um natürliche Dinge (Menschen, Tiere, Pflanzen) oder um künstlich geschaffene Ge- genstände (Stühle, Tische usw.) handelt. Damit erteilt er der realen Welt und ihrer sinnlichen Erfahrung eine eindeutige Absage: Zentral ist nicht die reale Beschaf- fenheit der Dinge, sondern ihr ideales Sein. Das wahre Sein siedelt nicht auf Erden, sondern kommt allein dem Reich der Ideen zu; diese zu erkennen und sich ihnen in der Liebe zur Weisheit zu nähern, ist deswegen das höchste Ziel.

Dem Idealisten Platon steht sein Schüler, der Realist und Empiriker Aristoteles ge- genüber, dessen Denken sich nicht länger auf die ideale, sondern auf die reale Welt richtet. Seine höchst realen Kriterien sind Stoff und Form, mit denen er die Dinge in ihrem So- und Anderssein, ihrer Beständigkeit und Veränderung zu erklä- ren sucht. Er gibt der realen Welt das Gewicht zurück, das Platon ihr genommen hat, wodurch gleichzeitig das Urbild aus dem Kopf des Philosophen in die Welt des Beobachters wandert.

Er: ... Seither haben sich die bedeutendsten Köpfe der Philosophenzunft in der Al- ternative eines einfachen Entweder-oder bewegt, auch wenn alle Beteiligten stets gute und stichhaltige Gründe für ihre Position ins Feld führen konnten: Die Welt ist, wie sie ist, *an sich*, und wir können sie erkennen, oder eben nicht. Noch heute setzt uns die klassische Logik mit ihrem Entweder-oder unentwegt dem Zwang zur Entscheidung aus: Entweder liegt das Vorbild in der Welt, im Reich des Objektiven, oder wir erzeugen es in uns selbst, im Reich des Subjektiven – *tertium non datur*, etwas Drittes gibt es nicht.

Sie: Und so dreht man sich unentwegt im Kreis: Organisieren wir unsere Erfahrun- gen anhand der Logik, oder ist die Logik formaler Ausdruck unserer Erfahrungen? Ist die Logik das Ergebnis einer Abstraktion, oder ist sie das vorausgehende Instru- ment, um die konkrete Realität strukturiert erfassen zu können? Es macht den An- schein, als müssten wir uns immer im Rahmen des Aristotelischen Gebots des „Entweder-oder" entscheiden – ein Drittes ist ausgeschlossen! In unserer klassi- schen Logik ist es nicht möglich, das Entweder-oder mit einem Sowohl-als-auch zu ergänzen. Und dennoch zeigt ein kurzer Blick darauf, wie Menschen leben, dass die Alternative zwischen Denken und Handeln zu einer vollkommen absurden Entscheidung führt: Entweder gebe ich dem Denken Vorrang oder dem Handeln. Wie aber soll ich jemals denken, wenn ich nicht zuvor die Entscheidung getroffen, meinen Willen aufgebracht habe, dass und worüber ich nachdenken möchte? Und umgekehrt, wie soll ich handeln, wenn ich mir keine Gedanken gemacht habe, wie meine Handlungen auszusehen haben? Hier zeigt sich die vollkommen absolute Verabsolutierung je eines der beiden Aspekte, aus denen sich menschliches Dasein zusammensetzt – doch wir denken *und* wir handeln!

Er: ... Unsere Logik ist eben nicht in der Lage, zwei gegenläufige Kausalitäten von Grund und Begründetem gleichzeitig zusammenzudenken. Innerhalb dieser Logik darf es nur *eine* Linie geben, d.h. die Grundstruktur unserer Logik ist die *Linearität*, die sich von *einem* Ursprung her entfaltet. Die Linearität der Logik und die fundamentalistische Suche nach einem sicheren, letzten Rückzugsort sind nur verschiedene Ausdrucksformen des unbedingten Glaubens an den *einen* Ursprung. Dieser unbedingte Glaube an den einen Ursprung, der unser klassisch-rationales Denken prägt, lässt das Verhältnis von Ursache und Wirkung, von Grund und Begründetem nur als das eindeutige Nacheinander einer Ereignisfolge zu. Alles, was ist, muss doch nicht nur von irgendwo, sondern von *einem* klar definierten Ursprung herrühren? Mit ihren „Warum"-Fragen suchen bereits Kinder jenem geheimnisvollen Punkt, von dem aus die Dinge sich zu entwickeln scheinen, mit unerschütterlicher Konsequenz auf den Grund zu kommen. Sie pochen auf Antworten, die eine zeitliche *Vorher-nachher*-Beziehung mit einer begründenden *Deswegen-weil*-Beziehung verbinden. Sie lernen auf diese Weise nicht nur, Ereignisse zeitlich und kausal miteinander zu verknüpfen, sondern auch absichts- und planvolles Handeln als ein probates Mittel einzusetzen, um ihre Wünsche und Ziele zu erreichen: *Wenn* ich heute artig ins Bett gehe, darf ich morgen meine Grosseltern besuchen; *weil* ich gestern artig ins Bett gegangen bin, darf ich heute meine Grosseltern besuchen.

Sie: ... Und was für Kinder gilt, gilt für uns ausgewachsene Kinder nicht weniger. Auch wir orientieren uns in der Welt wesentlich anhand eines Ordnungsschemas, das eine zeitliche *Vorher-nachher*-Beziehung mit einer begründenden *Deswegen-weil*-Beziehung verbindet. Der Glaube an die Linie, die von einem Anfang her auf ein Ende zugeht, ist in unserem Weltbild tief verwurzelt. Darin widerspiegelt sich ein deduktives Denken, das die Richtigkeit seiner selbst in der Ableitung seiner Regeln aus höchsten Grundsätzen gewinnt, dieses Selbstbewusstsein seiner schlussfolgernden Richtigkeit dann auch auf die Welt hin verlängert, um sie sich mit Induktion und Wahrscheinlichkeiten zu erschliessen. Beide Male ist es das gleiche *linear-kausale Denken*, das sich einmal nach hinten seiner selbst vergewissert, um sogleich nach vorne die Strategien seines planvollen Handelns zu entwerfen – wobei nur allzu oft die Dürrenmatt'sche Sentenz vergessen wird: „Je planmässiger der Mensch vorgeht, um so wirkungsvoller trifft ihn der Zufall".

Er. Erst wenn wir uns nicht länger einem Denken der Linie verpflichtet fühlen, wenn wir uns vom Dogma der Linie und des *einen* Ursprungs lösen, können wir aus den unbefriedigenden Dualismen endlich ausscheren, werden Gleichursprünglichkeit und gegenläufige Ableitungszusammenhänge zugleich vereinbar sein. Das hat allerdings seinen Preis: Die Konzeption des Ursprungs muss neu bedacht werden, denn mit der Absage an die Linie wird auch ihr Anfangspunkt fragwürdig.

Sie: Damit sind wir definitiv an dem Ort angelangt, wo wir das Platonisch-Aristotelische Denken überschreiten. Platon deswegen, weil er uns eine Seinskonzeption vorgegeben hat, in der nur das einen Ort hat – und damit überhaupt nur denkbar ist –, was als etwas Anwesendes, Präsentisches vorgestellt werden kann. Alles andere ist eben die Abwesenheit von Sein, das Nichts, die reine Negativität, der nur der Unwert zukommt. Und Aristoteles, weil wir ihm das Denken unter einer Logik verdanken, der es nicht möglich ist, die beiden gegenläufigen Linien der Relation von Henne und Ei simultan zusammen zu denken: Das *Entweder-oder* ist die deutliche Absage an jede Form der Gleichursprünglichkeit, womit sich zwar Paradoxien und Antinomien verhindern lassen, doch um den Preis ihres Ausschlusses.

Er: ...Und der Preis des Ausschlusses ist weder harmlos noch eine bloss logische Spielerei. Ein Blick in die nahe wie ferne Geschichte zeigt jedem Zeitgenossen mit unüberbietbarer Deutlichkeit, wie der unser Denken dominierende Zwang zum *Entweder-oder* für kriegerische Katastrophen, vermeidbare Konflikte im Umgang mit sich selbst, mit anderen und mit der Natur verantwortlich ist. Das Elend beginnt, sobald in einer zweiwertigen Konstellation einem Wahrheitswert unbedingte Priorität zugesprochen wird und damit der andere der Nichtigkeit verfällt: Es ist nur das Eine und keineswegs das Andere, „wir" oder „sie". In manchen Situationen im Alltag mag dies vielleicht angebracht und sinnvoll sein. Doch sobald diese radikalen Vereinfachungen direkt auf das Leben angewendet werden, ist höchste Gefahr im Verzug. Denn hier liegt die Quelle der Gewaltbereitschaft gegenüber sich selbst und gegenüber anderen, die nicht bereit sind, sich für das Eine und Ganze zu opfern. Wollen wir nicht in der asymmetrischen Zweiwertigkeit verharren, wo immer der eine Wahrheitswert privilegiert und der andere verneint wird, oder gar in die Einwertigkeit zurückkehren, so ist eine der vor uns liegenden höchsten geistigen Aufgaben, die opferholistische Denkform als solches aufzugeben. Deshalb spricht Sloterdijk eindringlich von der Notwendigkeit, den Ernstfall der Zweiwertigkeit, die tötet, als das Ernsteste endlich ernst zu nehmen und sich der umfassenden Denkaufgabe zu stellen, das gesamte Paradigma der zweiwertigen Weltauslegung in West und Ost als solche endlich aufzuheben. [179] Deutlicher kann man es nicht ausdrücken, dass die Zeit überreif ist, unseren zweieinhalbtausend Jahre alten Begriffs- und Denkapparat umzubauen.

> Allenthalben macht sich der Ungeist der Politischen Korrektheit und der sozialen Intoleranz breit und metastasiert durch Universitäten, Redaktionsstuben, den Kulturbetrieb bis hin in die Politik. Politische Korrektheit kommt im Gewand der Aufklärung daher. Erfüllt von menschenfreundlichen Theorien steht für die Anhänger der Politischen Korrektheit die Wahrheit in Form ihrer Doktrin unwiderruflich fest, einer Doktrin im Dienst einer höheren Sache: Frauen, Menschheit, Natur, Zukunft. Für sie erübrigt sich nicht nur jegliche Debatte darüber, im Gegenteil: Sie sind empört, wenn andere Argumente überhaupt vertreten werden. Sie denken in fixen Weltbildern und lassen nur Positionen gelten, die das eigene Weltbild stärken. Ihr mentales Immunsystem dafür sorgt, dass jegliche Kollision mit anderen, für sie unangenehmen Ideen möglichst vermieden wird. Sie posaunen wie von Bots gesteuerte Zauberwörter wie „Gender-Gerechtigkeit", „Multikulturalismus", „Patriarchat", „Respekt" oder „Diversität" undurchdacht in die Welt hinaus. Wer diesen nicht unbesehen zustimmt, wird sofort als reaktionär abgestempelt. Mit ihrer anmassenden Deutungsmacht über solche Begriffe teilen sie die Menschen in identitäre Kollektive ein: in „gute" Kollektive (Frauen, marginalisierte Gruppen, LGBTQ) und „schlechte" Kollektive (Reaktionäre, alte weisse Männer, rechtsextreme Populisten). Ihrer eigenen Gruppe – dem Kollektiv der „Guten" – wird Opferstatus und damit automatisch höhere Ansprüche zugesprochen; letztere werden selbstredend über das Wohl anderer Gruppen gestellt. Damit entscheiden sie manchenorts über die Zulassung zu öffentlichen Debatten, indem sie mit fragwürdigen Mitteln oder schriller Empörung versuchen, Vertreter „schlechter" Kollektive auszusperren oder mundtot zu machen. Dass der öffentliche Debattenraum auf diese Weise narkotisiert, die freie Rede als eine zentrale Säule der Demokratie eingerissen wird, ficht sie nicht an. Allerdings: Wer so die Auseinandersetzung mit unterschiedlichen Ideen verhindert, tut dies nicht aus einer argumentativen Stärke heraus, sondern im Gegenteil aus Angst vor der Schwäche des eigenen Standpunkts. Dass im Übrigen

---

[179] Sloterdijk, Peter/Heinrichs, Hans-Jürgen: „Die Sonne und der Tod", Frankfurt a.M. 2006, S. 314

dieser Ungeist auch an manchen Universitäten ungehindert Platz greift – wo angeblich der Geist par excellence herrschen soll –, stellt dieser Institution ein blamables Zeugnis aus: Sie ist mitverantwortlich für die Ausbreitung einer allseits zu beobachtenden geistigen Stagnation. In seinen „Betrachtungen eines Unpolitischen" hat Thomas Mann eine an Deutlichkeit kaum zu übertreffende Definition der Politischen Korrektheit gegeben: „... die Auferstehung der Tugend in politischer Gestalt, das Wieder-möglich-werden eines Moralbonzentums sentimental-terroristisch-republikanischer Prägung, mit einem Worte: die Renaissance des Jakobiners."

Mit ihrer Moralisierung als Instant-Werkzeug münzen die politisch Korrekten ihre „Werte" einfach in Interessen um, „veredeln" diese zu gesellschaftlichen Imperativen und präsentieren sie im Glanz allgemeiner Zustimmung. Moralisierer wollen Ordnung schaffen und ihre Ordnungsvorstellungen durchsetzen. Deshalb reduzieren sie die jeweils verschiedenen Dimensionen von Interessenkonflikten auf nur einen Aspekt. Dass damit gesellschaftliche Interessenkonflikte immunisiert und die damit einhergehenden sozialen und politischen Spannungen verengt werden, ficht sie nicht an. Aus ohnehin grundsätzlich fragwürdigen Dualismen wie etwa Männer – Frauen, Ausländer – Inländer, Progressive – Traditionalisten, Vegetarier – Fleischesser, Velofahrer – Vielflieger wird einwertig die Fahne für nur eine Seite, nämlich die ihrer Meinung nach „gute Seite" gehisst. Wahlmöglichkeiten gibt es für sie nicht – und selbst wenn es welche geben sollte und sie sich irren, liegen sie ihrer Meinung nach moralisch trotzdem richtig: etwas Zweites oder Drittes gibt es nicht!

In ihren dogmatischen Selbstbestätigungsmilieus eingekapselt, argumentieren die politisch Korrekten von einem einzigen Standpunkt aus, den sie für alternativlos richtig halten, nämlich ihren eigenen – andere gibt es nicht. Wer es wagt, andere Gesichtspunkte zu äussern, wird moralpolizeilich abgestempelt, als dumm oder reaktionär denunziert, kurz: sozial bestraft. In ihrem ewig gestrigen Denken sind sie dem Diktat des Binärcodes, dem Identitätszwang des binären Denkens verpflichtet und operieren ausschliesslich im Ja-Nein-, im Entweder-oder-Modus: Entweder ist etwas wahr und dann muss es auch existieren, oder es ist nicht wahr, also falsch, dann darf es eben nicht existieren. Alles ist schwarz-weiss, einfach und eindeutig, also das Eine oder das Andere, ein Drittes, eine Sphäre des Werdens, des Übergangs, des Noch-nicht oder Nicht-mehr, des Unbestimmbaren, Unfassbaren, Ambivalenten, des Sowohl-als-Auch oder Weder-Noch, gibt es nicht bzw. darf es nicht geben, weil es ihnen um eindeutige Festsetzungen geht. Sie benötigen ihre absolut gesetzten Standpunkte als festen Boden unter ihren Füssen, als Orientierungsgrössen, um daran ihr Realitätsgefühl, ihr Objektivitäts- und Sicherheitsbedürfnis festzumachen. Ihr Denken kreist ums Identische – andere Sichtweisen, Wandlungen und Veränderungen werden als Bedrohung empfunden. Sie verharren in ihrem unbewegten, festsitzenden, feststehenden und feststellenden Denken. Ihr festsitzendes Denken „sieht" und erfasst nur einen Kontext, weil sie nur einen Standpunkt einnehmen, eben ihren eigenen. Festsitzendes Denken aber ist *monokontexturales* Denken, weil egologisch fundiert. Es lebt nur je eine Denkweise. Von diesem ihrem festen Standpunkt aus nehmen sie die Welt in Angriff, stechen förmlich in sie hinein.

Doch Erfahrungen, Einsichten und Kenntnisse lassen sich nur dann an Festhaltepunkten fixieren, wenn man sie aus dem Fliessen des Geschehens und Denkens, aus den Metamorphosen des Werdens und Vergehens willkürlich – vielleicht aus Ängsten und Qualen der Unsicherheit und Vergeblichkeit – heraushebt, absolut setzt, dogmatisiert und sie mit Etiketten wie „ewige Wahrheit", absolute Klarheit und „unwandelbare Evidenz" ausstattet. Solche starren „Wahrheitsmasken" „leuchten ein", weil sie sowohl unseren Ängsten als auch unserer Hybris dienen. Sie geben Sicherheit, löschen Zweifel aus und motivieren zu unerschütterlichem Vorgehen, zu harten, starren Taten. Die derart in Gefühlszustände und Aktivitäten umgemünzte Starrheit der Einstellung, die sich klar, sicher, feststehend und „einleuchtend" gibt, ist der Nährboden für Fanatismen aller Spielarten.

In ihrer Absolutheit übersehen alle Fundamentalismen und Fanatismen eine wesentliche Gegebenheit: Wir leben nicht in *einer* Welt, die wir mit *einer* Logik bemessen; wir leben nicht einmal in vielen Welten, die einer gemeinsamen Logik unterworfen wären – wir leben in vielen Welten, für die es genau so viele Logiken gibt. Was hier gilt, muss nicht auch dort gelten, und umgekehrt.

Für diese herausfordernde Aufgabe habe ich zu Beginn unseres Gesprächs die Metapher eines kompletten Um- und Neubaus eines Hauses benutzt. Dass dies alles andere als eine einfache Angelegenheit ist, liegt daran, dass wir mit den Instrumenten, die das alte Denken uns an die Hand gibt, dieses Denken selbst umbauen müssen. Eine schlichte Renovierung oder ein blosses Ausbessern schadhafter Stellen reicht nicht aus, denn sonst würden seine tragenden Strukturen wie Subjektivismus und Objektivismus, Linearitäts-, Identitäts- und Ursprungsdenken weiterhin bestehen bleiben, die wir doch gerade überwinden wollen. Erforderlich ist vielmehr eine fundamentale Neustrukturierung des Gesamtgebäudes von innen heraus, unter Verwendung der alten Gebäudeteile, jedoch ohne Abriss des alten Hauses. Während des ganzen Neu- und Umbaus bleibt das Haus bestehen und verwandelt sich trotzdem – und gleichzeitig bleiben wir darin wohnen, denn wir haben ja kein anderes Haus. Manche Umbauarbeiten sind mehr oder weniger einfach, z.B. Wände verschieben oder neue Fenster herausbrechen und die bisherigen mit den „alten" Bruchstücken zumauern. Das Einziehen von Zwischendecken hingegen ist bereits schwieriger. Vollends an die Grenzen kommt man, wenn es um das Verschieben tragender Sockel – des dualistischen Denkens – geht, oder um

Arbeiten an den Fundamenten, droht hier doch höchste Einsturzgefahr, nicht allein beim Kellerraum, sondern beim gesamten Gebäude.

*

Sie: ... Nur hat sich immer wieder herausgestellt, dass es nicht so einfach ist, das Gebäude von innen heraus zu transformieren. An dieser Aufgabe haben sich bereits einige namhafte Philosophen die Zähne ausgebissen.

Er: In Ordnung, nur sollten wir dem jetzt nicht nachgehen und einen Grundkurs in Philosophie abhalten. Philosophen konnten in einem gewissen Stadium selbstvergessener Grübelei ohnehin vor lauter Bäumen den Wald nicht mehr sehen; auch darf nicht vergessen werden, dass manche Holzwege wohl tatsächlich in die Irre führen. Aber lassen wir das. Ich vermute mal, dass du selber Ideen hast, wie wir weiterkommen!

Sie: Danke für den Blumenstrauss. Ich nehme deine Aufforderung gerne an, auch wenn sie im Gewand einer leisen, wenn auch anerkennenden Provokation daherkommt.

Als Einstieg übernehme ich – in Anlehnung an Platons Höhlengleichnis, wenn du so willst – ein von Grochowiak und Castella skizziertes Bild. Es bringt die herausfordernde Aufgabe der Arbeiten an den Fundamenten unseres alten Logik-Gebäudes – mit dem Fokus auf den Kellerraum, den sie als Kerker bezeichnen – prägnant zum Ausdruck: „Die Befreiung, die sich aus ihrem Kerker befreien will, wird ihre ganze Strategie und ihren gesamten Erfindungsreichtum zwangsläufig an den vorgegebenen Bedingungen, an dem Grundriss und Aufbau des Kerkers selbst bemessen und ausrichten müssen. Damit kommt sie durchaus ans Licht der Freiheit, doch der Weg dorthin ist von der Architektur des Kerkers klar vorgegeben und nicht selbst- bzw. freibestimmt. Und genau das wäre das viel weitreichendere Ziel: Nicht nur die Freiheit aus der alten Dichotomie müsste am Ende stehen, sondern mehr noch müsste auch der Weg der Befreiung so frei und selbständig sein, dass wir in seinem Abschreiten nicht einmal mehr die Spuren des Kerkers erkennen können. Die Freiheit wäre also nicht ein Ziel, das am Ende wartet, sondern die Befreiung hätte umgekehrt bereits die Voraussetzung zur freien Wahl des Ausweges zu sein. Oder anders: Die Alternative von Subjekt und Objekt darf nicht nachträglich überwunden werden, sondern muss zuvörderst verworfen werden. Das Denken, das seinen Weg nicht unter den Massgaben der Dichotomie gehen will, darf diese Dichotomie auch nicht als seinen Ausgangspunkt wählen. Der Anfang der Denkbewegung muss jenseits von Subjekt und Objekt liegen, muss jenseits der Grenze selbst seinen Grund nehmen." [180]

Er: (lacht) … Wie mir dieses Gemälde mit seiner Paradoxie gefällt: Die Befreiung als Voraussetzung der Befreiung! Jetzt müssen wir nur noch herausfinden, wie mit dieser Paradoxie umzugehen ist. Wir befinden uns im finstern Wald, pfeifen und rufen: Wie kommen wir da wieder heraus und wo landen wir?

> „Ich kenne ein griechisches Labyrinth, das aus einer einzigen Linie besteht. Auf dieser Linie haben sich so viele Philosophen verirrt, dass ein blosser Detektiv sich des Irrens nicht zu schämen braucht." [181]

In einer derartigen Situation habe ich mich schon einmal befunden. Auf der Suche nach einer Waldkapelle [182] im hohen Norden habe ich mich fürchterlich verirrt. Nichts als pfadlose Wege, keinerlei Orientierung und kein fester Bezugspunkt mehr, keine Ahnung „wie weiter". Der gewählte Weg hatte sich irgendwann aufgelöst – und mich ins Irgendwo geführt. Meine ängstliche Frage: Wie nur aus der Verstrickung im Labyrinth dieses end- und weglosen Waldes herausfinden? Was tun in dieser Situation? In der Hoffnung auf etwas Klarheit, rief ich mir die vier Weisen des Unterwegsseins in Erinnerung:

1. Der Weg führt zum Ziel (*„Am Ende ist alles gut"*),
2. der Weg will gewählt sein (*Pfade durchs Labyrinth*),
3. der Weg ist das Ziel (*„On the road again"*),
4. der Weg wegt sich und dich mit ein in die Be-Wegung des Wegs. [183]

---

[180] Grochowiak, Klaus & Castella, Joachim: „Der leichte Tanz. Das neue Spiel der Selbst- und Weltmodelle", Paderborn 1998, S. 170

[181] Borghes, Jorge Luis: „Labyrinthe", München 1962, S. 252

[182] Vgl. auch Kap. 1 in Bierter, Willy: „Wege eines Wanderers im Morgengrauen. Auf den Spuren Gotthard Günthers in transklassischen Denk-Landschaften", Books on Demand, Norderstedt 2018

[183] „Einen Weg bahnen, z.B. durch ein verschneites Feld, heisst heute noch in der alemannisch-schwäbischen Mundart ‚wegen'. Dieses transitiv gebrauchte Zeitwort besagt: einen Weg bilden, bildend ihn bereithalten. Be-wegen (Be-wegung) heisst, so gedacht, nicht mehr: etwas auf einen schon vorhandenen Weg hin- und herschaffen, sondern:

Wozu das geführt hat, wirst du dich fragen. Erstens, dass ich zunächst nicht ausmachen konnte, welche der vier Weisen des Wegens mich wirklich geleitet hatte, doch alsbald zur Einsicht gelangte, dass alle vier Weisen des Unterwegsseins zugleich im Spiel waren und es aller Voraussicht nach auch weiterhin sein würden; ich konnte sie nicht als einander ausschliessend oder als hierarchisch geordnet verstehen. Zweitens dämmerte eine weitere Einsicht herauf: Ich muss die Situation nicht nach Kriterien von Problem und Lösung kartographieren, sondern löse den inneren Zusammenhang von Problem und Lösung einfach auf, sehe von ihm ab, verwerfe emotional und erkenntnismässig die gesamte Alternative – und den Zwang – von Problem und Problemlösung und schaffe so eine neue Position für Wahlmöglichkeiten. Dieses „Verwerfen" oder „Absehen" – eine von Gotthard Günther als *„Rejektion"* [184] bezeichnete logische Operation – führt aus dem zweiwertigen System von Problem und Lösung heraus. Einzig durch Verwerfung, d.h. Rejektion beider Positionen zugleich, gelange ich zu einer Souveränität gegenüber einem Problem und seiner Lösung.

So konnte ich schliesslich sowohl das Problem als auch seine „möglichen Lösungen" mit heiterer Gelassenheit erleben, und ich erlebte und erkannte mich als ausserhalb dieses Dualismus stehend. Das Problem war auf-gelöst, ich konnte von ihm *absehen*, und es konnte ein neues „Spiel" beginnen, in dem weder das Problem noch die Problemlösung Schwierigkeiten bereiteten. Mit der neu gewonnenen Beweglichkeit sagte ich mir: da du nicht auf demselben Weg und über dieselben Stationen zum Ausgangsort zurückgehen kannst, musst du selbst einen Weg erbringen: Der Weg als Vollzug des Gehens, wo der Weg sich und mich in die Be-Wegung „wegt" – die Bahnung eines Wegs, der nicht zu finden ist, sondern der sich beim Gehen von selbst „bewerkstelligt", ohne Absicht, so wie das Wasser sich von selbst seinen Lauf sucht. [185] Das „Wegen" ermöglicht Weg, Ziel und Unterwegssein – allerdings ohne vorhersehbare „Lösung".

Sie: ... Und hast du den Ausweg gefunden?

Weg zu (...) allererst bringen und so der Weg sein.", in: Heidegger, Martin: „Unterwegs zur Sprache", Pfullingen 1959, S. 261

[184] Günther, Gotthard: „Beiträge zur Grundlegung einer operationsfähigen Dialektik", 3 Bände, Hamburg 1976,1979, 1980; in Kapitel 5 wird detailliert auf die *Rejektion* eingegangen.

[185] Bierter, Willy: „Erzählende Wasser", Zug 2018

Er: Ich habe mich aufgemacht – auf den Weg unter meinen Füssen. Frei-gelassen umherstreifend, nicht willensstark oder selbstsicher, sondern beunruhigt, aus dem Gleichgewicht gebracht und ruhelos, wachsam den Wald, die Gegend durchstreifend. Sondieren, prüfen, erkennen, hier und da einen Sprung wagen, versuchen seinen Kurs auf gut Glück zu bestimmen, mit all meinen Sinnen, eine Geschicklichkeit nichtlinearen Charakters praktizieren: eine Intelligenz der zahlreichen Umwege, das rasche, lebendige Erfinden von Um- und Auswegen je nach den Umständen. Ich musste Improvisationen für das Unvorhergesehene in der Hinterhand haben, mich nur mit ungefährer Vorausschau begnügen: beides war für die intuitive Erfassung dieses buntscheckigen, polytheistischen Waldes gemässer – und ja, der Ausweg ist nach vielen Umwegen geglückt!

Sie: Deine Geschichte ist ein hervorragendes Stimulans, um die angesprochene Paradoxie der Befreiung als Voraussetzung der Befreiung weiterzuführen. Ich nehme mir die Freiheit und beschreibe die von dir geschilderte Situation in etwas anderer Form: Am Anfang war geradezu sprichwörtlich das Chaos: aussen wie in dir selbst. Du hast dich tief in diesen Wald verstrickt, ohne jeglichen Überblick, der einen Durchblick hätte verschaffen können – eine Situation wie im Labyrinth von Knossos. Wie sich daraus befreien?

Chaos hat im kosmogonischen Mythos Ähnlichkeit mit dem Nichts und der Leere, was mich inspiriert, das Nichts ins Spiel zu bringen. Im Chaos herrscht die totale Symmetrie, in der nichts voneinander unterscheidbar und nichts geschieden ist, vor allem aber nichts ist, das unterscheiden würde. Wird in dieses Chaos als erste Unterscheidung der Anfang getragen, so wird Symmetrie gebrochen und aus dem sich selbst gleichen Sein wird ein komplexes Sein des Geschiedenen – das Machen des Anfangs erscheint im Mythos als Willkürakt der Schöpfung, in der Physik als spontane Symmetriebrechung, in der Soziologie als Handlung. Ein solcher Anfang hat keinen Grund, denn wäre da ein Grund, so wäre der Grund schon etwas Geschiedenes. Die Befreiung aus dem Chaos hat also keine Chance, sich auf einen äusseren Grund zu stützen, etwa einen Wegweiser. Vielmehr muss sie sich gänzlich aus sich selbst gewinnen, gleichsam aus dem Nichts ihrer selbst. Von nirgendwo herkommend muss die Befreiung buchstäblich ins Nichts hineinspringen und so zu einem Ur-Sprung werden. Sich diesem Nichts zu nähern kann einen allerdings in unbetretene Bereiche und auf Wege führen, die in die Tiefe des finsteren Waldes führen, wo sie abrupt und unvorhergesehen im Unbegangenen enden können.

Er: ... Und wo ist das Unbegangene? Du sagst im Nichts! Das weckt die Erinnerung, wie in Europa während Jahrhunderten die Angst vor dem Nichts, dem Leeren – dem *horror vacui* – umgegangen ist. Über das Nichts konnte nicht positiv gesprochen, nichts ausgesagt, nichts erkannt werden, das sich mit positiven Prädikaten und Attributen hätte bestimmen lassen; es wurde nur negativ bewertet, mithin schlecht, abwertend. Noch heute ist dem durchschnittlichen Denker das „Nichts" emotional vollkommen unfasslich. Er meint, so lange man denke, müsse man doch über „etwas" denken; wenn man über „nichts" denke, dann denke man eben nicht.

Wo also ist der Weg, der uns ins Unbegangene führt? Ein Weg, der nicht gangbar ist, ist bekanntlich der Weg des Labyrinths mit seinen Sackgassen, Hohlwegen, Schleifen, Windungen und Umwegen. Unerkundbare Wege sind labyrinthisch. Selbst unser Gespräch können wir als „labyrinthisch" bezeichnen, hat es doch bereits längst diese Form angenommen und ist zugleich sein Thema.

Sie: Du meinst, ein Denken, das sich auf sich selbst verlässt und im Medium der Rede verharrt – das Nichtseiende ist ja unaussprechbar –, vermag nicht umwegig zu denken und das Labyrinth zu erkunden, weil ihm die Möglichkeiten der Bezeichnung, Verarbeitung und Berechnung der Information fehlen, die für eine Orientierung und Zielfindung im labyrinthischen Raum vonnöten sind.

Muss *ich* dich jetzt an unser Thema erinnern, nämlich das statisch-klassische Denkgebäude zu verlassen und bewegliche Denkformen zu erkunden, mit denen wir in der Lage sind, die labyrinthischen Wege des Hohlraums, des Nichts, der Negativität zu gehen. Im Labyrinth sind es die Wege des Tanzes, der Verirrung, des Schwindels, aber auch der Zielfindung – es gibt keinen Anfang, mit dem anzufangen wäre, sondern nur Vielheiten des Anfang(en)s. Die Vielzahl der Wege, die kein Ariadnefaden mehr auf eine Linie reduziert, sind nicht vorgegeben und können daher auch nicht gefunden werden. Sie werden im Suchen erschlossen. Dann ist das Labyrinth nicht mehr die drohende Gefahr, in die ein Mensch geraten kann, der Weg durch den Hades, sondern das Geflecht der Welten, in dem wir immer schon leben.

Er: Was lässt sich denn über das Nichts sagen, das uns aus den Hintergründen des Bewusstseins entgegenstarrt? Du hast es angesprochen: Das Nichts entzieht sich jeder Möglichkeit, es positiv zu erfassen. Wir können es nicht gegenständlich denken; das vor-stellende Denken eines „es ist dieses und nicht jenes", die setzende Reflexion, die uns etwas ins Bewusstsein bringt, versagt hier. Das Nichts ist eben nichts.

Sie: Nur sind wir damit noch lange nicht am Ende. Mit einer erhellenden Einsicht über das Verhältnis von Willen und Nichts hilft uns Gotthard Günther auf die Sprünge: „Das Sein ist der Geburtsort des Denkens; das Nichts aber ist die Heimat des Willens. Im Nichts ist (…) nichts zu sehen, solange wir uns nicht entschliessen, in das Nichts hineinzugehen und dort nach den Gesetzen der Negativität eine Welt zu bauen." [186] Im Nichts interessiert uns nicht der gesamte Umfang dessen, was schon ist, sondern der Raum des Ungeschaffenen, in den der Wille die Ergebnisse seines Handelns setzt.

Mit dieser Einsicht können wir wieder in deine Geschichte eintauchen. Ratlos und unschlüssig fühltest du dich verstrickt in diesen labyrinthisch erscheinenden Wald, aber ebenso sehr in ein von reinen Gegensätzen aufgespanntes Begriffs- und Bedeutungsgeflecht – das auf dieser Welt noch immer vorherrschend ist und das Denken prägt –: schwarz und weiss, wahr und falsch, Problem und Lösung, Theorie und Praxis. Was hast du in dieser vertrackten Situation getan? Du hast eine Entscheidung getroffen, du bist willentlich in das Unbegangene, in das Nichts hineingegangen und hast mit einem Gesetz der Negativität – in diesem Fall der logischen Operation der „Rejektion" [187] – etwas Neues „gebaut", indem du den dualen Zusammenhang von Problem und Lösung einfach verworfen hast – auch ein Abbruch kann eben Raum für Neues schaffen! Indem du dich ins Aussen dieser Alternative von Problem und Lösung – aber auch jedes anderen Dualismus – gewagt hast, war die Befreiung als Voraussetzung zur freien Wahl des Ausgangs – sei es nun aus dem Kerker, dem binären Gefängnis oder wie wir das klassische Logik-Gebäude auch immer nennen wollen – geschafft, der Absprung aus dem Subjekt-Objekt-Denken als Ganzem vollzogen, ein erster Schritt in der Umbauarbeit des klassischen Logik-Gebäudes aus seinem Jenseits heraus getan, und du erhieltst erstmals einen operablen Zugriff von aussen (dem Jenseits) auf das klassisch-zweiwertige Denken,

---

[186] Günther, Gotthard: „Beiträge zur Grundlegung einer operationsfähigen Dialektik", Bd. 3, Hamburg 1980, S. 288

[187] Erst die als Verwerfung bzw. Rejektion bezeichnete logische Operation führt aus dem zweiwertigen System von Problem und Lösung heraus. Die Unterscheidung von Negation und Rejektion ist ein wesentliches Hilfsmittel, um die *Lösung* eines Problems von seiner *Auflösung* zu unterscheiden: Lösungen sind in ihrem Kern Negationen („es gibt kein Problem mehr"), Auflösungen dagegen sind im Kern Rejektionen („verwerfen von ‚Problem-und-Lösung'"). Einzig durch Verwerfung, d.h. Rejektion beider Positionen zugleich, gelangt man zu einer Souveränität gegenüber einem Problem und seiner Lösung.

was dir erlaubt, mit beiden Seiten eines dualen Begriffspaares (z.B. wahr/falsch) souverän umzugehen. Jetzt konnte und kann sich die Befreiung ihren eigenen Weg wählen und gehen.

> Die klassisch-zweiwertige Logik kennt zwischen zwei Werten nur ein einfaches Umtauschverhältnis, beispielsweise die Negation von „wahr" zu „falsch" und umgekehrt. Der zyklische Charakter der Negation als Ausdruck eines Willensaktes anstatt eines Denkvollzugs verbirgt nun diesen Sachverhalt zunächst. Das ändert sich aber sofort, wenn man von einem einfachen Wertdualismus zu einer Dreiwertigkeit übergeht, d.h. wenn mit anderen Worten ein dritter Wert – in unserem Fall die „Rejektion" – eingeführt wird. Die als Verwerfung bzw. Rejektion bezeichnete logische Operation führt aus einem Wertdualismus heraus: Sie verwirft das Wertangebot als solches; dabei ist es wichtig, sich klar zu machen, dass die Verwerfung nicht die Werte wahr/falsch usw. als solche betrifft, sondern eben die Alternativsituation eines Entweder-oder.
>
> Durch das Auftreten eines „dritten" Wertes erfolgt ein Einbruch, der die gesamte *Kontextur* [188] betrifft: Verstehen wir diesen „Wert" nicht einfach als ausserhalb eines Systems befindlich, so muss dieser „Wert" weder innen noch aussen, sondern beides zugleich sein, also zum System gehören und nicht dazu gehören. Der „dritte Wert" – hier der Rejektionswert – ist demnach ein Wert, der das System jeweils und gleichzeitig von innen und aussen aufbricht, was nichts anderes heisst, als dass der Rejektionswert nicht durch einen einzelnen Wert mehr repräsentiert werden kann, sondern jeder Wert als Rejektionswert zu fungieren vermag.

*

Er: (schmunzelnd) … Beeindruckend, wie du Licht auf unerkundbare Wege im Nichts wirfst, wie du aufzeigst, dass nur der Absprung ins Unbekannte uns von den Rändern der abendländischen Vernunft wegführt, an denen wir mehr taumelnd als stehend unsere Blicke in dunkle Abgründe werfen – und du tust dies auch noch in dem fröhlichen Bewusstsein, dass wir bald wieder festen Boden unter den Füssen haben werden!

Nicht in beckmesserischer Absicht sei noch der Hinweis gestattet, dass wir längst an den Rändern des rationalen Verstehens angelangt sind, spätestens mit der

---

[188] Günther nennt das Doppel von Ort und Kontext *Kontextur*.

Quanten- und Relativitätstheorie. Ich erinnere nur an das Doppelspalt-Experiment, wo ein und dasselbe Elektron auf eine mit zwei Schlitzen versehene Maske trifft und – welche Überraschung! – sie durch beide Schlitze gleichzeitig passiert; hier hilft kein dichterischer Vers, um zu erklären, weshalb in diesem Fall der Satz der Identität nicht greift. Ein anderes Beispiel betrifft die Masse eines mit annähernder Lichtgeschwindigkeit beschleunigten Körpers, die zunimmt, wenngleich sie für einen in gleicher Geschwindigkeit dazu befindlichen Beobachter konstant gleich bleibt; die Masse nimmt also sowohl zu als auch gleichzeitig und nicht weniger absolut nicht zu – folglich kein Aristotelisches Entweder-oder!

Sie: Dass die klassische Rationalität, die allumfassend unser Denken, Reden und Schreiben bestimmt, zu eng und zu statisch ist, haben wir hinreichend erörtert. In zahlreichen Beschreibungen und an metaphorischen Beispielen haben wir mit ihren Grenzen gerungen und abseits gewohnter Marschrouten erste Schneisen geschlagen. Allerdings ist das blosse Fazit, dass wir auf den ausgetretenen Wegen mit der herkömmlichen Rationalität stecken bleiben, noch etwas spärlich. Solche negativen Motivationen führen höchstens dazu, weiterhin auf altbekannten Pfaden zu wandeln, auch wenn wir wissen, dass wir damit nicht weiterkommen. Aus dem dichten und dämmrigen Unterholz ist noch zu wenig Greifbares ans Tageslicht gedrungen.

Er: Was ist denn Besseres zu erwarten, wenn wir aus der Linie des klassisch-zweiwertigen Denkens herausspringen? Konkrete Antworten darauf erhalten wir erst, wenn wir uns der zentralen Frage zuwenden: Wie lässt sich die klassische Rationalität aus den Angeln heben und wo sind die Dreh- und Angelpunkte (Knackpunkte) dafür? Zugegeben, eine erste Antwort haben wir bereits gegeben: Die Umbauarbeit des klassischen Logik-Gebäudes lässt sich nur von ausserhalb, aus seinem Jenseits heraus leisten. Mit anderen Worten: Wagen wir den Sprung in dieses Jenseits, so führt uns das unmittelbar aus der Dichotomie heraus; wir gelangen an einen radikal anderen Ort, von dem her wir die übersprungene Grenze und die beiden von ihr getrennten Teile in den Blick nehmen können. Erstmals erhalten wir damit einen operablen Zugriff auf das klassisch-zweiwertige Denken, was gleichzeitig die erstaunliche Chance eröffnet, souverän mit den beiden Seiten umgehen zu können.

Sie: Bei der Aufgabe, die Grenze zwischen dem Inneren des klassischen Logik-Gebäudes und dem Aussen, von wo es erst demaskiert werden kann, zu überwinden, ringen wir immer auch mit unserer Sprache, diesem glänzenden Schwert der Dichotomie mit seiner Struktur von Subjekt-Prädikat-Objekt. Auf unseren Grenzgängen tun wir uns deshalb so schwer mit ihr, weil sie Teil des zu überwindenden Denkens ist und sich für den Ausstieg aus dem klassischen Denken als zu eng erweist: Sie ist zweiwertig, rein auf das tote Sein und wie die „Dinge" identifiziert werden sollen fixiert, mithin auf das Nicht-Reflexive. Die Sprache der Reflexion hingegen, also die Sprache, die davon spricht, nicht wie Technik oder Geist sind, sondern wie sie erzeugt werden, die Sprache des Hervorbringens, die Sprache der Poesie – das scheint vielmehr jene zu sein, die Gotthard Günther als „Negativsprache" bezeichnet. [189] Trotzdem: Im weiteren Gespräch sollten wir an der Positivsprache festhalten, und uns mit ihr an das weitere Aufdecken des Unbegangenen vorsichtig herantasten.

Klassisch beobachtbar ist nur, was stabile Eigenschaften besitzt. Objektivität ist insofern die Voraussetzung klassischen Denkens und Beobachtens, weshalb auch Prozesse nur als „Dinge" beobachtet werden können. Betrachten wir beispielsweise Sprache als jenes System, in der sich das Denken umsetzt, so können wir erkennen, dass die Passivität der Realität des zweiwertigen Logik- und Erkenntnismodells weit hineinreicht in die Struktur unserer Sprache und den Möglichkeiten, mit ihr bestimmte Sachverhalte auszudrücken. Das lässt sich anschaulich am Begriff des „Wissens" zeigen. [190] Unterscheiden wir zwischen „Wissen" als etwas Gewusstem, also als objektiver Wissensschatz, und „Wissen" als subjektiver Tätigkeit, so geraten wir unverzüglich ins Stocken. Verwundert müssen wir konstatieren, dass es diese Unterscheidung begrifflich weder im Deutschen noch im Englischen gibt. Wissen scheint im klassischen Denken nur als Objekt aufzutauchen, nicht als Prozess, und als etwas, das nur mehr verwaltet zu werden braucht – man hat es, oder hat es nicht. Auch die Sprache sieht für das Verb „wissen" nur die Bedeutung von „über Wissen verfügen" vor, nicht jedoch „Wissen hervorbringen". Da man das Denken

---

[189] Günther, Gotthard: „Identität, Gegenidentität und Negativsprache", Vortrag am Internationalen Hegel-Kongress, Belgrad 1979, veröffentlicht in: Hegeljahrbücher 1979, S. 22-88; siehe dazu auch ders. in: „Martin Heidegger und die Weltgeschichte des Nichts", in: „Beiträge zu einer operationsfähigen Dialektik", Band 3, Hamburg 1980, S. 260 f.; ebenso die Ausführungen dazu in Kap 7 in: Bierter, Willy: a.a.O., S. 160 f.

[190] Glanville, Ranulph: „Die Relativität des Wissens – Ebenen und Grenzen von Problemen", in: Jahraus, Oliver & Ort, Nina (Hrsg.): „Beobachtungen des Unbeobachtbaren. Konzepte radikaler Theoriebildung in den Geisteswissenschaften", Weilerswist 2000, S. 237 – 253

nicht von der Sprache ablösen kann, verrät die Sprache etwas über die Art des Denkens. Die Sprache, die durch uns hindurch spricht, prägt unsere Art der Rationalität, die Art und Weise, wie wir Gesellschaft und Kommunikation, Wissenschaften und Künste organisieren und wie wir Menschen denken und leben.

Er: Wenn wir versuchen, dem Denken und der Sprache das Unmögliche abzuringen, so führt uns das in die Paradoxie der Suche nach dem Widerspruch in sich, der die Widersprüchlichkeit aufrechterhält, ohne sich selbst zu widersprechen. Das hört sich nach einer akrobatischen Zirkusnummer ohne Netz an: Man vollbringt einen *salto mortale*, der ständig in Bewegung sein muss, denn ein Stillstand würde zumeist als tödlicher Aufschlag enden. Weshalb? Um die klassische Rationalität aus den Angeln zu heben ist, muss das lineare Denken in eine zirkuläre Form gebracht werden, wobei die Unterscheidung von Anfang und Ende nicht einfach verschmelzen darf wie bei der Schlange, die sich in den Schwanz beisst. Erst und nur dann gewinnen wir auf dem Boden dieser Unterscheidung eine Abbildungsrelation, die die unveränderliche Identität der beiden Seiten unterläuft, ohne dabei die beiden Teile zu zerstören. Die Identität in der Differenz, die Verschmelzung der Gegensätze, die trotz allem die Gegensätze als solche belässt, sprengt den Rahmen jedes identitätstheoretischen Denkens. Denn jetzt wird das Selbe als das Andere denkmöglich, kann ein Etwas zugleich und in derselben Hinsicht ein Anderes sein, kann jedes von ihnen die Position vertauschen und die Rolle wechseln, ohne seine Eigenheit zu riskieren, nämlich noch immer und trotz allem *dieses Eine* und *dieses Andere* zu sein. Im Rahmen der klassischen Logik mit ihrem zweiten Aristotelischen Axiom, dem Satz vom verbotenen Widerspruch (A darf nicht zugleich Nicht-A sein), ist dies strengstens untersagt; unbestimmbar und immer in Bewegung ist ein Widerspruch der Ruin jedes Systems und muss deshalb aus der Logik verbannt werden.

Sie: ... Im Klartext bedeutet das: Erstens müssen wir uns vom Dogma der Linearität, von der *einen* Linie verabschieden. Zweitens müssen wir den Mut zu doppelsinnigen Kreisen des Sowohl-als-auch aufbringen. Und drittens hat die Befreiung aus dem binären Gefängnis die Verwerfung der Alternative von Subjekt und Objekt zur unabdingbaren Voraussetzung. Die klassische Rationalität lässt sich erst dann wirklich aus den Angeln heben, wenn die dazu notwendigen Angelpunkte nicht mehr innerhalb dieses Bereichs des Denkens, Redens und Schreibens liegen. Mit anderen Worten: der Anfang der Bewegung hin zu neuen Denkformen muss jenseits von Subjekt und Objekt liegen. Dies ist gleichbedeutend mit der Verabschiedung von dem einen identischen Zentrum des Denkens, von einer Logik, die sich vom Menschen her ausfaltet; der Grenzgang zu einer erweiterten Logik ist von aussen her zu denken.

Er: ... Erst wenn man die identitätsfixierte Perspektive des Subjekts verlässt, um zur Perspektive eines kontinuierlichen Prozesses überzugehen, kann die Einheit *und* Komplementarität der Gegensätze, weit davon entfernt, ein Problem darzustellen, als Prinzip des Laufs der Dinge selbst gedacht werden: Dass das eine im anderen ist, dass das eine auch das andere ist, eben dies ermöglicht den Prozess. Die Logik des Realen – damit es „real" ist – besteht eben darin, im Prozess befindlich zu sein. Erst dann gelangt man zu einem Denken, das sich inmitten eines sich verändernden Feldes vielgesichtiger Dinge und Sachverhalte findet, ein Denken, das nie anders sein kann als Moment von kreuz und quer führenden Wegen, auf denen Perspektiven und Ausblicke vielfältig wechseln, wo Richtungen und Bewegungsweisen nicht unveränderlich vorgegeben sind. Ein Denken, das Umwege geht, das quer durch das Dargestellte, Berechenbare und Eindeutige auf das Mehrdeutige, das Nichtberechenbare und das Nichtdarstellbare anspielt, ein Denken, das nicht mehr länger im Modus der Ausschliessung, in der Eiswüste eines zweiwertigen Entweder-Oder, Wahr-Falsch, Schwarz-Weiss, Ein-Aus, Sein-Nichtsein erstarrt, sondern ein Denken des Sowohl-als-auch, des Weder-noch, wo das eine wie das andere gleichberechtigt behandelt, ein Drittes, Viertes usw. zugelassen wird. Ein Denken also, das über die Widersprüche hinausgeht, das nicht mehr ausschliesst, das nicht das eine oder das andere wählt, sondern das eine im anderen schätzt, weil es weiss, dass global gesehen das eine nicht ohne das andere sein kann, dass beide zusammen funktionieren und sich ergänzen.

Sie: Wenn wir aber alle Fixierungen und erstarrten Positionen lösen und aufgeben, stellt sich – jedenfalls für das abendländische Subjekt – doch alsbald die Frage, ob das nicht bedeutet, dass das Denken grundsätzlich jeden sicheren Boden und Halt verliert, dass es sich einem schwankenden Hin und Her, wenn nicht sogar einer blossen Beliebigkeit und Richtungslosigkeit ausgesetzt sehen würde?

Er: Die Frage zielt auf die *Verbindlichkeit* des Denkens, also darauf, woran es sich binden kann, wenn ihm kein *eines* Wahres mehr vorgegeben ist. Im klassischen Modus des Entweder-oder geht die eindeutige Entscheidbarkeit einer Situation von der Voraussetzung aus, dass es *eine* Wahrheit gibt. Denn nur wenn es eine einzige Wahrheit gibt, kann man ihr entweder zustimmen oder nicht.

Soll aber die Offenheit des Denkens wie des Verhaltens aufrechterhalten bleiben, eine Offenheit, die es gestattet, keinen Aspekt der Dinge, keine Bezüge zwischen den Dingen, zwischen Anderen und Anderem zu verlieren, gegenüber nichts und in nichts verschlossen zu sein, dann geht es nicht mehr um Wahrheit. Nicht dass es nicht Wahrheit geben würde, es gibt sie lokal, aber nicht global.

Sie: Dann muss ich aber weiterfragen, was denn die Voraussetzung dafür ist, dass es eine einzige und universal gültige Wahrheit geben kann?

Er: ... Die gibt es nur unter der Grundannahme eines in Bezug auf Logik universalen Raumes, d.h. eines gleichförmigen logischen Universums, in dem es völlig unerheblich ist, von welchem Ort aus logische Aussagen getroffen werden. Das heisst: nur unter der Voraussetzung, dass es keinen Unterschied macht, von wo aus ich spreche, ist es möglich, Aussagen an einem gleichen einheitlichen Wahrheitskriterium zu bemessen. Denkbar ist dies allerdings nur unter der Annahme eines übergeordneten Beobachters, dem nicht nur alle denkbaren Kontexte zugänglich sind, sondern der auch im Besitz des universalen Kontextes ist, dem letztgültigen und unabänderlichen Entscheidungsmaßstab für die letzte und allgültige Wahrheit. Lange Zeit wurde ein derart übergeordneter Beobachter Gott genannt, bis der Glaube an ihn durch eine in allen Menschen gemeinsame und gleiche allgemeingültige Vernunft ersetzt wurde – die Heraufkunft des Kant'schen transzendentalen Subjekts [191] als Ausdruck einer zutiefst anthropozentrischen Rationalität.

Sie: Wenn Menschen wahrnehmen, denken, sprechen und urteilen, so tun sie dies immer von bestimmten Orten samt jeweiligen Kontexten aus, wo sie sich gerade aufhalten. In Abwandlung des Ausspruchs von Paul Watzlawick „Wir können nicht nicht kommunizieren" können wir sagen: Wir können nicht von keinem Ort her beobachten, und alles was wir sagen, sagen wir immer von einem Ort aus. Von daher gibt es nicht nur keinen übergeordneten Standpunkt, sondern unser Alltag ist immer von einer Vielzahl logischer Bezugsräume und damit von lokalen Wahrheiten durchdrungen, die an einem Ort zutreffen mögen, an anderer Stelle nicht. Jeder Mensch lebt in seiner Wahrheit und drückt diese mit *seinen* Worten aus. Jeder Mensch begreift die Welt mit derselben Logik, aber er begreift sie von einer

---

[191] Der Begriff transzendent [lat. transcendere = darüber hinausgehen, übersteigen] bedeutet das einem Subjekt äusserlich Seiende, Unerreichbare. In der klassischen Metaphysik ist das eigentliche Transzendente Gott. Gott ist uns unerreichbar, er ist transzendental zu uns.

anderen Stelle im Sein. Benutzen alle Menschen dieselbe Logik, aber von unterschiedlichen Stellen im Sein, sind ihre Resultate verschieden. Das heisst, es gibt diese universale und für alle Orte in gleicher Weise gültige Wahrheit nicht: Was hier wahr ist, muss dort nicht auch wahr sein. Es gibt also mehr als eine Wahrheit, was aber umgekehrt bedeutet, dass es keine Wahrheit gibt. Das bedeutet keineswegs die vollkommene Sinn- und Kriterienlosigkeit, sondern „keine Wahrheit" macht Ernst mit der Einsicht, dass das, was an einem Ort einen bestimmten Wert annimmt, an einem anderen Ort einen andersartigen Wert annehmen kann – keine Wahrheit also im Sinn von *nicht eine Wahrheit*. [192]

Er: Nun wird man dagegen einwenden wollen, dass wenn zwei über irgendein Thema heftig debattieren oder sich tüchtig streiten, deren Aussagen immer standpunktabhängig sind im Sinne von „A behauptet X von seinem Ort aus" und „B behauptet Y von seinem Ort aus". Somit haben wir zwei konkurrierende Wahrheiten, was den Eindruck eines Relativismus und Perspektivismus aufkommen lässt. Dies allerdings nur für kurze Zeit, denn klassisch gesehen gibt es zwischen *wahr* und *falsch* nur eine Alternative – Entweder-oder! Den Grund dafür kennen wir: Die Zweiwertigkeit ist ein wesentliches Charakteristikum der klassischen Logik, und stellt die Voraussetzung für das logische Schliessen und Urteilen dar, wobei es sich auf die metaphysische Grundidee des Identitätsverhältnisses von Denken und Sein bezieht. Diese besagt, dass menschliches Denken immer zweiwertig verläuft – ausgedrückt durch die formalen Wahrheitswerte „wahr" und „falsch" –, nie aus diesem strukturellen Bereich ausbrechen kann und ihren Geltungsbereich – das irreflexive Sein – erschöpfend erfasst.

In diesem Zusammenhang sei nochmals daran erinnert: Ohne die klassisch-zweiwertige Logik können Entscheidungen, die sich auf objektive Sachverhalte beziehen, nicht getroffen werden, da ohne sie keine Eindeutigkeit in der Bestimmung von Objekten vorläge. Solange es also um *tote Dinge* in einer „subjektlosen" Welt geht, ist diese zweiwertige Logik in ihrer Klarheit, Einfachheit und Eleganz unschlagbar. Die klassischen Naturwissenschaften, die auf diesem Denken aufbauen, legen in ihren Errungenschaften davon ein eindrucksvolles Zeugnis ab.

---

[192] Für eine vertieftere klassische und transklassische Erörterung der Wahrheitsthematik vgl. Anhang I in: Bierter, Willy: „Wege eines Wanderers im Morgengrauen. Auf den Spuren Gotthard Günthers in transklassischen Denk-Landschaften", Books on Demand, Norderstedt 2018

Sie: Nun kann beim Streitgespräch ein Dritter hinzugerufen werden, eine Art Schiedsrichter. Von ihm darf allerdings auch nicht *die* Wahrheit erwartet werden, sondern lediglich *seine* Wahrheit, die er von *seinem* Ort her kundtut. Was er leisten kann, ist die *Vermittlung* der beiden Positionen. Das bedeutet zunächst Vermittlung als Mittel zur Verständigung: er kann die beiden Parteien dazu bringen, miteinander zu reden statt aneinander vorbeizureden, d.h. er schafft die Möglichkeit, dass zwischen ihnen überhaupt Kommunikation stattfinden kann.

Noch in anderer Hinsicht ist ein Dritter von erheblicher Bedeutung. Sein Erscheinen kann die Wahrheitssysteme der beiden Parteien insofern verändern, als sie erstmals ihre beiden argumentativen Positionen in ihrer Positioniertheit erkennen können. Was heisst das? Zwar gibt der klassische Rahmen der Logik nur zwei Wahrheitswerte vor – Bejahung und Verneinung, wahr und falsch –, doch mit der Anwesenheit des Dritten können die beiden Parteien erstmals bemerken, dass es nicht nur das eine Entweder-oder gibt, sondern ein drittes Urteil, zwar ebenfalls ein *Ja* oder ein *Nein*, aber jetzt von einem anderen System her geäussert.

Er: ... Der Dritte spielt somit in Bezug auf die Orthaftigkeit des Urteilens eine eminent wichtige Rolle, nicht jedoch im Hinblick auf die Wahrheit. Du hast deutlich ausgeführt: mit dem Dritten gibt es neben dem *Ja* und dem *Nein* ein weiteres *Ja/Nein*, doch letzteres können die beiden Parteien nicht als zum eigenen System gehörig verorten, da es innerhalb eines klassischen logischen Systems neben *ja* und *nein* keinen dritten Wert geben kann. Gleichgültig wie er ausfällt, der dritte Wert ist immer die Auswahl aus der Ja-nein-Alternative, doch wird die Wahl an diesem dritten Ort als eine Wahl überhaupt erst sichtbar. Mit dem Erscheinen des dritten Ortes, an dem selbst der Rahmen zwischen Position und Negation aufgespannt ist, zeigt sich, dass jeder Ort immer ein Ort ist, an dem eine Entscheidung an diesem Ort gefällt wird, dass die Orte als logische Orte in ihrer jeweiligen Orthaftigkeit erst sichtbar werden.

Sie: Was wir bislang zum Thema „Orthaftigkeit" erörtert haben, wird manchem nur ein müdes Lächeln und die Erwiderung entlocken, dass daran nichts weiter Aufregendes zu entdecken sei, was alle ohnehin bereits wüssten und jetzt von der Logik endlich bestätigt würde: Wir reden von Orten aus, und alles was wir sagen, ist an den Ort inklusive Kontext gebunden, den wir einnehmen. Ist doch logisch, so die weitere Entgegnung: Stehen zwei Parteien mit zwei unterschiedlichen Kontexten einander gegenüberstehen, fallen die jeweiligen Urteile eben ganz verschieden aus.

Meine Erwiderung darauf: In der klassischen Logik gibt es keine Möglichkeit, die Verschiedenheit der Orte und deren Kontextabhängigkeit einzufangen. Weil sie nur die *eine* Wahrheit kennt, ist sie am Ende immer gezwungen, die Vielfalt der Orte wieder auf den *einen* Ort der definitiven Entscheidung, auf den *universalen Kontext* zu reduzieren.

Er: ... Ergänzend dazu: Solange es nur einen universalen Kontext gibt, gibt es auch nur einen Ort, für den dieser Kontext der Kontext sein kann; und weil das klassische Denken nur den einen Kontext kennt, kennt es auch nur den einen Ort – das Subjekt.

Es ist das grosse Verdienst von Gotthard Günther, über das klassische Logikmodell hinaus Wege aufgezeigt und eine entsprechende Logik ausgearbeitet zu haben, wie es gelingt, die Orthaftigkeit der Orte und damit die korrelierenden Kontexte in den Blick zu nehmen. Er nennt das Doppel von Ort und Kontext eine *Kontextur* und die Logik, die die Vielheit der Orte und Kontexte in ihrem Zusammenspiel darstellt, eine *polykontexturale Logik*. Wir haben sie gestern Abend ein erstes Mal angesprochen, als wir uns über das Du unterhielten.

*

Sie: Auf unserem Weg ist mir einiges klarer geworden, trotzdem plädiere ich dafür, dass wir uns der polykontexturalen Denkkunst auf anderen Wegen ein weiteres Mal nähern. Umwege zu gehen und Licht aus vielerlei Perspektiven auf Wege im Unbegangenen zu werfen, fördert das Verstehen und gibt Hinweise für die Orientierung in unserer labyrinthischen Komplexitätswelt.

Er: Eine gute Idee, wobei wir uns die Günther'sche Maxime zu Herzen nehmen sollten, der unaufhörlich darauf hingewiesen hat, man solle nicht endlos weitere Antworten auf überkommene Fragen suchen, sondern gelegentlich innehalten und sich vergewissern, ob man denn die richtigen Fragen gestellt hat!

Sie: Ich versuche es. – Gestern habe ich dich als Grenzgänger zwischen Siedler und Nomade charakterisiert, der mit der Spannung bzw. dem Spagat zwischen beiden gut umgehen kann. Zusammen mit den vorhin gefallenen Stichworten Orthaftigkeit der Orte und Kontexturen inspiriert mich dies zu einer Gegenüberstellung von Nomade des Seins und Siedler der Anthropozentrik – auch aufgrund der wertvollen Anregungen, die mir aus unseren Gesprächen zuteilwurden.

Erst wenn ich den Grenzgang wage, meinen bisherigen Ort und mit ihm das klassische Logik-Gebäude verlasse, kann ich von Aussen her deutlicher erkennen, wie die Menschen in Häusern siedeln, ihre Orte mit Zäunen und Mauern umgrenzen und so gegen das Draussen abgrenzen und abschirmen. Allerdings scheinen sie dabei völlig vergessen zu haben, dass die Mauer nicht weniger als das von ihr umzäunte Innen allein auf jenem Boden errichtet werden kann, der unter der Mauer hindurch das Innen mit dem Aussen verbindet.

Im Gegensatz zum Siedler definiert sich der Nomade nicht von einer künstlichen Siedlung her; er kennt kein voneinander getrenntes Innen und Aussen. Von Ort zu Ort ist er unterwegs, erschliesst sich auf seinen Wanderungen stets von Neuem Grund und Boden, die sich ihm im Licht unterschiedlicher Horizonte in all ihren Facetten darbieten und immer wieder neu wirklich werden. Dass er Grund und Boden als Ganzes nie in den Blick wird nehmen können, ist ihm selbstverständlich, weiss er doch, dass jeder Überblick von einem Oben her nur dazu führt, dass er die einfachsten Dinge übersieht, die sich eben nur im Gehen zeigen – die Beschaffenheit des Bodens, seine Härte und Weiche, all die Dinge und Wesen, denen er staunend begegnet und von denen er sich sagt, dass sie vielleicht – ihn eingeschlossen – auch noch anderes sind als sie selbst. Auf seinen Wanderungen erfährt und entfaltet sich der Nomade in einer Grenzenlosigkeit, die er ständig selbst erzeugt. Er versagt sich jeglicher Landnahme, nimmt kein Stück Boden in Besitz, erobert kein Territorium, das es zu kolonisieren gilt. Sieht er aus der Ferne eingezäunte Häuser und Orte, wird er sich allenfalls wundern, dass es Menschen gibt, die sich mit einem kleinen Stück Land zufrieden geben können, das sie von der Weite genommen haben.

Er: Mit deiner Darstellung vom Nomaden des Seins und dem Gegenbild vom Siedler der Anthropozentrik wagst du den Grenzgang, von aussen her zu denken. Von aussen bedeutet die Absage an das eine, identische Zentrum des Denkens, das Verlassen des sicheren Orts des Subjekts. Auf metaphorische Weise zeigst du, wie die damit eingenommene Aussenperspektive auszusehen hätte. Es ist der Grund und Boden, auf dem sich alle Orte erst einzeichnen können, die den Menschen definieren und der Hinter- und Untergrund werden, vom dem aus alles das, was sich aufmacht, erst sichtbar und verstehbar wird.

Sie: ...Und damit können wir jetzt die polykontexturale Denkkunst zur Orientierung in unserer Komplexitätswelt weiter vorantreiben: Was ist ihre Grundidee und welchen „Mehrwert" haben wir von ihr gegenüber der klassischen Logik zu erwarten? Erste Hinweise hast du am Ende unseres Gesprächs über das Du skizziert.

Er: Bereits angesprochen haben wir, dass die polykontexturale Logik das Geschehen der Orte und ihrer Kontexte (der Kontexturen) in ihrem Zusammenspiel darstellt und in mehrstelliger Weise konsistent regelt. Damit sind sowohl der *universale Kontext* als auch *das Subjekt-überhaupt* – das Kant'sche Transzendentalsubjekt oder der Hegel'sche absolute Geist – überwunden, was unmittelbar zur Folge hat, dass eine solche Logik nicht mehr vom Subjekt aus gedacht werden kann.

Sie: Damit ich alles richtig verstehe: Die klassische Logik beruht auf der stillschweigenden Voraussetzung, dass ihre Operationen von einem Subjekt vollzogen werden, das diese Operationen souverän handhaben kann, das aber selbst unabhängig von seinen eigenen Operationen, ihnen gleichsam äusserlich ist. Anders gesagt, klassisch-logische Operationen gleichen einem Werkzeugkasten, den ein Subjekt-Handwerker öffnet, um sich das passende Instrument (und/oder, wahr/falsch, entweder/oder) herauszuholen.

Er: Richtig. Am Nullpunkt des klassischen Koordinatensystems sitzt das Subjekt, das zwar alles steuert und regelt, aber als das steuernde und regelnde Element selbst nicht in Erscheinung tritt. Mit anderen Worten: Das Subjekt der klassischen Logik ist die nie dargestellte Voraussetzung des Kalküls, also der Grund der Logik, der in ihr selbst aber nie zum Ausdruck kommt, weil in ihr ja nur Platz für die Darstellung von Begründetem ist.

Weil nun in der polykontexturalen Logik der *eine* Nullpunkt in eine Vielfalt der Nullpunkte aufgebrochen wird, ist es nicht mehr möglich, diesen Nullpunkt in seiner selbstverborgenen Leere zu belassen. Weshalb? In einer Logik, die sich als ein poly-logisches System vieler Logiken entfaltet, werden die Systeme als ganze miteinander vermittelt, was bedeutet, dass auch ihre Nullpunkte als jeweilige Bezugspunkte zum Vorschein kommen. In dem Moment also, in dem sich viele logische Systeme begegnen, begegnen sich zwangsläufig auch die Nullpunkte, also die bis dahin verborgenen Subjekt-Handwerker dieser Systeme. Damit sind sie nicht mehr wie in der klassischen Logik dem System äusserlich, sondern sind nun ein integraler Bestandteil des polylogischen Systems. Der bisherige besitzanzeigende Anspruch *„Subjekt der Logik"* verlagert sich nun auf die Logik selbst, was bedeutet, dass die Logik jetzt nicht mehr dem Subjekt gehört, sondern das Subjekt gehört der Logik.

Sie: ... Und als ein der Logik gehörendes Subjekt kann es nicht mehr reklamieren, der unhintergehbare Ausgangspunkt des Denkens zu sein, weil es sich nun in der Vielheit der Orte unter all den anderen Subjekten wiederfindet. Denn wenn jedes

Subjekt nur für sich selbst ein Subjekt und Nullpunkt des Koordinatensystems sein kann, erscheinen sich die Subjekte gegenseitig als Objekte im Netz ihres Koordinatensystems. Das bedeutet, keines der logischen Subjekte kann mehr einen herausragenden Spitzenplatz beanspruchen; es weiss sich in der polykontexturalen Vielheit der Subjekte gleichrangig neben die anderen gestellt. Die polykontexturale Logik unterminiert *als Logik* das ursprungs- und identitätstheoretische Denken.

Er: ... Weil eine Logik, die die Vielheit der Ursprünge abbildet, keinen Ursprung mehr kennt, da es zum Wesen des Ursprungs gehört, der einzige zu sein. In der Vielheit der Ursprünge wird also eine Denkform eröffnet, die sich von der gründlichen Übermacht des Grundes emanzipiert. Grund und Begründetes bedingen sich jetzt wechselseitig, was aber nur unter der Voraussetzung möglich ist, dass der eine logische Raum in die Vielheit der (logischen) Räume aufgebrochen wird, wobei innerhalb eines logischen Raumes, innerhalb einer Kontextur also, die klassische Logik unangefochten weiter gilt – wir haben früher darauf hingewiesen. Stehen sich aber in einer polykontexturalen Logik viele solcher Systeme (Kontexturen) gegenüber, dann kann das, was an einem Ort Grund ist, von einem anderen Ort als Begründetes erscheinen, und das, was an diesem Ort Grund ist, ist für den anderen Ort Begründetes. Die Verteilung und Vermittlung der Systeme ermöglichen also, dass Grund und Begründetes sich als das begegnen, was sie sind, und zugleich als das Andere ihrer selbst erscheinen, ohne dass sie ihre Identität preisgeben müssen – der Ort entscheidet.

Sie: Der Spiegel ist zerbrochen! Wenn ich nochmals an das früher geschilderte Spiegelbeispiel erinnern darf: Wir haben festgestellt, dass die Gleichursprünglichkeit der Elemente und ihrer Relation zwar das ersehnte Ziel unserer Suche ist, dass wir aber zur Abbildung dieses Zieles über keine adäquate Logik verfügen, die dieses gleichzeitige Gründungsgeschehen denkbar macht.

Mit der polykontexturalen Logik wird ein Denkrahmen eröffnet, in dem nicht mehr das *eine* (transzendentale) Subjekt in *einem* Universum steht. Vielmehr haben wir jetzt eine Vielheit der Subjekte und der logischen Orte, und dadurch eine Vielheit gleich-gültiger logischer Universen, die von je einer, je ihrer Logik regiert werden. Damit löst sich die *eine* Alternative in die Unzählbarkeit der vielen Alternativen auf. Weil das Konstrukt der *einen Objektivität an sich* hiermit ebenfalls aufgebrochen ist, kann auch die Wahrheit – die jetzt nicht mehr die eine sein will – dementsprechend nicht mehr von *einem* Subjekt beansprucht werden, und sie ist auch keine mehr, die sich aus dem Abgleich mit der *Objektivität an sich* erschliessen lässt. Wahrheit als *Übereinstimmung der Sache mit dem Denken*, wie es die klassische Theorie voraussetzt, kann nur noch unter der Bedingung aufrechterhalten werden, dass die Übereinstimmung stets als diejenige innerhalb eines der vielfältigen Systeme gesehen wird.

Er: Es ist nun nicht mehr das klassische Denken gegenüber der Objektivität, sondern es ist mein Ort, der mir mein Denken als das meines Ortes offenbart und so mich als Denkenden ins Spiel der Logik unvermeidlich hineinzieht. Sobald Subjektivität nicht mehr auf einen Ort beschränkt gedacht wird, kann die Umgebung dieses Ortes nicht länger die reine Objektivität sein, denn die umgebende Objektivität ist ja ihrerseits durchzogen von vielen Zentren der Subjektivität.

Sie: … und die Vielheit der anderen Orte, an denen Subjekte siedeln, verunmöglichen es, von *der* Subjektivität an sich zu sprechen. Die sich neben mir zeigenden Orte sind gleichfalls subjektive Orte, die sich neben mir in der Objektivität zeigen, ohne dabei von der gleichen ontologischen Qualität zu sein wie die anderen Objekte, wie der Stein, der Stuhl, oder der Baum.

Was mir also gegeben ist, sind andere Subjekte, die ich jedoch nie im Modus meiner mir eigenen Subjektivität erfahre. Denn die kann ich einzig und allein an mir selbst erleben. Was ich somit erfahre, ist eine fremde Subjektivität im Modus des Objekts, eine mir gegenständlich zugängliche Subjektivität, die sich allerdings von den reinen Gegenständen im Sinne klassischer Objekte unterscheidet. Und weil diese Fremdsubjektivität mir also grundsätzlich fremd bleibt und mir in ihrer Subjektivität radikal unzugänglich ist, kann sie nicht als der Andere im Sinne meines Alter-Ego interpretiert werden, da dies seine Subsumierung unter meine Subjektivität bedeutet – das andere Ich wäre so bloss ein abgeleiteter Modus meines Ich.

Er: Weil also das andere Ich für mich nicht ein einfaches Objekt, aber auch keine abgeleitete Form meiner Subjektivität ist, muss sein Ort dieser Unzugänglichkeit des mir Gleichen Rechnung tragen. Und tatsächlich gibt es einen Ort, der beide Aspekte vereint, es ist das *Du*. Das Du ist für mich ein Subjekt, dessen Subjektivität ich mir nicht in der Form erschliessen kann, wie ich es bei mir selbst kann, und das dennoch weit entfernt ist, als blosses Objekt aufzugehen.

Sie: Die Einbindung des Subjekts in die Logik hat zur Folge, dass Subjektivität immer schon als über viele Stellen verteilte erscheint. Sie führt im Weiteren dazu, erstmals über eine logische und damit auch ontologische Handhabe zu verfügen, die das Du *als* Du denkbar werden lässt – wir haben dies gestern Abend eingehend erörtert. Damit ist die Aneignung des Anderen als blosses Alter-Ego bzw. seine

Egalisierung in die Welt der Objekte aufgebrochen. Subjektivität ist jetzt kein Phänomen mehr, was auf ein Ich reduziert ist, sondern Subjektivität ist eine ontologische Qualität, die über die Vielzahl der Ich- und Du-Zentren verteilt ist und die sich allein in der Form der jeweiligen Gegebenheit unterscheidet – für jedes Ich ist sie *erlebbar*, und für jedes Du ist sie *erfahrbar*.

Er: Damit beginnt sich der Kreis unserer Gedankengänge zu schliessen. Sowohl die seit Descartes in eindeutiger Trennung entfaltete duale Konzeption von Denken und Sein, von Subjekt und Objekt als auch die damit verknüpfte Frage nach dem Ort der Eigentlichkeit – im Sein oder im Denken des Seins – kann nicht mehr aufrechterhalten werden. Weil nun das Ich für jedes Du selbst wieder ein Du ist, oder du kannst auch sagen, weil jedes subjektive Subjekt (Ich) vom objektiven Subjekt (Du) aus gesehen selbst als ein objektives Subjekt erscheint und die polykontexturale Logik der Orte dieses wechselseitige Geschehen der Überbestimmung widerspruchsfrei abbilden kann, erweist sich das dichotome Schema abendländischen Denkens als keine sinnvolle Alternative mehr. Subjektivismus und Objektivismus als methodische Verlängerungen und ideologische Verabsolutierungen dieses ursprünglichen Zweierschemas können verabschiedet werden.

*

Sie: Mit den Ergebnissen unserer bisherigen Erörterungen im Gepäck, sollten wir uns schliesslich der Frage zuwenden, welche Auswirkungen all dies für den Umgang mit unserem Modell des Selbst und der Welt hat. Wenn Denken und Sein, Selbst und Welt nicht mehr als isolierte Grössen betrachtet werden können, wie kommt dann die Welt in den Kopf? Diese Frage hat Philosophen seit alters her beschäftigt. Die Antwort aus polykontexturaler Sicht: Selbst und Welt können nicht mehr als isolierte Grössen betrachtet werden, sie bedingen und durchdringen einander wechselseitig. Das Bild, das wir uns von uns selbst machen, wird immer schon auf dem Hintergrund der Welt erzeugt. Das Innen ist im Aussen und das Aussen im Innen. Ich bin in der Welt, und die Welt ist in mir, ich denke die Welt, und die Welt dringt an mich heran. Da ist kein Entweder-oder mehr, da die beiden Seiten nicht mehr das ganze Spektrum des Logischen je für sich beanspruchen können. Jede Seite besetzt nunmehr nur ein System, und weil mit der polykontexturalen Logik die Systeme vermittelt werden können, brauchen sie sich nicht länger auszuschliessen.

Er: Dazu eine formale Ergänzung, wenn du gestattest: Damit es überhaupt ein System geben kann, muss es sich gegenüber einer Umgebung abgrenzen. Die Grenze aber ist eine doppeldeutige Schnittstelle: sie trennt und verbindet zugleich, ohne Trennung keine Verbindung und umgekehrt. Du erinnerst dich vielleicht noch, als wir gestern kurz von der Türe gesprochen haben, die als Chiasmus gelesen werden kann: jedes Herausgehen aus dem Haus und in die Welt hinein und umgekehrt, jedes Hineingehen ins Haus und aus der Welt heraus. [193] Auch die Türe als Grenze zwischen Haus und Welt ist eine doppeldeutige Schnittstelle. Als Unterscheidung von Haus und Welt oder allgemein von System und Umgebung erzeugt die Grenze selbst erst die beiden Seiten, die im gleichen Moment die Grenze hervorbringen. Das heisst aber, dass wir ebenso und im selben Moment auch die Welt nicht als vom Selbst unabhängige Instanz betrachten können: eine Umgebung, die nichts umgibt, ist eben keine Umgebung, sondern leerer Raum. Die Welt ist damit verwiesen auf das Selbst, das sich zu ihr ins Verhältnis setzt; das Selbst ist die wirksame Bedingung der Welt.

Sie: Die sich wechselseitig ausschliessende Alternative von Denken und Wollen – leitet das Denken das Wollen, oder geht der Wille dem Denken voraus – kann nun ebenfalls aufgelöst werden. Denn nur im Rahmen *eines* logischen Systems mit nur *einer* linearen, hierarchischen Relation müssen wir uns entscheiden, ob das Denken das Wollen leitet – „Ich denke, dann weiss ich, was ich will" –, oder der Wille dem Denken vorausgeht: „Ich will etwas und denke, wie ich es verwirkliche". Aus Erfahrung wissen wir jedoch, dass wir immer schon beides tun: Weder denken wir einmal völlig willenlos noch wollen wir ein anderes Mal blind ohne jegliches Nachdenken. Wiederum gibt die polykontexturale Vermittlung dem ein logisches Fundament, was wir ohnehin schon immer empfinden – und uns ermöglicht, das tief in der Tradition verankerte Bild menschlicher Weltbegegnung vom kontemplativen Denker auf der einen Seite und vom willensgeleiteten Macher auf der anderen Seite endgültig in die Mottenkiste zu legen.

Er: … Und am Ende des Prozesses der simultan-gegenläufigen Vollzüge von Denken und Wollen steht als Ergebnis für gewöhnlich die *Entscheidung*. Solange wir dem linearen Denken der klassischen Logik verhaftet sind, bedeutet sich für etwas entscheiden stets, dass die Entscheidung das Ergebnis des Willens *oder* des Denkens ist: Entweder entscheide ich mich, weil ich es ganz einfach will, oder ich fälle meine Entscheidung als Resultat meiner Überlegungen. Du hast es bereits ausgeführt:

---

[193] Vgl. dazu Kap. 4 „Geist der Landschaft", S. 64 f.

Aus Erfahrung wissen wir jedoch, dass wir in der Regel eine Entscheidung im Wechselspiel beider Strategien vollziehen, also nicht entweder nur willens- oder nur denkgesteuert: Will ich das wirklich und welches sind die Konsequenzen, was spricht dafür oder dagegen – von einer Reihe alltäglich ablaufender Verrichtungen, die wir eher gewohnheitsmässig und somit gleichsam automatisch praktizieren, einmal abgesehen.

Nun sind wie gesagt Wollen und Denken zwei gegenläufige Prozesse, die simultan im Vollzug sind: Denkend will ich, und wollend denke ich. Diese Gegenläufigkeit widersetzt sich jedoch der Linearität mit nur einer Richtung und entzieht sich somit auch dem monokausalen Schema von Grund und Begründetem. Zwar verfügt der reine Wille als Grund über sein Ziel als das Begründete, und ebenso begründet das Denken als Grund den von ihm gedachten Gegenstand. Aber beide Relationen torpedieren sich gegenseitig, wenn davon die Entscheidung als etwas Begründetes erwartet wird.

Sie: Das heisst mit anderen Worten: Die wechselseitige Verwiesenheit von Grund und Begründetem, also ihre Gleichursprünglichkeit, kann vielmehr als die eigentliche Auflösung des Grundes verstanden werden. Hinsichtlich der Entscheidung lässt sich somit sagen, dass sie im Grunde ohne Grund ist, d.h. das Wesen der Entscheidung kann in ihrer Grundlosigkeit gesehen werden.

Er: Damit hast du einen zentralen Punkt angesprochen, der für manche Ohren allerdings fremd klingen mag und Anlass zu sofortigen Gegenstimmen geben dürfte, die darauf hinweisen, dass sie sich doch entscheiden, *weil* sie dies und das wollen, oder *weil* sie wissen, dass dies und das richtig ist. Doch *dass* sie sich entscheiden, hat damit nichts zu tun, und dies aus folgendem Grund: Im Moment der Entscheidung wollen wir nicht und denken wir nicht, sondern wir entscheiden uns! Der Moment der Entscheidung ist die absolute Gegenwart, und als radikal in Gegenwart beschlossener Punkt ist er uns immer schon voraus oder je schon vergangen.

Sie: … Das führt zu der kühnen Behauptung: Am Punkt der Entscheidung habe ich es mit gar keiner Rationalität zu tun! Ich kann noch so viele Hebel des Denkens und Wollens in Bewegung setzen, für die Entscheidung greifen sie ins Leere. Denn wir springen in die Entscheidung hinein, so dass wir sagen können: *Nicht ich entscheide mich, sondern es entscheidet sich in mir!* Wenn viele von uns sich als denk- und willensbasierte Entscheidungssubjekte verstehen, so muss ihnen im Grunde klar sein, dass die Strategie der Entscheidungsfindung sich dementsprechend auf eine vollständige Sammlung von Argumenten oder auf die endgültige Klarheit des

Willens richten muss. Doch es hilft eben keine vollständige Sammlung aller möglichen Argumente und ihre sorgfältige Prüfung, nicht nur, weil es zu jedem Argument sein Gegenargument gibt, sondern weil es geradezu utopisch ist, alle Argumente zusammentragen zu wollen. Ebenso werden es willensbasierte Entscheidungsfinder schwer haben, unter den sich immer wieder einschleichenden Argumenten die Klarheit ihrer Gefühle freizulegen. Beides konsequent verfolgen zu wollen, um zu einer Entscheidung zu gelangen, führt lediglich ins Unendliche. Wir mögen uns dann wie Buridans Esel [194] vorkommen, der zwischen zwei Heuhaufen steht und sich entscheiden muss, welchen er denn fressen soll, ansonsten er verhungert: Da hilft nur, durch den Feuerreif des Zweifels zu springen, ohne zu wissen, wo man landet.

Er: Mit dem „es entscheidet sich in mir" sprichst du die Grundlosigkeit der Entscheidung an, was unmittelbar zur Grundlosigkeit des Selbst führt. Weshalb? Sobald ein Selbst sich in das doppelte Geschehen von Selbst und Welt eingebettet weiss, begreift es sich nicht länger als autonomes Zentrum klassischer Rationalität. Es hat sich die Einsicht zu eigen gemacht hat, dass Selbst und Welt nicht mehr als isolierte Grössen betrachtet werden können, sondern sich wechselseitig bedingen und einander durchdringen. Wird neben dieser Einsicht auch noch der – vielleicht oft schmerzliche – Gedanke zugelassen, dass unsere Vernunft und unser Wille nicht die Gesamtheit unseres Wesens ausmachen, so kann jetzt ohne Angst gelassen akzeptiert und zugelassen werden, dass an der (Fort)Entwicklung unseres Selbst immer auch Du's sowie andere Einflüsse und Kräfte arbeiten – was im Übrigen keineswegs bedeutet, dass wir fremdgesteuert oder von finsteren Mächten beherrscht wären, allenfalls von Algorithmen in KI-Maschinen, falls wir das Denken an sie abgegeben haben und ihnen blind vertrauen.

Sie: Ein Selbst, das sich nicht mehr von einem Zentrum aus denken, nicht mehr als feste Identität begreifen lässt, kann nicht mehr *gehabt* werden, es springt aus der Ausdrucksweise von *„haben"* heraus, denn etwas zu haben ist immer unter der in eine Richtung verlaufenden Beziehung angelegt: Ich habe etwas. Somit wird ein dezentriertes Selbst von sich nie sagen „Ich habe mein Selbst", sondern „Ich bin mein Selbst". Sobald ich also sage „Ich bin mein Selbst", so brauche ich weder

---

[194] Die mittelalterliche Geschichte von Buridans Esel liefert dazu eine luzide Beschreibung. Für eine detaillierte Darstellung siehe: Kap. 7 in Bierter, Willy: „Wege eines Wanderers im Morgengrauen. Auf den Spuren Gotthard Günthers in transklassischen Denk-Landschaften", Books on Demand, Norderstedt 2018

Angst vor Veränderungen zu haben noch droht gar, dass ich mein Selbst verliere. Verlieren kann ich nur etwas, das ich bereits besitze. Wenn ich aber mein Selbst überhaupt nicht haben kann, so kann ich es auch nicht verlieren, denn ich bin es. Keine Veränderung wird etwas daran ändern können, dass ich dieses Selbst bin.

Er: Mancher wird darauf erwidern, dass er sich zwar nicht verliert, aber sich durchaus verändern kann und am Ende nicht mehr jenes Ich ist, das er jetzt ist, sondern dann ein anderer. Nun ist es eine eher banale Tatsache, dass sich Dinge und wir selbst uns ständig verändern: Wir werden am Anfang, in der Mitte oder am Ende unseres Lebens andere sein, denn alle menschlichen Seinsweisen, unsere Ansichten und Ideen, Perspektiven und Bedürfnisse, Wünsche und Ängste verändern sich über die Spannbreite unseres Lebens. Angesichts der unbestreitbaren Tatsache, dass die Welt sich verändert, Selbst und Welt sich wechselseitig bedingen und einander durchdringen, lässt sich das Selbst von diesem Prozess der Veränderung gar nicht ablösen. Wenn also „diese wesentliche Untrennbarkeit von Selbst und Welt erkannt und akzeptiert ist, dann spricht vieles dafür, dass die Bedrohung des Selbstverlustes, der Veränderung ihren vermeintlichen Schrecken verliert: Das Ich, das sich nicht als fixe Grösse festzuhalten sucht, weil es weiss, dass es diese fixe Grösse nie gewesen ist, hat keine Angst mehr, sich zu verlieren, und weiss jetzt, dass es zu keiner Zeit so bleiben wird, wie es war. Und umgekehrt wird das Modell der Welt, das als dynamischer Ausdruck des Selbstentwurf erlebt wird, offen sein für Transformationen. Für Veränderungen also, die dann die Entwicklung eines stetigen Prozesses sind – die individuelle Geschichte des Ich. (...) Die Angst, ins Bodenlose zu fallen, schlägt um in die Überraschung, schon immer geschwebt zu sein! Ein Schweben, das nicht fallen kann und nie fallen konnte, denn alles Fallen setzt einen festen Ort voraus." [195]

Sie: An vorhin Erörtertes anknüpfend – Ich bin in der Welt, und die Welt ist in mir, ich denke die Welt, und die Welt dringt an mich heran – können wir sagen: Das Selbst hat keinen Grund mehr, es steht nicht länger auf einem unverrückbar festen Ort. Weder erzeugt es sich aus sich selbst heraus (Subjektivismus), noch gewinnt es sich in Opposition zur Welt aus innerweltlichen Daten (Objektivismus). Das Selbst ist immer auf dem Weg, unterwegs als der unvermittelte, ereignishafte Prozess stetiger Gründung, der weder im Innen noch im Aussen des Selbst seinen Grund findet. Der Psychoanalytiker Bruno Bettelheim bringt es in seinem Buch *Die*

---

[195] Grochowiak, Klaus & Castella, Joachim: a.a.O., S. 207

Geburt des Selbst auf den Punkt: „So muss es vermutlich genügen, wenn man sagt, dass das Selbst aus dem bestehe, was man weiss und was man tun kann. Selbstsein ist sicherlich kein Zustand, sondern ein Prozess des Werdens. Und wenn der Kampf um Erkenntnis des Selbst abgeschlossen ist, so ist auch das Leben abgeschlossen. Das heisst: je mehr ich tun kann, was ich des Tuns für wert erachte, desto mehr bin ich selbst." [196]

Er: ... Und vielleicht muss immer wieder daran erinnert werden: Niemand ist für sich und ohne Welt, weshalb wir auch nicht so tun können, als wäre ein Einzel-Ich bereits ein Ich. Eine derart individualistische Sichtweise, die auf eine Autonomie pocht, die es in dieser Form gar nicht gibt, und gleichzeitig mit einer ausschnitthaften Sicht einhergeht, die den Anderen auf ein isoliertes Subjekt verkürzt, ist ein folgenschwerer Irrtum. Denn solange jedes Ich für sich allein und ohne Beziehung auf ein Du arbeitet, haben die Ergebnisse des in seinem privaten solipsistischen Erlebniszentrum – vielleicht – stattfindenden Denkens keinerlei verbindliche und objektive Gültigkeit. „Die unmittelbare Folge ist jene geistige Anarchie, in der wir heute leben, wo jede Verständigungsmöglichkeit über Grundsätzliches längst zu existieren aufgehört hat." [197]

Jeder von uns ist schon immer in das Gewebe von Du und Welt eingeflochten – es beginnt mit der Geburt und endet mit dem Tod. Wird der anthropozentrische Standpunkt verlassen, so gestaltet sich das Miteinander von Ich und Du in der sich damit eröffnenden Welt als Begegnung und Vermittlung der Nullpunkte je eigener Weltsysteme und Logiken von mir und dir, von mir und anderen. Zur Erinnerung: In der polykontexturalen Logik wird der *eine* Nullpunkt in eine Vielfalt der Nullpunkte aufgebrochen. In einer Logik, die sich als ein poly-logisches System vieler Logiken entfaltet, werden die Weltsysteme als ganze miteinander vermittelt, was bedeutet, dass auch ihre Nullpunkte als jeweilige Bezugspunkte zum Vorschein kommen. In dem Moment also, in dem sich viele logische Systeme begegnen, begegnen sich zwangsläufig auch die Nullpunkte, also die bis dahin verborgenen Subjekt-Handwerker dieser Systeme.

---

[196] Bettelheim, Bruno: „Die Geburt des Selbst", München 1977
[197] Günther, Gotthard: „Metaphysik der Institution"; es handelt sich hier um überarbeitete Version des Textes, der von Gernot Brehm aus dem Nachlass von Gotthard Günther (Staatsbibliothek – Handschriftenabteilung, Berlin) abgeschrieben wurde (Version März 2008)

Diese je eigenen logischen Orte von mir und dir, von mir und anderen gilt es nicht nur zu *erkennen*, sondern auch *anzuerkennen*. Anzuerkennen deshalb, weil mit jeder Ich-Werdung immer die existenzgewährende Differenz zu anderen und anderem einhergeht, und diese Differenz nur in der Anerkennung des Anderen möglich ist, d.h. als Anerkennung und Bestätigung seines und meines logischen Ortes.

Sie: Damit ist auch der Weg des Selbst vorgezeichnet, wenn auch nicht vorgespurt: Soll Selbständigkeit und Selbstverwirklichung einigermassen gelingen, muss das Selbst die Anderen – die Du's – und die Welt mitverwirklichen. Spannen wir nochmals den Bogen zum Thema „Das Du und die Wirklichkeit", und halten zum x-ten Mal fest, dass Subjektivität nicht auf das Selbst beschränkt ist. Das auf dem Weg befindliche Selbst sieht sich immer in eine Welt eingelassen, die von Du-Subjektivitäten und der Objektivität der Dinge bevölkert ist, und neben der Objektivität der Dinge das Ich die Welt als ein Du für Ich-Subjekte an anderen Orten bevölkert. „Weil (...) meine Welt (...) immer eine Welt sein muss, in der der Andere immer schon da ist, und weil dieser Andere seinerseits die Triade von Ich-Du-Es an seinem Ort aktualisiert, kann ich das Du immer nur als dessen Verwebung mit der Welt wahrnehmen. Und umgekehrt wird mir die Welt nur als die Durchdrungenheit ihrer selbst mit dem Du erschlossen. Und weil ich mich selbst nur in Bezug auf die mich gründende Welt in Blick nehmen kann, gewinne ich mit dieser Inblicknahme meiner selbst die Sicht auf den Anderen und seinen Weltbezug. Dass Welt und Selbst wesentlich zusammengehören, kann damit dahingehend erweitert werden: Selbst und Welt gehören zusammen und erbringen dem Selbst in dieser Zusammengehörigkeit den Anderen und dessen Weltbezug unmittelbar mit. Wenn dergestalt das Gründen des Selbst das permanente Sich-Aussetzen zur Welt und zum Du bedeutet, jenen Prozess also, in dem umgekehrt das Du und die Welt gegründet wird, dann können wir das Selbst also nur an dem Ort erkennen, wo es sich selbst im Ausgriff auf die Welt ergreift. Dieses Ergreifen als der wesentliche Vollzug des Selbst in seinem Sein, kann überhaupt nur von der Triade Ich-Du-Es gedacht werden." [198]

---

[198] Grochowiak, Klaus & Castella, Joachim: a.a.O., S. 209